北京市教育科学规划课题重点项目"研究型大学教师参与教学改革的动力机制研究"（课题编号 CDAA2020040）

研究型大学教师教学改革动力研究

李虹 著

中国社会科学出版社

图书在版编目（CIP）数据

研究型大学教师教学改革动力研究/李虹著.—北京：中国社会科学出版社，2023.11

ISBN 978-7-5227-2793-6

Ⅰ.①研… Ⅱ.①李… Ⅲ.①高等学校—教学改革—研究—中国 Ⅳ.①G642.0

中国国家版本馆 CIP 数据核字（2023）第 222464 号

出 版 人	赵剑英	
责任编辑	张 浩	
责任校对	姜志菊	
责任印制	李寡寡	

出　　版	中国社会科学出版社	
社　　址	北京鼓楼西大街甲 158 号	
邮　　编	100720	
网　　址	http://www.csspw.cn	
发 行 部	010-84083685	
门 市 部	010-84029450	
经　　销	新华书店及其他书店	

印　　刷	北京明恒达印务有限公司	
装　　订	廊坊市广阳区广增装订厂	
版　　次	2023 年 11 月第 1 版	
印　　次	2023 年 11 月第 1 次印刷	

开　　本	710×1000 1/16	
印　　张	18.75	
字　　数	283 千字	
定　　价	108.00 元	

凡购买中国社会科学出版社图书，如有质量问题请与本社营销中心联系调换
电话：010-84083683
版权所有　侵权必究

我让信念
扎入地下
我让理想
升向蓝天
我——
愈是深深地扎下
愈是高高地伸展
愈是同泥土为伍
愈是有云彩作伴
根须牵着枝梢
勿让它
走向缥缈的梦幻
枝梢挽着根须
使得它
坚持清醒的实践
我于是有了
粗壮的树干
美丽的树冠
我于是长出了
累累果实
具有泥土的芳香
像云霞一样
彩色斑斓

——屠岸《树的哲学》

序：旧题新做的探索之旅

大学的核心功能在于人才培养，教学质量的提升需要不断探索教学改革，而教学改革的主体是一线教师，没有一线教师的积极参与，大学教学改革难以取得期望的效果。在更加看重科研的研究型大学，教师参与教学改革这一行为存在着传统意义上的"逻辑悖论"。在高等教育内涵式发展和高质量发展的背景下，走进研究型大学一线教师群体，深入探究促使一线教师参与教学改革的动力，具有理论与实践意义。

读者手上拿到的这部有关大学教师参与教学改革的专著《研究型大学教师教学改革动力机制研究》，是李虹博士以她在北京师范大学提交的博士论文为基础完善而成的，作为李虹的博士生导师，我非常乐意为本书的出版作序。

教学改革，对于大部分高校教师和教育研究者而言，是一个熟得不能再熟的话题，几乎我们身边所有的教师朋友都有所见、有所闻、有所知，都能对这个话题说上几句，甚至有深切的体验。但是，教师参与教学改革的动力的表现形式往往是无形的，教师虽然可以"感同身受"，但更多的因素却隐匿在深处，教师的自白未必能揭示出参与教学改革的真实动机和动力来源，教师的自述也不见得就彰明了他们的真实想法，一线教师身处其中，也可能会"没有感觉"，这需要研究者持有一种"社会学之思"。纵观全书，李虹博士做到了尝试从一线教师视角去观察和感受一线教师对教学改革的认知与体验，尝试从专业的角度去分析和解释当前研究型大学一线教师参与教学改革所隐含的动力来源与动力机制，这个过程无疑是一次充满挑战和乐趣的探索之旅。

通读全书，作者对这个熟悉的命题做出了新意，通过深入教师群体开展调研发现，教师投入教学改革的动力纷繁复杂，有自身职业道德、教学理想、志趣爱好等动力使然，也有他者、制度、任务、组织等动力影响，还有名利、经费、指标、绩点等动力驱使，甚至一些教师的教学改革被贴上"作秀"等非褒义的标签。作者研究视野中的教师参与教学改革的动力，既有循着相关政策制度的惯常路径，也有教师教学改革行动所依据的自身情况和耳濡目染的校情院情所提供的情感模式；既有凝聚着各种社会因素甚至是偶然出现的刺激而形成的教学改革事件，也有由学科发展历程或教学团队成长历程长期化育而成的共同体或个人人格的特质……所有这些，都是教师参与教学改革的动力的真实存在和重要组成。

如果本书在一定程度上揭示教师教学活动中不为人关注、却又是研究型大学人才培养中最真实地发挥作用的某些成分，如果本书在被研究型大学教师阅读到时能够自觉或不自觉地联想到自己的教学活动经历，并进行或系统或零星地反思，如果本书或多或少为高等学校教学改革的政策反思提供了某种参照，如果本书能够为研究型大学教学改革动力的理论研究和高校教学实践提供某些有价值的素材……那么李虹博士在研究中所经历的辛苦与惶恐一定会化作欣慰。

确实，如果把大学比作人类精神的"故园"，在社会价值多元、功利主义盛行的今天，面对大学由"边缘"走向"中心"的世界趋势和一些大学的教学从"中心"走向"边缘"的现实窘境，高等教育需要探索和钻研的课题依然很多。但是我们也要看到，当前，我国的制度环境在调动教师教学投入上已经取得了明显的效果，构建一个真正鼓励教师投入教学、开展教学改革的体制与机制值得期待。

李虹的硕士和博士均就读于北京师范大学教育学部，也具有在研究型大学教学管理部门和二级学院的工作经历，对高校一线教师参与教学改革这一命题有较深厚的理论功底和丰富的实践经验，这为李虹博士开展这项研究奠定了良好的基础。同时，她本人也一直十分注重将理论研究和工作实践紧密结合，对自己的工作和学习要求十分严格。我非常高兴地看到这一凝结着她攻读博士学位期间研究心血的著作付梓。我也希望她能继续发

序　言

扬博士学习期间的钻研精神，在以后的研究和工作中，不断取得新的成绩，为我国高等学校教学质量的提升贡献自己的力量。

是为序。

钟秉林

2022 年 11 月 23 日写于北京师范大学

目　录

第一章　绪论 ··· 1

第一节　问题之源 ··· 1
　　一　现实问题的反思 ··· 1
　　二　理论逻辑的推衍 ··· 5
　　三　研究旨趣的延伸 ··· 9

第二节　研究现状 ·· 11
　　一　关于教学动力的研究 ·· 12
　　二　关于教学改革动力的研究 ···································· 13
　　三　关于教师教学改革动力的研究 ································ 17
　　四　文献总结与述评 ·· 27

第三节　研究内容 ·· 28
　　一　研究问题 ·· 28
　　二　核心概念 ·· 30
　　三　本土概念 ·· 36
　　四　研究意义 ·· 41

第二章　研究设计 ·· 44

第一节　本研究方法论体系 ·· 44
　　一　认识论基础 ·· 44
　　二　理论基础 ·· 45
　　三　质性研究的优越性 ·· 48
　　四　扎根理论的适切性 ·· 50

· 1 ·

第二节 研究过程 ·· 51
　　一 研究对象选择 ·· 51
　　二 数据收集过程 ·· 56
　　三 数据分析过程 ·· 63
　　四 理论敏感性 ·· 81
第三节 研究信效度与研究伦理 ···································· 83
　　一 整体的信效度 ·· 83
　　二 过程的信效度 ·· 86
　　三 资料的信效度 ·· 87
　　四 研究伦理准则 ·· 88
第四节 研究技术路线与整体框架 ·································· 89
　　一 研究技术路线 ·· 89
　　二 研究整体框架 ·· 90

第三章 研究型大学教学改革的情境分析 ························ 93

第一节 教学改革的"境"与"遇" ································ 93
　　一 "内卷时代"的困囹 ······································ 93
　　二 "有效大学"的拷问 ······································ 95
　　三 "内外协调"的冲突 ······································ 96
　　四 "声誉策略"的误构 ······································ 97
第二节 教学改革的"样"与"态" ································ 98
　　一 整体感知 ·· 98
　　二 实际样态 ·· 102
　　三 困难与阻力 ·· 106
第三节 教学改革的"思"与"悟" ································ 110
　　一 迷思与困顿 ·· 110
　　二 疏离与规训 ·· 115
　　三 成长与觉醒 ·· 121
本章讨论与小结 ·· 127

第四章 动力因素分析：一种二元矛盾分类 ······················ 129

第一节 "自我"与"他人"：主体主导因素 ························ 130

一　自我：本体性主体因素 …………………………… 130
　　　二　他人：首要群体因素 …………………………… 135
　第二节　"内生"与"外促"：过程主导因素 …………… 150
　　　一　内生：实践性主体因素 ………………………… 150
　　　二　外促：普遍化他者因素 ………………………… 157
　第三节　"功利"与"初心"：目标主导因素 …………… 175
　　　一　功利：以物化因素为结果 ……………………… 175
　　　二　初心：以责任因素为目标 ……………………… 189
　第四节　"稳定"与"偶发"：场景主导因素 …………… 198
　　　一　稳定：自然存在的恒久因素 …………………… 198
　　　二　偶发：事件激发的偶然因素 …………………… 207
　本章讨论与小结 …………………………………………… 211

第五章　动力机制的构建 ……………………………………… 213
　第一节　不同动力类型的作用发挥 ……………………… 214
　　　一　主体因素：使能动力 …………………………… 214
　　　二　过程因素：触发动力 …………………………… 217
　　　三　目标因素：保障动力 …………………………… 218
　　　四　场景因素：情境动力 …………………………… 220
　第二节　研究型大学教师教学改革动力机制构建 ……… 222
　　　一　开放的动力框架 ………………………………… 222
　　　二　互动的动力机制 ………………………………… 225
　　　三　共生的动力机制 ………………………………… 226
　第三节　理论对话与讨论 ………………………………… 228
　　　一　动力机制的理论对话与逻辑遵循 ……………… 228
　　　二　本土概念的理论对话与现实反思 ……………… 232
　本章讨论与小结 …………………………………………… 234

第六章　结论与建议 …………………………………………… 236
　第一节　研究结论 ………………………………………… 236
　　　一　教学改革意义的情境性、能动性和变化性 …… 236

二　教学改革动力因素的多元性、矛盾性和复杂性 ………… 238
　　三　教学改革动力机制的开放性、互动性和共生性 ………… 240
第二节　策略建议 ………………………………………………… 241
　　一　使能动力提升策略建议 ……………………………… 242
　　二　触发动力赋能策略建议 ……………………………… 247
　　三　保障动力可持续策略建议 …………………………… 250
　　四　情境动力优化策略建议 ……………………………… 253
第三节　研究展望 ………………………………………………… 257
　　一　贡献与创新 …………………………………………… 257
　　二　局限与展望 …………………………………………… 260
　　三　研究后记 ……………………………………………… 263

参考文献 …………………………………………………………… 267

　　中文著作 …………………………………………………… 267
　　中文论文 …………………………………………………… 268
　　中译著作 …………………………………………………… 274
　　外文著作 …………………………………………………… 277
　　外文论文 …………………………………………………… 279
　　学位论文 …………………………………………………… 281
　　网络文献 …………………………………………………… 282
　　制度文件（近5年）………………………………………… 283

附　录 ……………………………………………………………… 284

　　附录1　本研究访谈提纲 ………………………………… 284
　　附录2　研究保密承诺书 ………………………………… 286

后　记 ……………………………………………………………… 287

第一章　绪论

教育研究者所置身其中的大学，并非只是用来安顿自己的一个组织、一个机构、一个单位。笔者有幸身处其间，甚至长期隐于深处，参与其运转；此间时常想，唯有通过对大学组织里的人群多一些了解与关照，对这些人群及其参与的教学活动进行研究与反思，得出些许有益的建议，使得"以人才培养"为根本任务的大学组织的发展得以改进与优化，使之配伍于这个欣欣向荣的时代，也让自己获得心灵解放与精神上的焕发。本书选择"研究型大学教师教学改革动力"作为研究主题，主要缘起于对现实问题的反思、理论逻辑的推衍，以及本人研究旨趣的指引。

第一节　问题之源

一　现实问题的反思

（一）备受关注的大学教学改革

放眼全球，尽管学界会有不同的观点，但事实上，曾经"诗意栖居"的大学已逐渐从社会的"边缘"步入"轴心"，这一判断所依据的观点为学者所熟知。"大学的功用"正在多元化[①]，大学与社会的关系愈来愈密

[①] ［美］克拉克·科尔：《大学之用》，高铦、高戈等译，北京大学出版社2019年版，第3页。

切,"超越象牙塔"的大学正在承担促进社会发展和民族进步的责任。[①] 另外,"科技发达时代的大学教育"对于时代和环境的变化"必须十分敏感",需要通过"渐进变革"的方式"主动改革更新",以适应社会需要。[②] 大学自诞生之日起就把教学和人才培养作为最根本的活动和任务,尽管自19世纪初期建立现代大学制度开始,科学研究、社会服务、文化传承创新等相继被列为大学之任务,但通过教学活动实施人才培养作为大学最根本的任务这一点,在各国大学的办学宗旨中始终未变。因此保持大学的根本性质,首先要考虑的,也注定绕不开的命题就是教学改革。

近观我国,自20世纪90年代以来,国家对于高等教育教学改革有较好的顶层设计,尝试以质量提升为主线,探索本科教学改革,《关于深化教育改革全面推进素质教育的决定》(1999年)提出高校要"培养学生的创新精神和实践能力";《关于加强高等学校本科教学工作提高教学质量的若干意见》(2001年)开启了本科教学质量建设新阶段,提出加强教学研究改革教学内容和方法;《教育振兴行动计划》(2004年)提出实施"高等学校教学质量与教学改革工程";2012年的"高教30条"更是提出深化教学改革,提升人才培养质量;2018年的"新时代高教40条"倡导推进"四个回归",谋划和推动本科教育振兴,随之而来的各方面热议更是将高校"本科教学"的重要性提升到新的高度。2019年9月,教育部在《关于深化本科教学改革全面提高人才培养质量的意见》以及《关于一流本科课程的实施意见》中明确倡导高校要"推动课堂教学革命"。当前,为加快一流本科教学,教育部等部门颁布《关于深入推进世界一流大学和一流学科建设的若干意见》,并启动"双万计划"等,"高校教学质量"、"大学教学改革"等话题受到广泛关注。

不管是主动出击还是被动接受,今天的各个高校几乎都在紧跟时代变化开展形式多样、各具特色的本科教学改革,这一判断基于广大师生所感知的现象。很多大学举办各种教学会议、组织各类教学改革论坛、出台各

[①] [美]德里克·博克:《走出象牙塔——现代大学的社会责任》,徐小洲、陈军译,浙江教育出版社2001年版,第1—15页。

[②] [英]埃里克·阿什比:《科技发达时代的大学教育》,滕大春等译,人民教育出版社1983年版,第1—28页。

项重视教学改革的文件和制度、设立教学改革项目……大学对本科教学改革投入也越来越多。许多大学纷纷实施"金课""规范课程"等评估项目，推动 MOOC 等多种"在线教学"的改革、推进课程的教学理念、培养计划、教学大纲、培养方案的改革……继"双一流"之后，建设一流本科教育成为高校的新任务，大学教学改革成为在高等学校发展使命中的关键一环。这些做法涉及面广，影响力大，引起了高校教师和学生的高度关注。

基于以上事实，教学改革是否取得了或是否能够取得我们所期待的效果？大学的教学工作是否进入了或可以进入一种良好的状态？大学人才培养质量是否有了或会有较大提升？由于工作之便，笔者多次参加不同主题的本科教学改革研讨会和培训会，曾与多名高校教学名师、大学一线优秀教师、教学改革参与者与实施者、大学教学管理人员、政府相关工作人员等进行过探讨，向他们请教，他们的大部分回答透露出对当前教学改革现状不同程度的担忧。在一次会议上，一名青年教学名师的话引起了与会教师的共鸣与深思：

"政府和高校在积极推动教学改革，而关键群体——全体一线教师的执行率和执行效果，依旧未达到理想的状态。这或许是我国高等教育最疼的伤疤？"

(二)"教师为什么要干费力不讨好的活儿？"

走近教师，我们会发现，"重科研、轻教学"的现象主导着大部分人对大学（尤其是研究型大学）教学与科研工作的认知。在更加看重科研成果的研究型大学工作了较长时间，笔者观察到，一线教师们经常抱怨教学是个"费力不讨好"的"良心活儿"[①]，由于其具有"不可量化性"，教学成了"无底洞"，很多教师不愿投入教学工作，更不用说开展教学改革了。大家的认识是没有异议的：投入教学改革，需要教师增加时间、精力甚至情感的投入。除了上课、备课需要付出时间和精力，教师的实践教学、教

[①] "教学是个良心活儿"，"教学费力不讨好"，本书作者了解的很多大学一线教师都曾表达过类似观点。

研活动也需要投入大量的精力；在教学改革过程中，教学设计创新、内容更新、方法调整、反馈反思、与学生的互动交流等所花费的时间和精力，以及对学生和教学的热爱这种情感的投入均会增加，但却不能用直接的方式从正面来评价。罗伯特·博伊斯在长达20年的观察中发现，对于教师来讲，"教学具有'危险性'"，"新教师最为头疼的就是课堂教学。其他任何事情都不会耗费教师如此多的时间和精力……其他任何要求不会如此有效地挤掉教师的社交生活和专业创作，其他任何事情都不会让新教师考虑放弃教师事业"[①]。

另一方面，笔者也注意到，尽管参与教学改革活动如上述所描述的那样"费力不讨好"，但还是有一群一线教师参与其中。实际上，不仅在笔者所在的大学，几乎每一所研究型大学都是如此，尽管不同的学校有不同的参与率。

上述行为与传统认知有着许多耐人寻味的矛盾，也引起了笔者的思考：人具有趋利避害的特性，既然存在上面所说的事实，为什么在重科研轻教学的研究型大学，还有一群人参与教学改革？难道他们未能"深谙"投入教学并开展教学改革的得不偿失？借用笔者所接触到的几所研究型大学教学主管部门领导们的追问：

"教师为什么会去干'费力不讨好'的活儿"？

（三）"教学改革的根目录在我这里！"

长期深处大学内部，笔者注意到，一些大学的教学改革主要指向人才培养体系所涉及的各种要素以及这些要素的组合方式。有学者也指出，一些大学主要着眼于增加开设课程门数、丰富课程类型、完善教学硬件等[②]。在高等教育转入内涵式发展的道路上，当高校教学改革进入"深水区"，这种"换种方式搭积木"的方式仅停留在摸着"小石头"趟"浅水河"的状态，较少深入到教学的核心去触及教学及教师的灵魂。

[①] ［美］罗伯特·博伊斯：《给大学新教员的建议》，徐弢、李思凡译，北京大学出版社2007年版，第13页。

[②] 龚放、吕林海：《中美研究型大学本科生学习参与差异的研究——基于南京大学和加州大学伯克利分校的问卷调查》，《高等教育研究》2012年第9期。

我们也关注到，政府、高校、教学管理部门、二级学院、系所、学科等各级与教学改革相关的人员也在试图采取各种措施推进教学改革，比如各大高校均设立各种类型的教学改革项目，以促进一线教师参与教学改革。但一些一线教师仅仅停留在根据学校和学院的教学计划从事教学活动，缺乏对教学活动本身进行探究和改革的主动性和创新性。

由上述问题可见，当前的教学改革政策尚不能覆盖到促进全体从教者"乐改"。笔者不禁思考，从宏观层面到微观层面、从政策维度到操作维度、从上层改革到具体实施，是否在大学教学改革政策推行者与一线教学改革实施者之间缺乏一座桥梁？——应当深入了解一线教师参与教学改革的动力。如一线教师所言：

> 目前的各种教学改革，并没有想办法去关注我的内心想法，比如我为啥要去拿这个教学改革项目，我开展教学改革的动力又是啥……换句话说，你现在压根儿没有触及教学改革的根目录，根目录在我这里啊！（JD.2.0016）

换句话说，对本科教学改革而言，无论政策制度制定得多么理想，方案和要求设计得如何全面综合，若不能有效调动教师个体积极参与实施，不能在现实的、具体的、个别的、片断化的教师教学改革实践中有效转换和体现，就会沦为一种只是看上去很完美的宏大叙事，必不能达到教学改革的预期效果。上述观察与笔者的思考不谋而合，也正是本研究的问题发源之一。

二　理论逻辑的推衍

（一）大学的根本职能是教学

1. 人才培养：大学的应有之义

"university"一词可以追溯到拉丁词"universitas"，大约1300多年前被首次记录，用来指由教师和学生构成的新联合体。纵观大学的发展，自诞生之日起至今，大学经受过各种力量的影响，经历了不同形式的存在，如早期由学生组织起来聘请教师讲解知识、传授技能的博洛尼亚大学（意大利），以及由教师组织起来再招收学生的巴黎大学（法国），首倡"教学与研究统一"的柏林大学（德国），强调"社会服务功能"的霍普金斯大学（美国）等。伴随着历史的演进，大学的职能不断丰富，但作为教师和学生学习共同体的本质从未改变，培养人才始终是大学的首要功能。纽曼（John Henry Newman）提出，"大学是一个传授普遍知识的地方"①；弗莱克斯纳（Abraham Flexner）强调，"过去和现在，保存知识及理念始终是大学的任务，有时甚至被视为唯一任务……不管大学组织发生何种变化，这一职能都不会被剥夺"②。哈瑞·刘易斯（Harry R. Lewis）对哈佛大学"追求卓越的学术成就、轻视本科教学"的现象提出反思。③《大学》里也早有"大学之道"的经典论述，数百年来，育人明德至善，是我国高等教育的根本职能；新中国成立以来，我国大学遵循人的全面发展的理论，大学工作的核心是本科教学。可见，不论从空间上去看东西方大学，还是从时间上看古今大学，"本科教学是大学的'根'和'本'"④。

2. 回归教学：新时代对本科教学的要求

自现代大学制度诞生以来，各国出于各自发展的需要，作为大学中心工作的教学，受到不同程度的冷落。"现代大学发展中，本科教学经历了旁落的过程，最终酿成今日危机"⑤。当教学从大学"中心"走向"边缘"，当大学教育的真谛慢慢丧失，大学将会变成失去精神和灵性的"空心"大学，成为"失去灵魂的卓越"⑥。在现代社会，高等教育体系以及社会发展对人才的需求在变动，大学本科教学也应该与时俱进。曾任剑桥

---

① [英]约翰·亨利·纽曼：《大学的理念》，郭英剑译，中国人民大学出版社2012年版，前言。
② [美]亚伯拉罕·弗莱克斯纳：《现代大学论：英美德大学研究》，徐辉、陈晓菲译，浙江教育出版社2001年版，第5页。
③ [美]哈瑞·刘易斯：《失去灵魂的卓越：哈佛是如何忘记教育宗旨的》，侯定凯译，华东师范大学出版社2007年版，第1—6页。
④ 陈宝生：《坚持以本为本，推进四个回归，建设中国特色、世界水平的一流本科教育——在新时代全国高等学校本科教育工作会议上的讲话》，http://www.moe.gov.cn/jyb_xwfb/gzdt_gzdt_moe_1485/201806/t20180621_340586.html，2018年6月21日。
⑤ 赵炬明：《失衡的天平：大学教师评价中"重研究轻教学"问题的制度研究——美国以学生为中心本科教学改革研究之七》，《高等工程教育研究》2020年第6期。
⑥ [美]哈瑞·刘易斯：《失去灵魂的卓越：哈佛是如何忘记教育宗旨的》，侯定凯译，华东师范大学出版社2007年版，第6—10页。

国际考委首席执行官（CEO）的迈克尔·苏立文（Michael Sulliyan）指出，"至今还没有哪一个国家对自己的教学大纲、考试方法、学校教学情况完全满意。即使在一些被视为教育教学方面水平较高的国家，民众、政府和社会对此也不是完全满意"①。可见，没有哪个国家的教育是全面、完善、成功而不需要改革的，教学改革"只有进行时，没有完成时"。

（二）教学质量的提升需要不断探索教学改革

1. 应然：大学教学改革是提升教学质量的主要手段

当今时代，人口流动、信息交流、观念碰撞、科技创新，比任何时期都更加剧烈，这种形势对人才培养提出了诸多挑战，也提供了前所未有的机遇。如何才能培养出能够顺应时代发展的敢担当有作为的人才？这是每所大学需要深入思考的论题。大学教学改革是提升大学教学质量、培养国家和社会所需人才的主要手段，也是大学将科学研究与人才培养有机结合的重要桥梁。传统的教学方式在很多维度上已无法使得大学履行好教学的职责，大学教学改革势在必行；甚至，客观环境也要求教学改革的力度再大一些、周期再短一些。"……高校教学改革和创新必然成为高等教育质量发展战略的核心，是国家和高校的共同责任。"② 这需要高校由内而外、从体制到个体、多方共同努力推进教学改革。对以"培养高素质创新型人才"为首要任务的研究型大学而言，尤其重要。

2. 实然：大学教学改革"方兴未艾"

在政府、大学、甚至院系层面，本科教学改革被大力倡导，教学也被放在了非常重要的位置。但诸如评价和激励机制等相关配套工作的改革还处于探索中，尚未全面开展和深化，特别是在研究型大学教师职称晋升体系中显现的教学工作的权重远不及科研工作。所以，在教师层面，现行教师职称晋升制度成为一些一线教师在教学与科研中"漂移"的推手，一定程度上造成教师重视教学的程度低于他们重视科研的程度。总之，近年

---

① 马廷奇：《大学本科教学改革：目标、困境与动力》，《北京科技大学学报（社会科学版）》2016年第4期。
② 张继明：《我国高校本科教学改革的审视与现代化治理路径——基于20余年来改革历程与治理模式的分析》，《高校教育管理》2020年第4期。

来，我国高校教学改革取得了诸多成就，但由于改革时间尚短，措施尚待完善，要想取得理想的效果，依然有很长一段路要走。

（三）教学改革的具体执行靠一线教师

任何改革都不仅仅靠政策或技术来实现，而是需要人来实施。解决好"培养人"问题的前提是解决好"靠谁培养人"的问题；"教师是教学改革的具体落实者，没有教师对教学改革的认可和积极参与，改革只会流于形式"[①]。"善之本在教，教之本在师"，教师对教学改革的落实影响教育教学质量。"面对高校教学改革的责任与使命，教师作为教育教学改革的真正践行者和探索者，已经成为教学改革的关键"[②]。无论教学改革措施有多完善，也只有在教师接受后才能实施；无论课程的设计有多理想，也要依靠教师的教学行为才能落实。

从教育理念上讲，"教师本位"是"教学本位"的前提。[③] 阿什比指出，"就其协调传统与革新的职能而言，高校的前途大多取决于成千上万教师个体的价值观，而很少取决于理事或校长"。[④] 大学的教学质量依靠对教学具有敬业精神的一线教师来保证，大学生的创新精神和实践能力需要教师去挖掘和培育。要使改革顺利进行，需要教师对教育理念、学生特点、专业建设等方面有深刻的认识和理解，从而能更好地进行教学设计，采用更优的教学方法，确保培养目标的实现。

（四）一线教师有动力参与教学改革才是关键

在国家深化教学改革的顶层设计推动下，我国高校教学改革成效显著，但依然有一些问题亟待解决，比如，一些高校教学改革不推不动，一

---

① 王绯烨等：《美国教师领导力的发展：内涵、价值及其应用前景》，《外国教育研究》2014年第1期。
② 陈遇春、李厚：《高校教学改革中教师组织问题的研究与探索》，《中国大学教学》2011年第11期。
③ 刘尧：《"教学本位"的前提是"教师本位"——从浙江大学设立"E津贴"谈起》，《青岛科技大学学报（社会科学版）》2014年第1期。
④ ［英］阿什比：《科技发达时代的大学教育》，滕大春等译，人民教育出版社1983年版，第151页。

些高校教学改革虽然动起来了但却浮于形式，无法形成常态化机制等。教师是一切教学活动的最终实现载体，是教学改革得以施行的关键，激发教师在教学改革上的潜能和动力更是提升教学质量的核心。如果教师缺少了教学改革的动力，那这样的教学只会是被动、消极的行为，而不会成为主动、积极的教学行为。没有一线教师的积极参与和投入，即便是一次细微的高校教学改革，都不可能达到期望的效果。

本书的研究根据图1-1所示的理论逻辑进行。能否最大限度地挖掘高校教师的教学潜能、提高其参与教学改革的自觉性和主动性，成为教学改革成败、提高教学质量的关键。那么，究竟是什么样的动力促使一线教师参与教学改革？只有对这个问题有较为系统且清晰的认识，才能对我国本科教学改革的良性运行、高校教学环境的优化、教学改革政策的完善以及一线教师的成长有所启示。本研究认为，无论如何重视、呼吁回归本科教学，如果不能解决一线教师投入教学、参与教学改革的动力，其他一切都是空谈。

```
┌─────────────┐   ┌─────────────┐   ┌─────────────┐
│大学的职能   │←→│教学质量的提升│←→│教学改革的成败│
│根本在教学   │   │关键在教学改革│   │主体在教师   │
└──────┬──────┘   └──────┬──────┘   └──────┬──────┘
       ↕                 ↕                 ↕
┌─────────────┐   ┌─────────────┐   ┌─────────────┐
│  培养人     │   │ 如何培养人  │   │ 靠谁培养人  │
└──────┬──────┘   └──────┬──────┘   └──────┬──────┘
       ↕                 ↕                 ↕
┌─────────────┐   ┌─────────────┐   ┌─────────────┐
│选题的出发点 │   │选题的切入点 │   │选题的关注点 │
└──────┬──────┘   └──────┬──────┘   └──────┬──────┘
       ↕                 ↕                 ↕
┌─────────────────────────────────────────────────┐
│无论如何重视、呼吁回归本科教学，如果不能解决一线教师投入教学、│
│参与教学改革的动力，其他一切都是空谈。           │
└─────────────────────────────────────────────────┘
                         ↕
┌─────────────────────────────────────────────────┐
│需要深入了解教师教学改革的真实动力来源，从而有针对性地制定相应│
│措施，从根本上调动教师的教学改革主动性，最终提高人才培养质量。│
└─────────────────────────────────────────────────┘
```

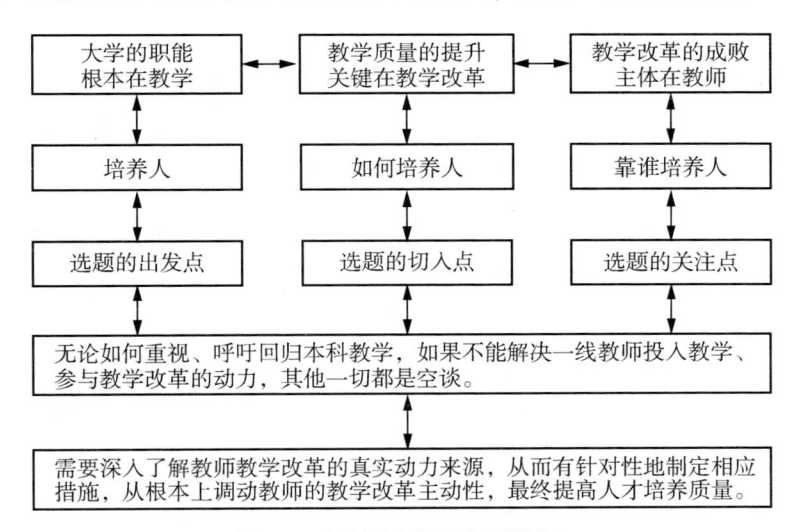

图1-1　问题提出的理论逻辑图示

三　研究旨趣的延伸

这项研究的开展还因笔者的研究旨趣而起。对笔者而言，开展研究型大学教师教学改革动力的研究并非偶然主观设想，而是长期作为受教育者、高等教育工作者和高等教育研究者的多重身份积累起来的多年的学术习惯、研究方法和对教育现象的认识等几方面的重新接轨，上述因素在笔者确定本书的选题时，一起匹配到了笔者自身的特定智识结构中。

本书的研究也是对笔者硕士论文主题的延伸研究。从北京师范大学硕士毕业后，笔者进入北京一所定位为研究型大学的高水平行业特色型大学，开始了职业生涯，工作中，笔者对彼时的研究兴趣并未减弱。2017年，笔者有幸被北京师范大学录取为博士研究生，在导师的指导下，最终确定"研究型大学教师教学改革动力"这个与笔者的学习史、工作史、生活史、研究兴趣密不可分的主题。这个主题也得益于笔者的工作岗位、专业背景带来的便利性条件，发轫于笔者亲身经历和从其他途径认知到的研究型大学里的情况。

教学改革，对于大部分高校教师和教育研究者而言，是一个熟得不能再熟的话题，几乎笔者身边所有的教师朋友都有所听、有所见、有所感，都能对这个话题说上几句。所以，与他们谈论这项研究，几乎像是在聊"家常便饭"，一些感兴趣或不感兴趣的高校教师朋友甚至主动分享自己或自己身边的教师对教学改革的认知、经历。这个话题由于"熟悉"，也成了笔者自从打算研究这个主题后的"家常便饭"。笔者的工作环境也促使自己对周围教师有更多的关注，经常观察教师们的教学活动，听他们讲自己的教学故事，感受他们的教学心路历程，这些情况促进笔者对研究型大学教师教学的真实想法萌生浓厚的兴趣。但是，教师参与教学改革的动力的表现形式往往是无形的，教师虽然可以"感同身受"，但更多的因素却隐匿深处，教师的自白未必能指示出参与教学改革的真实动机和动力来源，教师的自述也不见得就彰明了他们的真实想法，一线教师身处其中，也可能会"没有感觉"。这需要笔者持有一种跳出教师群体去观察、思考与理解这一社会现象的教育学和社会学视角，这种挑战深深吸引笔者走进教师的内心尽已所能去领会它。显然，尝试从一线教师视角去观察和感受他们对教学改革的认知与体验，尝试从专业背景的角度去分析和解释当前研究型大学一线教师参与教学改革所隐含的动力来源与动力机制无疑是一种充满挑战和乐趣的探索之旅。

第二节 研究现状

默顿提到,承认前人所留下的知识遗产使我们受益匪浅。[①] 为了在学术谱系中去"定位"自己的研究,从而找到新的突破口,需要借助文献综述,对现有的研究分别进行系统性的梳理,而后进行客观性的述评,可以对其有比较清晰和较为透彻的把握[②]。本章首先对教学动力的概念进行文献探源,接下来分别对"研究型大学教师教学改革动力"相关的国内外文献做梳理和述评。

对于中文文献,本书主要通过 CNKI 中国知网以与本书相关的关键词组合进行了检索,并逐一进行了筛选。[③] 以"大学 & 教师 & 教学 & 改革"等与本书相关的关键词采用篇名匹配的方式模糊检索,获得 189 篇学术论文、1 篇学位论文;以"高校 & 教师 & 教学 & 改革"等与本书相关的关键词采用篇名匹配的方式模糊检索,共收集到 159 篇期刊论文、1 篇学位论文、4 篇会议文章、1 篇报纸文章;以"教学动力"为关键词采用篇名匹配的方式精确检索,共得到 9 篇期刊论文和 1 篇报纸文章;以"高校教师 & 教学改革 & 动力"为关键词采用主题匹配的方式模糊检索,共搜索到 7 篇期刊论文和 13 篇学位论文;以"教学改革 & 动力"为关键词采用篇名匹配的方式精确检索,共搜索到 6 篇期刊论文和 2 篇学位论文;以"大学 & 教学改革 & 动力"为关键词精确检索,检索结果为 0 篇;以"高校 & 教学改革 & 动力"为关键词精确检索,检索结果为 0 篇。[④]

对于国外的研究文献,本研究主要通过 ProQuest、EBSCO 中的 Education Resource Information Center 等资源库、以 University Teaching Reform、University Teaching Reform driving mechanism、Motivation mechanism of

---

① [美] R. K. 默顿:《科学社会学》,鲁旭东等译,商务印书馆 2010 年版,第 410 页。
② 熊易寒:《文献综述与学术谱系》,《读书》2007 年第 4 期。
③ 此处的检索包含高校各个学科、具体课程的教学改革等相关内容。
④ 此处的数据统计不包含针对具体课程进行教学改革的相关文献(如《有机化学实验课程教学改革研究》等)。

teaching reform in Research Universities，Teachers' motivation for teaching reform in research University 等与本研究相关的关键词组"模糊查询"，共检索到 58 篇期刊论文及硕博士论文，去除中国学者在外文期刊发表的相关英文文献，去除主题与本研究相去甚远的外文文献，共有 19 篇外文文献与本研究有一定关联。由于检索工具和其他检索条件限制，本研究尚未发现专门针对基于研究型大学一线教师开展教学改革动力的外文文献，笔者将在后期的研究中进一步关注。

通过上述方式检索，国内外关于教学改革、高校教学改革、教师教学改革方面的研究成果并不少见，但专门针对研究型大学一线教师投入、开展本科教学改革的动力的研究廖廖无几。值得一提的是，有一些研究虽然看似与本研究主题不是直接相关，但是通过前人的这些研究，对本研究有较大的启发意义，因此也在本研究文献综述之列。

一　关于教学动力的研究

从检索情况来看，早期学者主要关注如何激发学生学习动力的问题，从教师的视角探索他们参与教学改革动力的文献较少，一些观点散见于对教师工作动力、教师专业化发展等问题的研究中。

1957 年，教学论专家 M. A. 达尼洛夫（苏联）提出"教的动力"这一概念，这是目前能查及文献中较早提出的与本研究主题相关的内容。达尼洛夫主要关注的是如何在教学中发掘动力来源，从而激发教师的教和学生的学。① 教学动力理论基本形成。詹姆斯·L·贝斯（Jamed L. Bess）较早探讨大学教师的"教学动机"（The Motivation to Teach），他提出，大学教师开展教学时教学目标和效果的不可实现性、教学的社会语境中的模糊性以及衡量成功的困难都会阻碍教师投入大学教学，迫使教师转向其他似乎更有价值的追求。②

---

① ［苏联］达尼洛夫、叶希波夫：《教学论》，北京师范大学 1955 级学生译，人民教育出版社 1961 年版，第 1—20 页。

② James L. Bess, "The Motivation to Teach", *The Journal of Higher Education*, Vol. 48, No. 3, March 1977, pp. 243-258.

国内的研究最初集中于对"教学动力"、"教学改革影响因素"等概念的引介和讨论。其中，关于"教学动力"这一概念，据研究者查阅文献能力所及，国内最早开始相关研究的学者是王本陆先生，他于1992年提出"教学动力"一词①。1998年，李森教授出版国内第一部有关教学动力的学术专著《教学动力论》，该专著对教学动力的来源、生成机理、内涵与特征、类别与功能、激发与强化策略等进行了系统性论述，建立了教学动力论的主要结构，该书对于教学动力的论述，既有教的动力也有学的动力②。李森认为，教学内外部各种因素相互作用产生了教学动力，各种因素相互作用产生的各种教学矛盾是形成教学动力的机制；这种教学动力主要来自教学过程、教学的成就感或人才培养质量的不断提高。所以，"教学动力"是教师的教学动力和学生的学习动力两方面的联合体。③

上述关于"教学动力"这一概念的初引，看似与本书中的教学改革动力概念有较大差异，但是，由前辈们研究的"教学动力"这一概念，本书可以得到有益的启示。依据教学活动的基本理论阐释，教学活动中最主要的矛盾是教与学的矛盾。从这个意义上讲，以往研究者将教学动力分为教的动力和学的动力有其合理性。同理，研究型大学教师是否"想教"与学生是否"想学"构成了教学动力的两个根本因素，影响着教学质量的高低，而教师参与教学改革的动力属于"教的动力"，它是教学动力中的一个分支，所以，以上研究在不同程度上为本研究的开展提供了经验和理论依据。

二 关于教学改革动力的研究

教学改革分为国家（政府）、高校和教师三个不同的层面，本部分主要关注前两个层面发动或实施教学改革的相关研究。

---

① 王本陆：《教学动力研究的现状、问题与思路》，《教育研究》1992年第2期。
② 李森：《教学动力论》，西南师范大学出版社1998年版，第51页。
③ 同上，第56页。

(一) 国家层面推进教学改革的动力研究

许多学者从国家视角宏观层面对教学改革开展了研究。有学者提出，国家从教育制度层面发起和推动变革是教学改革的前提。可以确定的是教育制度的变革受制于国家宏观政治—社会结构，如果国家政治—社会结构得不到根本改变，单方面进行教育教学改革，难以取得明显成效。[①] 可见，一个国家的政治—社会结构对于教学改革的发动、实施和成效取得发挥着根本性作用。张继明分析了近30年来我国高校本科教学改革历程与治理模式，发现在推进高等教育大众化的过程中，"我国逐步确立了由规模扩大转向内涵发展的高等教育发展战略，高校教学改革随之成为这一发展战略的核心。在建设一流本科教育的背景下，深化教学改革、探索人才培养新模式的要求更加明确"[②]。

在国外的研究中，伊瓦尔·布莱克利（Ivar Bleiklie）和斯蒂芬·兰格（Stefan Lange）采用比较法和历史研究法从国家层面分析了德国和挪威两个国家在1960—2000年跨越40年间大学教育教学改革的动因。此项研究表明，竞争的存在加上政府导向促进了大学的教学改革；通过比较研究发现，两国的情况有较大差异，德国的大学教师们对政府发起的改革和导向的响应大大落后于挪威的大学。[③] 大卫·博斯（David R. Bosso）在其教育学博士论文《"这就是我"——教育改革背景下的教师激励、士气与职业认同》中提到，当前美国国家层面对教育改革付出的努力反映了全球趋势，但国家层面力图实施以标准化、问责制、遵守和制裁为特征的技术理性、官僚主义和自上而下的制度，一定程度上抑制了学校和教师教学改革的动力。[④] 该研究还提出，要想促使教育教学改革获取成功，必须对教师

[①] 周光礼、黄容霞：《教学改革如何制度化——"以学生为中心"的教育改革与创新人才培养特区在中国的兴起》，《高等工程教育》2013年第5期。

[②] 张继明：《我国高校本科教学改革的审视与现代化治理路径——基于20余年来改革历程与治理模式的分析》，《高校教育管理》2020年第4期。

[③] Ivar Bleiklie and Stefan Lange, "Competition and Leadership as Drivers in German and Norwegian University Reforms", *Higher Education Policy*, Vol. 23, 2010, pp. 173–193.

[④] David R. Bosso: "This Is What I Am": Teacher Motivation, Morale and Professional Identity in the Context of Educational Reform, Ph. D. dissertation, American International College, 2014.

士气、教学改革动力和专业认同予以较高的关注度。① 这些研究为国家层面和政府政策制定者和教育工作者提供了很好的建议。

从国家层面进行研究的关注点还包括：建设高水平的师资队伍是教学改革取得成功的前提和关键，教学改革的动力与教师队伍建设密切相关。在文献查找的过程中发现，各国政府都清醒地认识到：教师队伍建设是大幅度提升教育教学改革质量的关键。国外政府比较强调大学教师专业发展的过程，这也是教师素质提高的过程，通过此途径来促进教师实施教学改革。美国卡内基金会1986年公布的《国家为培养21世纪的教师做准备》中指出"只有保留和造就最优秀的教师，美国的教育教学改革才有希望"。美国霍姆斯小组1990年发表的《明日的教师》报告也提出了多个有助于教师专业发展的建议。英国于20世纪80年代末建立了旨在促进教师专业化发展的校本培训模式，之后的1998年，英国的教育与就业部在《教师教育课程要求》里制定了新教师教育专业性认可标准。苏启祯（Soh Kay Cheng）通过考察发现，上世纪60年代新加坡大学教师职前培训迅速扩张，各种形式的教师专业化训练对于教师投入教学的动力有较大影响。② 从这个意义上讲，以上几个国家非常重视教师的专业知能对教学改革及教学质量的影响，而专业化技能是进行教学改革的基本能力。因此，教师专业化发展也是促进和激发教学改革的动力。

（二）高校层面开展教学改革的动力研究

有的学者从高校层面做了与教学改革动力有关联的研究。随着社会的迅猛发展和先进教育教学理念的逐步深入，高校教学改革势在必行。拉里·库班（Larry Cuban）对斯坦福大学百年来的发展状况开展研究，该研究分析了本科教学改革在斯坦福大学会遇到的困难和阻力，以及斯坦福大学存在的科研压倒教学的现状，研究发现，斯坦福大学在建校之初，科学研究与教学的矛盾就根植于其组织中。后来，科学研究成为学校建立声誉

---

① David R. Bosso: "This Is What I Am": Teacher Motivation, Morale and Professional Identity in the Context of Educational Reform, Ph. D. dissertation, American International College, 2014.

② Soh Kay Cheng, "Why Teach? Motives for Teaching Revisited", Asia Pacific Journal of Education, Vol. 6, No. 1, June 1984, pp. 37-43.

机制的重要支撑，科研工作持续不断地得到支持，这些重视科研的制度体系在政策与资源方面逐步被强化，并渐渐形成长期默认的制度体系。① 该研究采用跨越百年的历史研究法对知名研究型大学的教学改革展开研究，对后续研究具有重要的借鉴意义，对斯坦福大学的教学改革政策调整有重要启示。

吴颖珊认为，高校教育教学改革由内外部双动力因素协同推动，来自学校自身自主发动的内部动力是来自国家、政府等外部动力发挥作用的前提，但内部动力又要经由外部动力才能发挥作用。② 柳文华认为，高校教育教学改革需要紧跟时代步伐，将内外部动力相结合，形成具有协调性的动力机制；但无论内部还是外部因素，都需要发挥教师本体的能动性，使教师做好本职工作，才能取得成功。③ 吴金文则提出，高校教学应以现代理论为引导调整课程体系及内容，努力提高高校教师的信息素质。④ 赵炬明通过对美国以学生为中心的教学改革的研究发现，绝大多数大学教师并未接受过与教学改革相应的知识与能力训练，为了弥补不足，高校就需要"赋能老师"（empower teacher），对教师进行培训与咨询。⑤ 还有学者认为，高校应当促进教师对于教学改革具体定义的理解，特别是培训教师明确诸如研究型教学等课程教学改革的具体内涵与特点，这将有助于教师有更强的动力有目的地去开展教学改革。⑥

有的学者从高校里的校方、院系、教师三个主体的合作来研究教师参与教学改革的动力。如果责任机制未能形成，难免发生不同主体之间安逸

---

① Larry Cuban, *How Scholar Trumped Teachers: Change without Reform in University Curriculum, Teaching and Research, 1890-1990*, New York: Teacher College Press, 1999, pp. 136-180.
② 吴颖珊：《高校教育教学改革的动力机制探讨》，《重庆科技学院学报（社会科学版）》2012年第1期。
③ 柳文华：《高校教育教学改革的动力机制探讨》，《教育现代化》2018年第3期。
④ 吴金文：《高校体育教学改革应提高体育教师的信息素质》，《今日科苑》2009年第24期。
⑤ 赵炬明、高筱卉：《赋能教师：大学教学学术与教师发展——美国以学生为中心本科教学改革研究之七》，《高等工程教育研究》2020年第3期。
⑥ Xinying Shi, Zhaoming Xue and Hong Zhang, "A Study on the Research-Oriented Teaching Courses Reform in Chinese Colleges and Universities", *International Journal of Information and Education Technology*, Vol. 5, No. 4, April 2015, p. 262.

同谋、互相依赖的现象，因此，成功的大学教学改革，需要以学生为中心的教学责任机制。① 马廷奇提出针对性的建议：应该给予高校的院系层面更多的教学改革自主权，要着力从改革教师考核评价制度等方面去寻求研究与教学的平衡，进而促进教学改革。② 许多研究者从高校里不同学科教学改革探索经验的角度提出看法，其中英语学科居多。陈媛媛探讨了大学英语教师参与教学改革的激励机制，认为在英语教学改革的推进和实施过程中，教师激励机制与教师不适应新环境的矛盾逐步凸显，必须建立物质激励与精神激励有机结合的激励机制。③ 关于大学各学科课程的教学改革的经验探索和理论总结的研究很多，本研究不再赘述。

上述学者从不同层面、不同学科对如何有效推进教师参与教学改革进行了探讨，有的研究虽然不是直接研究教学改革的动力问题，但是解决好这些问题，也即是解决了教学改革动力问题。当前，对于"新工科"、"新文科"的教育教学改革的相关研究也在增多，但与相关学科教师参与教学改革的动力相关的研究甚少。

三 关于教师教学改革动力的研究

结合研究主题，本书重点关注点在高校教师参与教学改革的相关研究，但根据当前的检索手段发现，相关研究文献较少。尤其是专门以研究型大学教师作为研究对象开展这一主题的研究，根据笔者当前采用的检索方法得出的结果来看，更是少之又少。

（一）教师参与教学改革的动力研究

教师是教学改革的基本力量，改革成功与否取决于广大教师参与改革

---

① 马廷奇：《关于大学本科教学改革的理性思考》，《中国高教研究》2016年第1期。
② 马廷奇：《大学本科教学改革：目标、困境与动力》，《北京科技大学学报（社会科学版）》2016年第4期。
③ 陈媛媛：《建立适应大学英语教学改革的教师激励机制》，《湖南经济管理干部学院学报》2006年第6期。

的能力和意愿。① 罗温（Rowan）认为在教学改革工作中一线教师起到重要作用，他们是"在学生学习过程和教学过程中最有效的影响力量"，是"教学改革取得成功的中心"。② 华健等提出，教师是"站在教学第一线的战士"，是教学改革的开拓者和实践者，只有教师积极投入教学改革实践中去，教学改革才能取得实效，教育事业才可能长久、持续和健康地发展；反过来，教师也只有如此才能获得自身职业和事业上的发展。③ 可见，教学改革和教师职业发展相辅相成。郭淑芬、高功步等认为，"以政策引领为拉力，以同行竞争为推力，以学生需求为促力"的三种力量构成的动力体系，支撑了教师自主推进教学模式的改革。"④ 张文通过教改立项课题成果转化的微观动力分析发现，教师具有"经济人"的特点，驱动教师将教改立项转化为成果的动力源自于教师的"好奇心"和"好利心"。⑤

大卫·R·博斯（David R. Bosso）在其博士论文《"这就是我"——教育改革背景下的教师激励、士气与职业认同》中采用半结构式访谈法，对24位一线教师进行访谈，了解他们对当前教育趋势、学校文化、专业成长、专业观点、教学动力、教师士气及教学改革的看法；通过对访谈所得的资料进行编码分析，认为教师士气、情绪、专业认同、专业成长、环境因素以及教师在教育改革讨论中话语权对改革具有重要意义；调查发现，尽管教与学具有道德和情感的本质，但教师的观点、情感、关注和信仰在

---

① 赵炬明、高筱卉：《赋能教师：大学教学学术与教师发展——美国以学生为中心本科教学改革研究之七》，《高等工程教育研究》2020年第3期。
② B. Rowan. "Standards as incentives for educational reform", in S. Fuhrman, J. O'Day, eds. *Rewards and reform: Creating educational incentives that work*, Jossey-Bass Education Series, San Francisco: Jossey-Bass, 1996, pp. 195-225.
③ 华健、吴伟蔚、张驰云：《教师是高校教学改革和创新的主体》，《上海工程技术大学教育研究》2005年第2期。
④ 郭淑芬、高功步：《高校教学模式改革：动力、挑战与路径——基于教师自主推进的视角》，《扬州大学学报（高教研究版）》2018年第4期。
⑤ 张文：《教改立项课题成果转化的微观动力分析》，《东华理工大学学报（社会科学版）》2008年第4期。

教育改革意见征询中很大程度上一直存在缺失。①

有的学者从关注教师参与教学改革的阻力或困难来探讨教学改革的动力。有学者认为，行政化的管理模式阻碍了教师开展教学改革的动力，"通过自上而下推动教学改革的行政逻辑，必然导致教学改革的效度不高"②。吴伟强把教师主动参与教学改革的困难归结为心理障碍、文化障碍、经济障碍等因素，认为教学改革的深入和普及必须解决这三方面的问题③。陈遇春还提到，应当采用"教学约定制度"促进教师的教学工作处于自主和有效的改革之中④。洪早清认为，教师对教学的忠诚度、自觉度和理解度决定着教学的终极结果。⑤

南加利福尼亚州大学教育学院劳拉·伊丽莎白·韦伯斯特（Laura Elizabeth Webster）在其博士论文中提到，研究者和实践者花费了大量的时间和精力关注专业发展的实践特性及其实施，但为什么那么多的教学改革尝试都失败了？他通过调查研究发现，实施教学改革与创新不能也不应该忽视一线教师的动机和受激励特征的影响，只有基于对这两种情况的关注，教师才会更加积极地投入教学改革。院劳拉·伊丽莎白·韦伯斯特（Laura Elizabeth Webster）在自己的研究中探讨了教师效能感、任务价值感及行政支持感与教师开展教育改革与创新的关系，发现教师对教学改革较高的执行力与学校管理当局的高支持程度相关。⑥

艾尔弗雷德大学詹妮弗·L·格拉布斯基（Jennifer L. Grabski）在其博士学位论文中重点关注了处于高风险教育改革努力环境中的教师，该项

---

① David R. Bosso: "This Is What I Am": Teacher Motivation, Morale and Professional Identity in the Context of Educational Reform, Ph. D. dissertation, American International College, 2014.
② 陈遇春、李厚：《高校教学改革中教师组织问题的研究与探索》，《中国大学教学》2011年第11期。
③ 吴伟强：《教师参与教学改革的障碍分析》，《宁波教育学院学报》2003年第1期。
④ 陈遇春、李厚：《高校教学改革中教师组织问题的研究与探索》，《中国大学教学》2011年第11期。
⑤ 洪早清：《敬畏教学——大学教师应有的情感态度》，《现代大学教育》2018年第2期。
⑥ L. E. Webster, *Teacher motivation to implement an educational innovation Teacher efficacy, task value, and perception of administrative support*, EdD Dissertation, University of Southern California, 2006.

研究认为，纽约州对教师的外部控制水平有所提高，根据"自我决定理论"探讨这些外部控制对教师参与教育改革内在动机的潜在影响。研究结果表明，教师们已经感受到了政府等外部控制对他们某些教学任务的负面影响，自主支持与高风险教育改革的"知觉冲击"呈显著相关，教师的教学内在动机对学生和教育环境以及未来改革努力有较大影响。其中具有15-25年教学经验的教师明显"感觉"到教育改革对他们的工作任务产生了一些有害的影响；在具体的教学管理和学生评价任务中，具有15-25年教学经验的教师感知到的影响显著高于有25年教龄和小于5年教龄的教师，这表明入职早和晚的教师对教育改革存在着保护性因素。[1] 这与前文提到的大卫·R·博斯（David R. Bosso）的研究发现相呼应。

苏珊·E·夏德（Susan E. Shadle）以STEM项目为例认为，为了成功地开展教学改革和保持改革的成效，在教学中需要一种文化的重大转变，教学改革真正成功的长远目标是改变STEM的教与学周围的文化。在她的研究中描述了教师对转变教学规范的最初反应，参与改革的教师识别教学改革实践中带来的各种变化的障碍，同时这些教师也识别各种各样的驱动力。分析揭示了18类障碍和15类驱动力在教师教学改革中的反应，研究还表明，许多障碍和驱动因素类别出现在来自每个部门的回应中，它们出现的分布和频率揭示了部门差异，这对于推进教师参与教学改革的策略非常重要。[2]

保罗·A·舒茨（Paul A. Schutz）和米可里诺·津巴拉斯（Michalinos Zembylas）通过对市场化和商业化时代的伦理道德思考，认为要实施高质量教育改革，必须从社会和个人层面努力架起对教师激励的人际复杂模型，关注实施教学改革背景下教师情感的表达、深化对教师的理解、加强教师教学情境中的情感沟通与教师教育，这才促使教师开展教学改革的合适方式。[3]

---

[1] Jennifer L. Grabski, *Teachers' intrinsic motivation for teaching in the context of high-stakes education reform*, PhD dissertation, Alfred University, 2015.

[2] Shadle S. E., Marker A and Earl B, "Faculty drivers and barriers: laying the groundwork for undergraduate STEM education reform in academic departments", *International Journal of STEM Education*, Vol. 4, No. 8, April 2017, pp. 1-13.

[3] Paul A. Schutz and Michalinos Zembylas, *Advances in Teacher Emotion Research: The impact on teachers' lives*, Boston: Springer, 2009, pp. 3-11.

教师是教学改革的具体实施者，他们的教育观念、能力素养等关系着教学改革成功与否，也是保障教师有动力实施教学改革的因素之一。林菁认为，教育观念深刻地影响着教育教学现实的存在，只有不断更新教育观念才能推进和深化教育改革。① 孙俊川认为，教师素质的提高是教学改革得以落实的根本保证，高校教师应努力找到自身角色位置，以提升个人素质去适应高等学校教育教学改革，并要发挥教师的主导力量。②

（二）高校教师参与教学改革的动力研究

大学教师有动力自主推进教学改革是高校教学改革的关键。在绩效考核视域下，如何促进教师自主推进教学改革成为关键，一些大学一线教师基于各方面的需要，会有意识地"迎合"绩效考核指标，因此，从考评制度上强化教师教学的动力机制是改善教师教学的重要举措。③ 弗洛斯特·皮特等人通过52个案例详细介绍了一线教师的个人职业道路和经验，以此讨论如何成为研究型大学的教师，并提出研究型大学教师应在教学动机、教学方法与方案等方面，与学术教育、师生关系、学生综合学习能力等相结合，从而成为对教学有更强动力的研究型大学教师。④ 还有的学者从教师自身动力提升角度做了相关研究。例如，陈刚认为，高校教师应当从以下几个方面去提升参与教学改革的能力：深刻领悟教学改革的理念、提升教师专业化程度、有意识地训练教师自身的创新思维、强化合作精神和加强教师自身的职业道德等。⑤这样的研究虽然不是直接与本主题相关，但是与教师参与教学改革的动力紧密相连。

在高校教师参与教学改革的动力的阻碍因素研究中，詹姆斯·S·费尔韦瑟（James S. Fairweather）等学者把高校教师不愿投入到教学更多

---

① 林菁：《转变教师教育观念，深化高校教学改革》，《当代教育论坛（学科教育研究）》2008年第7期。

② 孙俊川：《提高教师素质是教学改革的根本保证》，《高教理论与实践》1999年第2期。

③ 顾婧：《绩效考核视阈下大学教师教学动力机制研究——以N大学为例》，《师资建设》2016年第19期。

④ Frost Peter J and Taylor M. Susan, "Rhythms of Academic Life, Personal Accounts of Careers in Academia", *Academy of Management Review*, Vol. 22, No. 4, October 1997, pp. 1004-1006.

⑤ 陈刚：《如何增强教师参与教学改革的能力》，《青年教师》2006年第12期。

精力的原因归结为以下几个方面：政府和高校政策导向存在偏差，例如，对高校教师早期的专业训练与社会化过程更多倾向于做一名学者而不是教学者；研究型大学本身的组织特性与政策导向使教师的行为偏好倾向于科研而不是教学，大学及院系内部的绩效分配机制更侧重于科学研究成果而不是教学质量的提升等。① 还有学者提出，高校的组织和院系文化及学科文化对教师认知教学和科研的态度有较大影响。钟勇为通过调查与分析发现，在大学教学改革中，教师获得利益过小影响了教师参与改革的积极性与主动性，因此需要优化高校内与教学改革相关的利益生态；高校教学管理者需要树立师生利益优先满足的理念；明确教师的权益与实现途径，突破教师参与的动力瓶颈。②

还有学者聚焦如何提高教师教学积极性和主动性的研究，并将其作为改善高校教师教学现状的重要因素来分析。有学者通过研究提出，高校可以建立外部因素刺激教师内部动力的管理方式，关注教师教学改革外部促进力的同时，关注其专业提升和发展，提高教学质量。③ 有的研究提出了一些措施，比如调整教学内容，落实教学理念、更加注重教学工作对学生的影响、平衡教学与科研、从而提高教学的认同感等。④ 罗伯特·C·塞罗洛（Robert C. Serow）通过对研究型大学教师的案例研究得出了三个结论：科学研究是研究型大学奖励制度的主体因素；相比之下，公立大学教师教学使命更强；院系奖励制度对大学教师投入教学有较大的影响。⑤ 霍伊尔·E（Hoyle E.）和华莱士·M（Wallace M.）研究了英国的课程改革，发现教师对教学改革主要分为顺从、不顺从和调和三种态度；采取顺从策

---

① J. S. Fairweather and R. A. Rhoads , "Teaching and the faculty role: Enhancing the commitment to instruction in American colleges and universities", *Educational Evaluation and Policy Analysis* , Vol. 17, No. 2, June 1995, pp. 179-194.

② 钟勇为、于萍：《我国大学教学改革的利益生态调查研究》，《国家教育行政学院学报》2013年第11期。

③ 詹泽慧、李晓华：《美国高校教师学生共同体的构建——对话美国迈阿密大学教学促进中心主任米尔顿·克教授》，《中国电化教育》2009年第10期。

④ 桑新民：《大学究竟是什么——兼论高等教育研究的文化生态》，"社会变革中教育研究的使命"国际学术研讨会，北京，2010年11月，第35—37页。

⑤ Robert C. Serow, "Research and Teaching at a Research University", *Higher Education*, Vol. 40, No. 4, December 2000, pp. 449-463.

略的教师，教学改革动力更强。① 这几项研究虽然不是直接指向教师开展教学改革的动力，但是从不同角度探讨了与教师开展教学改革的动力有关的问题。姜文英对高校在校生进行调查提出，可以从教师的品德修养、业务功底、教学技巧和个人综合素质等四个方面提出高校英语教师进行教学改革应具备的素质。② 上述研究似乎与教师参与教学改革的动力并无较大关联，但毫无疑问，一线教师具备这些素质，教学动力会更强。

詹姆斯·L·贝丝以高等教育中教师教学目标与效果的关系为主题，通过研究教师教学的满意度与学生受教育的需求之间的关系，探讨教师教学的动机，提出研究型大学教师教学中应注重教学过程与目标的关系、教学内容与社会实践中的关系，这将有助于促进教学改革。③ 罗伯特 C·塞洛探讨了研究型大学教师如何进行研究和教学，通过报告教师在大学中研究与教学的实际案例得出结果，认为研究型大学教师在个人对教学和研究中应明确自己的态度和信念，如果是倾向于教学，那么应当积极投身于教学工作和教学改革，如果倾向于科研，但是考虑到教学在研究型大学的基础性作用，也应从信念上关注并投身教学工作，支持联邦政府的教学改革计划。④

（三）与高校教师教学及教学改革相关的其他研究

通过文献查找和分类阅读，笔者还发现，仍然有一些研究文献无法按照上述主题中分类的情况进行综述，但却与本书主题具有一定关联，且对本研究有一定启发和借鉴，笔者对本部分的文献给予了特别的关注。为了能更清晰地看到学者们的研究提出的具体时间、研究主题、所采用的研究方法以及研究结果，本书按照时间顺序整理如表 1-1 所示：

---

① Hoyle E., Wallace M., "Educational Reform: An Ironic Perspective", *Educational Management Administration&Leadership*, Vol. 35, No. 1, January 2007, pp. 9-25.
② 姜文英：《教学改革的关键在教师》，《山西教育学院学报》1999 年第 4 期。
③ James L. Bess, "The Motivation to Teach", *The Journal of Higher Education*, Vol. 48, No. 3, March 1977, pp. 243-258.
④ Robert C. Serow, Research and Teaching at a Research University, *Higher Education*, Vol. 40, No. 4, December 2000, pp. 449-463.

表 1-1　　　　　　　与本研究有关联的其他中文文献

作者	研究主题	研究方法与结果	发表刊名
何少初[①] 1986.5	提高大学教师素质，推动高校教学改革	顺应当前高等教育教学改革的热点与要求，通过论证，提出教师素质的提升是实现教学改革的关键。而提高高校教师的素质，主要应从提高专业知识、能力和教育科学素养三个方面做起，才能更有效地推动教学改革	《高等教育学报》
谢维和[②] 1998.11	深化高校教学改革关键在教师—学习邓小平教育理论的一点体会	通过学习邓小平关于教师在培养人才中的重要作用的经典论述认为，对于高等学校而言，在高等教育改革（特别是高校教学改革）过程中，所出现的各种各样矛盾与问题的解决关键在于教师，特别是教师参与的动力问题	《中国高等教育》
刘振天[③] 2013.8	高校教师教学投入的理论、现况及其策略	通过理论推演和问卷调查发现，教师对教学的投入程度与教师的教学质量呈正相关；在我国，投入总量偏低；且教师的投入对不同性别、学位、年龄、职称以及不同层次的院校也不均衡；建议政府和高校可以从制定合理的教师激励制度、加强对教师的情感教育、提升教师们的教学素质能力等方面来提高教师对教学活动的投入水平	《中国高教研究》
翟洪江[④] 2015.5	高校教师本科教学投入的影响因素与对策研究	该研究采用深度访谈的方法调查了影响高校教师教学投入的各种因素，结果表明，教师身处的教学组织的教学状况、高校现行的考核及职称评聘制度、教师自身发展导向、教师的科研状况、承担课程收益的激励作用等均会影响教师本科教学的投入	《教育探索》

---

① 何少初：《提高大学教师素质，推动高校教学改革》，《高等教育学报》1986 年第 2 期。
② 谢维和：《深化高校教学改革关键在教师——学习邓小平教育理论的一点体会》，《中国高等教育》1998 年第 11 期。
③ 刘振天：《高校教师教学投入的理论、现况及其策略》，《中国高教研究》2013 年第 8 期。
④ 翟洪江：《高校教师本科教学投入的影响因素与对策研究》，《教育探索》2015 年第 5 期。

续表

作者	研究主题	研究方法与结果	发表刊名
阎光才[1] 2018.11	高水平大学教师本科教学投入及其影响因素分析	针对高水平大学教师教学情况展开数据调查,研究发现,我国高校教师投入本科教学的时间并不低于美国的研究型大学,教师对本科教学的投入时间与其科学研究呈现出排斥效应,但对教师教学投入的热情并无显著影响。来自科学研究和学生评价课程的压力、琐碎的行政事务以及家庭与教师工作冲突等,这几方面是教师教学投入热情的负面影响因素。在此方面的关键性变量是教师个人对本科教学的偏好	《中国高教研究》
周海涛[2]	激发大学教师投入本科教学的内生动力	文章归纳总结出促使大学教师投入本科教学的主要因素包括大学教师对教学的兴趣、职业责任感、闲逸消遣的寄托、教学与科研融合的需要、教学业绩荣誉的追求等。高校要进行政策调整,引导和满足教师教学兴趣,弘扬和增强教师责任感,尊重和支持教师教学意愿,打通和构建教学科研的融通机制,激发和规范教师对教学奖励的内在追求,增强教师投入本科教学的内生动力	《江苏高教》
石世英等[3] 2020.11	TPB理论框架下高校教师教学改革行为意愿研究——以河南省高校为例	以计划行动理论为指导,通过结构方程模型探索高等学校教师对教学改革的行为意愿。研究发现,对教师教学改革行为意愿产生的正向影响因素包括:教师对教学改革的态度、知觉行为控制、职业认同及主观规范等,上述因素从作用力程度来讲,呈依次减弱的情况	《高等建筑教育》

---

[1] 阎光才:《高水平大学教师本科教学投入及其影响因素分析》,《中国高教研究》2018年第11期。

[2] 周海涛:《激发大学教师投入本科教学的内生动力》,《江苏高教》2020年第4期。

[3] 石世英:《TPB理论框架下高校教师教学改革行为意愿研究——以河南省高校为例》,《高等建筑教育》2020年第3期。

续表

作者	研究主题	研究方法与结果	发表刊名
陈睿[1] 2020.7	教师本科教学工作投入及其影响因素研究——以湖北省属高校为例	通过文献分析法、问卷调查法、访谈法等发现，学校方面对教师提出的教学工作要求具有挑战性、给教师提供丰富的教学资源支持，此两方面构成的为教师提供的本科教学工作环境能够促进一线教师对教学的投入。但如果教学工作要求具有阻碍性质，则会带来消极影响；影响教学投入的重要动力因素是教师教学的个人资源，也是教学工作投入的中介变量	《华中师范大学博士论文》
郭丽君[2] 2021.2	高校教师教学行为选择的制度逻辑与作用机制	通过对高校教学管理制度类型的分析，基于对教师个体的利益诉求和教师身份规定性的价值偏好，该研究采用实证研究方式发现，在教学实践中，高校教师与学生、与教师自身、与学校这三类关系和三类教学管理制度建构的场域结构，教师通过处理上述关系，并于自身的价值与意志互动，从而采取教学行为	《大学教育科学》

受检索条件限制，从上表可以看到，本研究能查阅到较早关注到大学教师素质的提升对于推动高校教学改革这一主题的学者是原中央教科所高教室的何少初先生。之后，北京师范大学著名学者谢维和教授通过学习邓小平关于教育理论的经典论述发现，教师在人才培养、教学改革中发挥着重要作用，必须解决高校教师的动力问题。近年来，沈红、阎光才、刘振天、翟洪江等诸多高等教育专家对于高校教师教学投入问题给予了高度关注和深入研究，表中所列的几篇上述学者的代表性研究虽然与本书的主题有所不同，但是学者们的这些研究从理论基础、观点分析、研究设计等诸多方面给本研究提供了启示，都是在当前学术界具有重要影响力的研究。

---

[1] 陈睿：《教师本科教学工作投入及其影响因素研究——以湖北省属高校为例》，博士学位论文，华中师范大学，2020年，第142—150页。

[2] 郭丽君：《高校教师教学行为选择的制度逻辑与作用机制》，《大学教育科学》2021年第2期。

四　文献总结与述评

通过文献综述发现，以往的研究虽然少有与本研究直接相关的主题，尚未发现专门针对研究型大学教师参与教学改革的动力进行研究的成果，但许多研究成果蕴含了这一思路。

（一）国外相关研究特点

国外的相关研究从研究主题来看，更加关注一线教师对于某项教学改革在推出之前对教师进行意见征询及教师的感受，且更多从心理学研究视角探讨教师对教学改革的态度、体验、自我效能感，这些因素直接影响到教学改革的推行、成功实施、教师的参与度，以及教学改革的持续性。这些可以作为本课题的研究背景，也为理解教师教改动因提供了理论支撑、方法参考和观点启示等，尤其是从微观层面关注教师内心对于国家层面推进的教学改革的态度、感受、真实想法等，为本研究提供了另一种研究视角。另外，国外的研究中，采用实证研究方法较多，为本研究提供了方法论帮助。但国外的研究与中国的国情有较大差异，我们需要扎根中国大地开展研究，因此本研究采取选择性借鉴策略。

（二）国内相关研究总结

国内对于大学教师参与教学改革动力的研究文献稀少，与此主题直接相关的研究散见于最早的教学动力研究，而对于教学改革动力的研究多从改革的必要性、教师的作用、如何推进大学教师专业发展和能力素质提升、我国大学教师在教学上的投入情况及影响因素、大学教师在教学与科研上的平衡协调等方面的研究。国内相关研究的研究方法更多倾向于思辨性和总结性研究，用实证研究的方法从微观层面开展研究相对较少。

（三）现有研究对本研究的启示

站在以往学者研究的"肩膀上"，国内外的相关研究为本研究提供了以下帮助：

一是发现了学术界尚未涉及的关于教学改革相关问题或有待进一步探讨一线教师教学改革动力的有关问题，明确了研究主题；二是以往研究提升了笔者作为研究者对于理论的敏感度，为本研究提供了知识储备、论点启发；三是一些已有研究为本研究提供了可供借鉴的研究方法、研究视角和可引用的二手数据；四是将以往研究成果回嵌入本研究的一些理论解释中，使得本研究具有一定的继承性；五是在后续研究过程中，一些已有研究文献可用于本研究中与实质性理论进行比较，将其上升为形式理论。

现有研究的遗憾之处：从研究视角来讲，较少从教师的视角来分析影响或促进教师开展教学改革的动力因素，缺乏一个有力的主题和焦点以及一个合适的切入点来整合这些研究。从研究的理论基础来讲，以往国内的诸多研究采用教育学、管理学理论视角解释居多，从社会学和一个交叉综合的理论视角来研究论证的偏少。从研究主体来讲，从教师群体的角度开展宏观层面的研究居多，从教师个体开展微观研究的较少。方法层面，思辨性、逻辑推理性的方法居多，实证研究方法较少。从研究逻辑和过程来看，大部分文献仅提出了比较笼统的框架性建议，未能有针对性地展开充分论述。只有明确教师参与教学改革动力来源，才能有效促进研究型大学教师对教学改革的普遍参与和持续推进，但以往研究真正走到教师群体中关注"一线教师"对参与本科教学改革的各种动力因素的研究较少。

第三节 研究内容

一 研究问题

结合本章第一节的研究缘起和第二节的文献综述以及笔者的个人经历和研究旨趣，本书的问题之源可以概括为：

从对现实问题的反思层面来看，当前，政府、高校、学术界、各方舆论均高度重视大学教学改革，前两者更是通过加大对本科教学改革的经费投入等方式来推动教学改革，但教学改革是否取得了我们所期待的效果？

第一章　绪论

相对而言，在更加看重科研的研究型大学，教师参与教学改革这一行为存在着传统意义上的"逻辑悖谬"，而在此间，依然有教师愿意参与到本科教学改革中来，教师为什么要做费力不讨好的活儿？

通过理论逻辑的推衍层面来看，教学是大学的应有之义，新时代呼唤教学的回归，教学改革势在必行；教学改革的具体执行者是一线教师；一线教师有动力开展教学改革是解决问题的根本。

从已有研究的文献综述结果来看，国内外研究的遗憾之处为本研究提供了可能、指明了方向。从宏观层面到微观层面、从政策维度到操作维度、从上层改革到一线实施，有必要在大学教学改革政策推行者与一线教学改革实施者之间建立一座桥梁——了解教师参与教学改革的真实动力。

从个人研究旨趣层面来看，结合自己的学习教育经历和工作经历、工作环境、学术习惯、研究兴趣点去选择适合自己的研究对象和问题，"研究型大学教师参与教学改革的动力"是笔者寻找到的与自己上述诸方面情况非常契合的研究主题，对这个问题的研究有浓厚的兴趣，也是笔者研究旨趣的延伸。

任何一项政策的推行，任何一项教学改革的实施，都必须充分了解改革具体实施者的真实想法，才能更有针对性，才能使之"管用"和"有效"。在推行教学改革时，是否有对教师参与教学改革的真正动力来源的了解，是否有对一线教师教学改革实际想法的深切关照？本书基于上述维度，拟将目光聚焦于研究型大学，且主要圈定在一线教师这个群体，试图比较详尽而深刻地揭开现行研究型大学教师参与教学改革的动力，从而为决策者、制度制定者和执行者提供参考。

具体来说，本书拟通过对一线教师的深度访谈和参与式观察，采用扎根理论的方法，基于研究型大学教师在教学改革实施中所处的现实情境、实际样态、遇到的困难与阻力、对教学改革的思考与体悟，考察研究型大学场域的教师开展或参与教学改革的行为取向，探求他们投身教学改革的各种动力因素，思考这些动力因素之间的相互作用机制，为大学教学管理提供参考。

本研究的研究问题可以概括为：

究竟什么样的动力促使研究型大学教师参与教学改革？

这一研究问题包括如下子问题：

1. 研究型大学一线教师对当前情境下教学改革的整体认知和看法如何？
2. 究竟有哪些动力因素促使研究型大学一线教师参与教学改革？
3. 这些动力发挥什么样的作用形成了教师参与教学改革的动力机制？

本书的研究尝试回答上述问题，其最终目的在于了解教师参与教学改革的真实动力。

二　核心概念

单从本书题目难以准确解释本书的意涵，故对一些重要概念在本研究中的操作性定义界定如下。

（一）研究型大学

1810 年，德国教育家洪堡（Wilhelm von Humboldt，1767-1835）改组柏林大学，提出"研究和教学相统一"的原则，这被视为是研究型大学（Research universities）的应有之义。受其影响，1876 年，美国建立起该国历史上第一所成型的研究型大学——约翰·霍普金斯大学，此大学将研究生教育和高层次人才培养作为重要使命，建立研究生院。设有研究生院可以被视为研究型大学的基本的"可见"的特征和直接的判断依据。

研究型大学作为大学的一种类别，最先出现在 1973 年美国卡内基教学促进基金会（简称卡内基基金会）出版的《高等教育机构分类》，该分类法将美国的高等教育机构划分为博士学位授予大学、综合性大学和学院、文理学院、两年制学院和专门学院五类，研究型大学主要指的是"博士学位授予大学"。根据获得联邦科研经费资助额及授予博士学位数量，该分类法将博士学位授予大学分为研究型大学 I 类和研究型大学 II 类[1]。此后，卡内基分类历经了数次修订，分类指标更加细化，在比较新的一个版本中，研究型大学分为研究能力很强的研究型大学（RU/VH）和研究能力强

---

[1] [美] 休·戴维斯·格拉汉姆、南希·戴蒙德：《美国研究型大学的兴起——战后年代的精英大学及其挑战》，张斌贤等译，河北大学出版社 2008 年版，第 1—16 页。

的研究型大学（RU/H）。根据2010年的分类数据，在美国各层次的4633所大学中，研究型大学297所，其中RU/VH有108所。

通过上述考察，国外研究型大学在授予学位等级方面都位居高等教育系统的顶端[①]；高度重视科研（毕竟其评价指标几乎都是科研相关的），因此多数都是国家基础科学研究中心和/或世界学术交流中心；学科门类较为齐全；政府投入多，因此拥有卓越的师资力量和相对充足的科研经费；重视研究生教育，且拥有优质生源。这些可以视为研究型大学的必备特征。

国内关于研究型大学的界定尚无统一标准。学者们的观点虽不具有统一性，但是核心内涵基本一致。王战军教授认为，研究型大学应当对知识的生产、传播和应用有创新性的贡献，应着力培养高层次人才，产出高水平科研成果[②]。还有学者强调学术研究及研究生教育需作为研究型大学的主要任务，同时，研究型大学的研发实力和能力都应当有较强的水平[③]。从外显指标来看，有学者认为，研究型大学是通过科技成果转化来服务于社会的国内名牌、国际知名大学[④]；具有浓厚的研究氛围和较强的综合实力[⑤]。沈红教授总结了研究型大学的几个特征，包括：多学科、重视基础研究和战略高新技术研究、国家重点投入、承担国家重点项目和培养国家急需人才[⑥]。还有学者将研究型大学的特征描述为显性和隐性两种，前者以大学的功能表征，如培养精英人才和产生重大科研成果，对增强国家核心竞争力和综合国力发挥重要作用等；后者以大学精神表征，表现坚持求是崇真、学术自由，并服务于社会[⑦]。

本研究提到的研究型大学源自于我国常见的大学六大分类之一。这六

[①] ［美］詹姆斯·杜德达斯：《二十一世纪的大学》，张斌贤译，北京大学出版社2005年版，第40页。

[②] 王战军：《中国研究型大学建设与发展》，高等教育出版社2003年版，第1—3页。

[③] 王永杰等：《从中国高校的教改现状看我国研究型大学的建设》，《西南交通大学学报（社会科学版）》2001年第1期。

[④] 史万兵、娄成武：《研究型大学的指标体系构建》，《中国高教研究》2003年第6期。

[⑤] 梁传杰、罗勤：《我国研究型大学的内涵与特征》，《武汉理工大学学报（社会科学版）》2007年第6期。

[⑥] 沈红：《研究型大学的基本要素及其体制和组织满足》，《教育研究》2003年第1期。

[⑦] 李勇、闵维方：《论研究型大学的特征》，《教育研究》2004年第1期。

类包括：研究型大学、研究教学型大学、教学研究型大学、教学型大学、应用型大学、高等专科学校等。本研究主要核心是指第一类研究型大学，这种类型的大学，其主要任务是高层次人才的培养与科技研发，在校生中研究生数量占有较大比重，一般建有研究生院。

鉴于研究型大学是一个经验概念①，本研究取样主要以武书连和艾瑞深中国校友会公布的2018年中国研究型大学和特色研究型大学名单为参考范畴，同时依据该大学官方网站的主页上有关大学定位的文字表述、该校大学章程里的有关描述、该大学在学校发展定位与规划上的阐述，找到有明确表述本大学为"研究型大学"字样，作为判断依据。这一判据下的研究型大学的外延与前述考察的内涵基本吻合。本研究取样的研究型大学涵盖了具有代表性的985高校和高水平行业特色型211工程大学，全部为"双一流"建设大学。

研究型大学正在向世界高水平大学迈进，在学科上也是综合性大学的代表，对此类型大学的研究，会对其他高校有一定的启发意义和借鉴价值。同时，从工作实践和研究条件来看，笔者对研究型大学教师开展教学改革有较长时间的观察和比较深刻的体会，也方便获取一手数据资料和实施访谈调查，选取这类大学作为研究对象，对笔者来说具有很强的可行性。

（二）教学改革

"改革"一词在《辞海》里提到的意思为"改变旧制度、旧事物，即把事物中旧的不合理的改变成新的适应客观情况的"。② 据此推衍，通常意义上的"教学改革"（Teaching Reform），是指根据社会对所需的人才要求，对教学中不适应新情况的教学制度、理念、内容、方法等进行的有计划的变革。"教学改革"既是理论的，也是实践的，要充分、全面的获知教学改革的整体概念，需要从每一个研究侧面、不同的视角来界定。笔者

---

① 乔锦忠：《学术生态治理——研究型大学教师激励机制探索》，教育科学出版社2008年版，第7页。

② 辞海编辑委员会：《辞海》，上海辞书出版社2000年版，第1305页。

主要通过概念的（ideal、analytical）、实践的（practical）、实证的（empirical）三个视角找出此概念在本研究中的操作性定义。

通过文献梳理发现，国内主要有三种用法：一是国家层面提出的教学改革；二是学校层面提出的教学改革；三是教师层面开展的教学改革。国家层面的教学改革主要属于对宏观教学改革的基础架构，也可以说是一种概念的（idea 、analytical）维度，主要涉及国家基于整体教学改革的出发点和逻辑对教学改革做出的顶层设计和宏观规划。

学校层面的教学改革主要集中在"中观"层面教学改革的理念、思路、过程、运作环节等方面，也可以说是一种实践的（practical）维度，可以看作是政策的执行。教育部在《关于进一步深化本科教学改革全面提高教学质量的若干意见》中提到："着力培养学生创新精神和实践能力"、"推进人才培养模式和机制改革"，推进学分制、降低必修课比例、加大选修课比例、减少课堂讲授时数等；创造条件，推动学生积极开展社会调查、社会实践活动，参与科学研究，进行创新性实验和实践；打造"精品课程"，形成跨校选修课程机制，加强高等学校之间学分互认等，实现教学资源共享机制。这些都要通过高校采取不同的措施来实现。学者张海生提到的教学改革主要包括学科发展规划的制定、专业人才培养的目标定位、课程资源开发、教学资源配置的优化、高效的教学运行管理机制以及教学质量保障体系的健全等诸方面。① 这些都是学校和院系层面教学改革实践维度的体现。

教师层面的教学改革主要关注一线教师参与和实施教学改革，可以认为是微观层面的，也可以说是一种实证的（empirical）维度，涉及教学改革在课堂中的具体实施，重视在新的教学理论指导下对教学计划、教学内容、教学方式、教学手段、教学评价等诸方面进行改革和落实。本研究所提到的教学改革针对的就是这一层面的教学改革。根据《关于进一步深化本科教学改革全面提高教学质量的若干意见》，微观环节的教学改革内容可以概括如下：

---

① 张海生等：《高校教学改革的总体思路与政策措施》，《煤炭高等教育》2015 年第 5 期。

（1）坚持知识、能力和素质协调发展，对人才培养模式、课程体系、教学内容和教学方法等方面进行改革。

（2）及时更新教学内容，引入新知识、新理论，注重将新技术应用到教学过程中。

（3）大力推进教学方法的改革，提倡启发式、因材施教式的教学。

（4）构建以核心课程和选修课程相结合的课程体系，注重学科交叉融合。

可见，微观层面的教学改革不是思想层面、理论层面，而是具体的教学活动，是每个课程、每个教学活动的设计层面。有学者也提出，"大学教学改革可以是注入新型教育教学理念的课程建设（如 MOOC）、教学手段模式与方法的探索、教材建设、教学论文撰写等。"①

本研究中的大学教学改革包含以下指征：一是改革育人理念，教学中兼顾知识传授、能力培养、价值塑造"三位一体"；二是改革教学中固有的主体概念，从"以教为主"向"以学为主"转变；三是改革教学方法与模式，恰当采用的现代化教学手段关注学生创造力和实践能力培养；四是根据新的研究进展和新的社会需求，改革教学内容和课程结构；五是改革评价体系，鼓励学生多样化成长与成才的可能性。以上指征贯穿于课程教学的全过程。

为了更好地明晰本研究抽样的具体对象，本研究中教学改革的操作性定义为：该教师主持或参与教学改革项目 1 项及以上作为参照标准，具体形式包括但不限于以下形式：

（1）教学计划与教学大纲的调整，优化人才培养体系等；

（2）在课程教学中改革教学理念、教学内容、教学方式、评价方式等，表现形式可以是案例式教学、研究型教学、MOOC 建设、翻转课堂等；

（3）新工科、新农科、新医科、新文科中的改革与建设等；

（4）注入新的教学理念和前沿理论的教材建设等；

（5）以上所有教学改革实践带来的教学研究与思考，教学论文发

---

① 嵩天：《大学教学改革中的科研方法与探索——基于青年教师的视角》，《中国大学教学》2015 年第 1 期。

表等。

在本书中，如无特殊说明，主要指本科教学改革。为了丰富数据，作为反向举证，本研究还将选择未参与（或终止）教学改革的一线教师作为访谈对象。

（三）教师教学改革动力

本研究主要关注教师参与教学改革的动力。"动力"一词由"动"和"力"构成。《辞海》中，"动"解释为："对原有位置或状态的改变；操作、行动；起始、发动等"[1]。"力"则解释为："力气；能力，如才力，购买力；威力，权力；体力劳动者，仆役；物资之间的相互作用，凡能改变物体静止或迅速直线运动状态或使物体发生形变的作用都称为力。"[2]"动力"在《现代汉语词典》中原指风力、热力等使机械做功的各种作用力，后泛指对事物的运动和发展产生作用的力量或影响因素。教师参与教学改革这一行为的动力是那些能够引起或推动教师产生这一行为的不同维度和层级的各种动因和力量的综合。

"动力"在英文中主要有"motivation""motive""dynamic"等词汇来表达。"motivation"在朗文词典和牛津词典中的意思简洁概括为"the reason for your actions or behaviour""the reason why you want to do something"，侧重于引起……的动机、激发起来的积极性、动力、诱因、刺激、干劲等。"motive"指动机、目的，广泛地指任何一件事情的动机，侧重于行为的目的和需要，更强调动机的内容与结构。"motivation"侧重于完成任务的驱动力，强调动机的过程与动力，例如内部动力（intrinsic motivation）和外部动力（extrinsic motivation），更强调行为的驱动力。"dynamic"指的是"a force that produces change, action or effects（牛津词典）"，"something that causes action or change（朗文词典）"。"motive"倾向于心理需要，"dynamic"倾向于活力，"motivation"倾向于原因和驱动力。本研究更倾向于研究教师参与教学改革的原因和驱动力，因此，

---

[1] 夏征农、陈至立主编，《辞海》（第六版），上海辞书出版社2010年版，第840页。
[2] 夏征农、陈至立主编，《辞海》（第六版），上海辞书出版社2010年版，第2342页。

"motivation"一词更贴近于本研究。本研究所要考察的教师教学改革动力，是促使教师教学改革这一特定行为的力量或影响因素，是无褒贬之分的中性概念，这种力量并非仅是主观意愿，也有外力"push"，这种动力也许具有争议性，但是只要对教师教学改革产生影响的力量，本研究一并视为动力，在研究促进教师投入教学、开展教学改革中都有着重要的价值。

在本研究中，对于一线教师的访谈时，教师可能会提到参与、实施、开展、投入教学改革等不同的词汇表达，在此特别说明的是，关于参与、实施、开展、投入教学改革，虽然有一定区别，且程度不同，但不是本研究所要指向的主要研究问题的关键变量，因此本研究不作重点区分和词语辨析，在本研究中，只要是一线教师进行了教学改革，无论是参与、实施、开展、投入，均纳入本研究范围。

三 本土概念

本研究中提到的"本土概念"是指受访者口头上经常使用、倾注受访者情感、用以表达研究对象看待事物或事件方式的那些概念①。作为一项质性研究，本研究尽可能使用来自受访者（一线教师）原汁原味的语言作为思考单位，注重捕捉从研究对象那里产生的本土概念。通过对资料的收集整理，本研究发现了三个本土概念，即"良心活儿""费力不讨好"和"高级感"，这三个概念有助于从一线教师的视角去认识他们参与教学改革的动力。

（一）良心活儿

"良心"一词在汉语词汇中起源于儒家学说，指的是一种被社会普遍接受并被个体认可的价值标准和行为规范，是个体自律的突出体现，也是道德情感的基本形式。《现代汉语词典》里提到，从心理学的角度来看，"良心"（conscience）是内心对是非的正确认识，是以此为基础形成的对于自我道德活动进行评价与调控的心理机制。"良心"在本研究中主要出自研究对象（访谈对象）的原始表达，也是一线教师在接受访谈时频繁使

---

① 陈向明：《质的研究方法与社会科学研究》，教育科学出版社2000年版，第284页。

用的词汇。比如"我们现在是凭良心教学";"因为良心,我在课堂上必须真正付出"。

"良心活儿"在本研究中多次出现在受访者的言谈中。主要表达了本研究中的受访者对教学活动的认知与情感,受访者的意思是,"作为一名教师,基本任务就是教书育人",投入教学、开展教学改革是教师履行对学生和组织的一种义务工作。"良心活儿"反映出教师在此过程中形成的道德责任感,即使不接受检查评估,教师也应当投入教学、积极开展教学改革;即使在工资待遇上、职称评审中、评奖评优上受到某种不公平的对待,但只要面对学生成长,会一如既往地去投入到教学当中去。

> 怎么说呢,(教学改革)确实太辛苦,但是这就是个良心活儿,我得对得起学生、对得起自己的良心啊……老师们都不是傻子,这种无限地投入(教学)不可计量,纯粹是个良心活儿,终归还是希望学生在我们这里收获更多。(资料来源:对U大学文科学院青年骨干教师X老师的非正式访谈)

> 我其实在我们学院考核的岗位是比较低的,去年我不是拿了个××市的教学成果一等奖嘛,但学院还准备给我降两档呢,因为我的科研论文跟那个科研基金没有很多,我那些教学获得的东西在我们这里算权重都不大,我原来是五级岗,因为投入教学比较多,因为它只考核科研论文和科研项目的,差点降到七级岗,别人跟我开玩笑说,说你看你在××大学拿了个××市教学成果一等奖,还有其他一些教学改革也做得有声有色,学生评教也很高,每次上面的什么评估指标都填你的教学改革项目,但你还要降两岗到七级岗啊,我都替你惋惜。你说我是不是整天在瞎忙一些费力不讨好的事儿?但我说我愿意做这件事儿,你给我降岗也没关系,我对得起自己的良心。所以尤其是你提到的在研究型大学做教学改革啊,那真是良心活儿,也是真爱。(10008D061)

可见,"良心活儿"一词反映了教师参与教学改革的行为取向和内在动力，是研究型大学教师将教学改革活动作为自身道德义务和道德责任的自觉意识和情感体验。

（二）费力不讨好

"费力不讨好"是指做事付出了很多精力，但是白费功夫，没有取得期待的成效，相反可能带来坏的影响。"费力不讨好"在本研究中也是一线教师在接受访谈时经常感叹的话。比如有老师提到：

> 你别看我这些年不断探索自己的教学改革，也很受学生欢迎，反正学生很喜欢我（笑），你也知道，有一次我们学校唯一的××市教学成果特等奖也是我这边牵头拿到的，这个比较少见，因为我的职称是副教授，绝大部分获得特等奖和一等奖的都是教授，但是，我其实在我们学院的考核中排名不好，聘岗也不高，你不信去查一下，好多老师劝我，说我整天在瞎忙一些费力不讨好的事情。（10008D053）

> 但是据我观察，现在的情况就是，一些老师认为，我们上课讲得好与不好，投入得多与不多，没有任何差异。老师们心里会盘算，我干嘛要去做这种费力不讨好的事儿，教学上，过得去就行呗！（10286Z002）

本研究用"费力不讨好"这个本土概念描述受访者对投入教学改革的付出与获得不成正比的心理感受。在老师们口中连带出现的一个高频词汇是"性价比低"，与"费力不讨好"有类似的意蕴。

（三）高级感

"高级"一词指超过一般，与低级（或初级）、中级相对。高级一词在英文中有 senior、high-ranking、high-grade、top grade 等意思，主要包含的含义有超越、优越、质量、水平等超过一般，级别、等级更高等。

我们对"高级感"这个词并不陌生，在服装设计、房屋装修等场景下，我们经常会听到购买者提出"我想要有高级感的设计"。究竟什么是高级感？这个问题很难用精确的语言来描述、表达和定义。但有一点可以确定,"高级感"受到审美、价值观、环境、文化等因素影响,从反义词的角度来解释,指的是"不低级、不庸俗、不平凡"。"高级感"在本研究中并非客观的概念,主要取决于一线教师作为认识主体对教学改革带来的超过一般的情感体验,是教师赋予参与教学改革带来的感受的定义。

我自己感觉我的特点还是在教学上能找到自己的位置,我也不会干别的,就想在教学中做点事情。有时候想想,一路走来,我在早期就开始探索研究型教学模式了,后来双语教学示范课,参加微课大赛,做慕课等,有一种追求高级感的心理。(资料来源:U 大学文科学院教学名师 L 老师在一次教学改革分享交流会上的讲话)

你说成天就照本宣科、一成不变,是很省事儿,可是作为一名还是有点自尊的高级知识分子,我从名校毕业,我面对的也是名校学生,我就简单上上课,那太没意思了,既没有挑战性,也没有高级感,你不觉得那样会显得自己很 low 吗?(10001L003)

我们的好多教学改革,其实都以项目的形式立项,而这些项目的结题多数以研究报告或论文的形式完成,其中研究的成分多一些,实践的成分少很多,研究者可能满足于结项本身,而对于教学改革的初衷,也就是切实地研究教学问题,切实地拿出改革方案并进行教学实践,这是教学改革的一个基本的要求吧,但在实际操作中会打折扣。这里不排除一些教师结合自己任教的某门课程真的进行某种改革和尝试。结题时,即使有专家鉴定意见、有相关学校的使用证明、有研究者个人言之凿凿的自我确证,但更多是一种熟人间的相互帮忙或是自我证明,其研究过程与改革成效缺乏一种独立的、公正的评估,因此,某些教学改革背后有多少价值,能真地让学生受益,真的是不好评估,倒是成了一部分教师投机钻营、用来证明"教学实力"、显得有"高级感"的举证而已。(10053 匿 004)

国内熟知的川大,他们的教学搞得不错,这也是教育部 2018 年选择在四川大学召开本科教学改革会的原因，那种影响力，对吧，圈子里一提到四川大学，会说：哦，四川大学是好大学，他那里的教学改革做得好，潜意识中有一种高级感。（10007W 补 015）

教师把教学改革这项工作带来的感受划分等级，开展教学改革被认为会得到一种优越的感受，老师们希望自己的教学或教学改革是较好的或最好的。在本研究中，从受访者多次提到这个词语的语境来看，教师们主要想表达的是 senior 的意思，即一种可能是外在、也可能是内在的优越感。这种"高级感"来自教师们视教学改革为与教学有关工作的绩点、资源、教学实力的举证，"为被承认而教学改革"。也就是说，教学改革在研究型大学教学评价制度体系的建构中具有重要的符号象征意义，其在建构教学精英体系中具有象征性地位。由于受访者的认知不同，该词在本研究中既有用于褒义的语境，也有用于贬义的语境。

（四）其他本土概念或比喻

关于教学改革这一主题，研究者还从一线教师口中听到许多有趣的本土概念：

①"套路"：用于暗指一些教师眼中的教学改革内含一些"道道儿"，也就是一种难以言状的"隐秘机制"，掌握其中的"套路"就更加有动力进行教学改革。②"作秀"：用于一些教师暗指部分教师视教学改革为形式上的表演，一些教师拿教学改革作为自己秀场载体的现象。③"念经"：用于一些教师暗指部分教师的教学改革的实质是跟随大流走走教学改革的形式，并没有真正地走心。

甚至还有许多有趣的比喻，举例如下：

①磁场理论：有老师把"磁铁"与"铁屑"用来比喻政策制度与教师教学行为的关系。（我们的问题不是没有磁场，是磁场方向出问题了，你能怪铁屑吗？）

②拜佛取经理论：把"取真经"与"打坐念经"用来比喻真正投入的教学改革与虚假的形式上的教学改革的区别。

③买房与租房理论：把"买房"与"租房"的理念用来比喻大家接受

一种随大流的教学改革理念。

④ "5块钱"与"10块钱"理论：把"5块钱"与"10块钱"的区别用于区分自己投入教学改革与不投入教学改革，进而讨论对学生的影响之大，不再是"5块钱"与"10块钱"的区别。

⑥ "汤面理论"：有老师调侃教师、教学、科研三者之间的关系，认为，教师充当的角色是"汤面"里面的"面"，教学则是"面汤"，科学研究扮演了葱花、鸡蛋、牛肉等"料"，开展教学的一线教师是面条。"面汤"是基本的东西，就高校教师的职业特点而言，没有葱花、鸡蛋、牛肉等材料佐食，只有这些"干面"的存在，显然索然无味。这里面，"面条"（一线教师）本身要质量好、有嚼头、劲道，这样才是一碗味道可口的"汤面"。

四 研究意义

本研究主要探讨研究型大学教师开展教学改革的动力问题。对这个问题的系统深入的研究，具有理论上的补充意义，也会对我国本科教学改革的良性运行、高校教学环境的优化、教学改革制度与政策的完善以及教师教学成长等具有现实意义。

（一）实践意义

一项研究的意义首先体现在能否对相关的实践工作起到指导和启示作用。

现阶段，在国家顶层设计的政策制度的推动下，各个高校均在大规模推行教学改革，教学改革的重要性已经被越来越多的教师意识到，新的教学观正在逐步形成。但总体来讲，特别是在研究型大学，教师参与教学改革的动力存在不足，且缺乏持续的动力激励和维持机制。关注教师对高校教学改革的反应及其行动，研究影响一线教师参与教学改革的动力因素，增强教师切实参与教学改革的动力，有助于更快更好地实现教学改革的预期结果。本研究着眼于一线教师教学改革动力，对于政府与高校有针对性地采取措施促使教师积极、主动地参与到教学改革中，具有实践意义。

本研究选取"研究型大学教师教学改革动力"为题,将目光聚焦于研究型大学,主要原因是:相对而言,研究型大学的教师把更多的时间分配于科学研究[1][2],但并不能因此断章取义为对教学和教学改革的投入不足,本研究只取前者的预设——时间分配于科学研究更多。在研究型大学场域中,教师投入教学改革这一行为存在着传统意义上的"逻辑悖论",所以必然具有可探究、可延展的故事性,这类大学的一线教师参与教学改革的动力,更值得进一步关注和探究。

本研究通过具体精微的教师个体去发现渗透到教师群体潜沉的那些隐秘之处,从而层层显露出其参与教学改革的动力。剖析大学教师开展教学改革行为的动力因素将有助于我们打开教师参与教学改革的内心,深入了解影响教师对教学改革价值判断及现实行为选择的动力来源预设及影响因素,从而有助于提高大学教师参与、开展、投入教学改革的主动性,有助于营造积极的因素来推动研究型大学的本科教学良性运转,有助于大学组织更加理性地设计教学制度与政策,为研究型大学的相关制度的决策者、制度制定者和执行者提供参考,从而有助于为提高高校教育教学质量。研究型大学正在向国际高水平大学迈进,也是综合性大学的代表,本研究选取研究型大学教师作为研究对象,会对其它高校有一定的启发和借鉴价值;而且,大学教师投身本科教学改革问题是当前许多大学所面临的共同问题,因而具有一定的推广价值。

(二)理论意义

如前文所述,在这个社会高速发展的时代,大学也处在变革中,大学教学中各种新情况不断涌现。教师的教学要不断适"变"、应"变"和求"变"。[3] 教学改革已经成为大学教师必然面对的问题。但现实中,由于各

---

[1] A. N. Link, C. A. Swann and B. A. Bozeman, "Time Allocation Study of University faculty", *Economics of Education Review*, Vol. 27, No. 4, June 2007, pp. 363-374.

[2] 沈红、谷志远、刘茜:《大学教师工作时间影响因素的实证研究》,《高等教育研究》2011年第9期。

[3] 洪早清、董泽芳:《敬畏教学:大学教师应有的情感态度》,《现代大学教育》2018年第2期。

种原因，教师缺乏足够的教学改革动力。

近年来，学者们针对大学教学改革的文章并不少见。关于教学改革，目前习惯性的研究视角是对存在的问题和困难进行描述，或是描述重科研轻教学的现象，或是泛泛提出一些影响因素，或是从宏观上推测出现这些问题的原因。真正走到教师群体中关注这些"教学改革当事人"对投身本科教学改革实践的真实想法的研究并不多见；通过文献搜索到的相关领域的实证研究鲜有，很少有基于教师的内在心理需求与精神状态、社会和大学组织环境对教师教学行为行动取向的影响等这些主观感受来展开的研究。本研究主要圈定在"教学改革当事人"——一线教师这一群体，试图通过此研究比较详尽而深刻地了解教师对投身教学改革的真实看法，揭示究竟是哪些因素推动教师参与本科教学改革。通过分析一线教师的真实想法，探究研究型大学教师参与本科教学改革的动力机制，有助于丰富教学改革动力理论，为教育教学改革政策的制定和实施、为高校教学改革具体措施的优化提供理论参考。

第二章　研究设计

对研究进行整体设计需要考虑用什么样的认识论与思维方式进行研究、选取什么样的理论基础、采用哪些方法收集资料和分析资料、如何展开研究过程，以及如何保证研究过程与结果的信效度等。

第一节　本研究方法论体系

研究方法论是任何一项研究首先要考虑的问题，对于社会科学研究而言，研究方法可以从四个方面进行描述，一是研究的方法论，即指导该研究的思想体系，包括研究的哲学基础（或认识论基础）；二是研究的理论基础或视角；三是研究方法层面，指贯穿于研究全过程的操作方法与方式；四是研究中要采用的具体技术手段，包括获取资料的工具、收集资料的手段等。结合本研究的具体情况，本研究的方法论体系如图2-1所示。在认识论层面，本研究选择人本主义；理论层面上，选择符号互动理论；在方法取径上，采用质性研究中的扎根理论研究方法；在具体方法上，采用深度访谈、参与式观察等具体的技术手段。（详见图2-1所示）

一　认识论基础

自20世纪以来，西方社会科学研究者相继提出精神分析、结构主义、后结构主义等理论，用于解释和分析社会现象。这些理论对很多社会人文现象给出了比较合理的解释，有重要的借鉴意义。但在解释人的某些行为

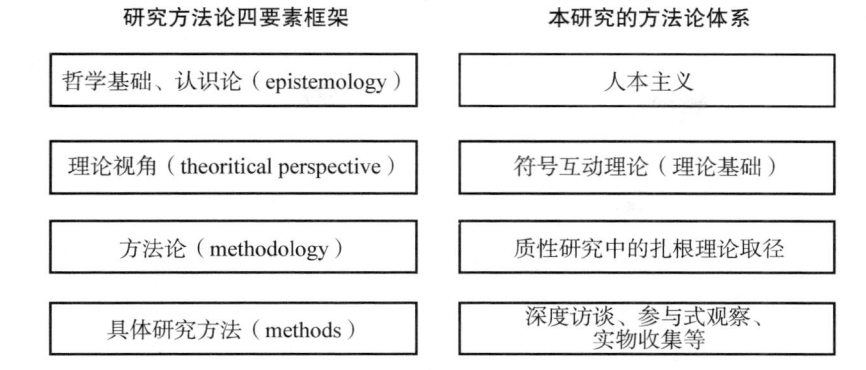

研究方法论四要素框架	本研究的方法论体系
哲学基础、认识论（epistemology）	人本主义
理论视角（theoritical perspective）	符号互动理论（理论基础）
方法论（methodology）	质性研究中的扎根理论取径
具体研究方法（methods）	深度访谈、参与式观察、实物收集等

图 2-1　本研究方法论体系图示

逻辑上，这些理论存在一定的不足。这些理论的共同倾向是把人类行为当作是作用于人的各种外在因素的产物。因此在这些理论的分析中，可能会把某种事物的意义视作理所当然，而对其他方面忽略；也可能会把某种事物的意义视为采取行动及其引发原因之间的一个中性环节（Neutral link）。在这些理论分析中，事物对于采取行动的人所具有的意义要么被忽略，要么被视为致使产生这些行为的某些特定因素的结果，未能充分关注人们采取行动所指向的事物的意义。

人本主义把人视为社会的人。在人本主义的理论分析和解释中，社会学家根据身份要求、社会角色、社会地位、社会压力、规范和价值、群体归属、文化规定（Cultural prescriptions）等因素对人们采取的行为做出解释。人本主义的方法与本研究的主题相吻合，对本研究有一定的借鉴意义。因此，笔者将人本主义作为本研究的认识论基础。

二　理论基础

本研究选用符号互动理论（Symbolic Interactionism）作为理论基础。符号互动理论是当代社会学领域颇具影响力的学派，该理论关注和研究个体在与社会的互动中怎样确立自身身份、角色，如何社会化、如何根据自己的认识决定采取何种行动等问题。从哲学基础或认识论的角度，符号互动理论主张，事物对个体社会行为的影响，往往在于事物对个体的象征意义，而不在于事物本身直接可见的相关的具体化、世俗化的内容或功用,该理论遵循的是自笛卡尔以来提倡的人本主义传统。这里提到的象征意义源于个体与他人和社会的互动,比如通过言语、文化、制度等诸方面进行互动。在个体应对他所遇到的事物时,总是会通过自己的理解去运用甚至改变事物对他的意义。① 通过研读符号互动理论,结合本研究实际情况,笔者发现该理论的主要观点和核心内涵为本研究认识、分析和解释问题提供了思路,开辟了合理的解释框架,因而,本研究将其作为贯穿全文的主要支撑理论。

在一百多年的发展历程中,符号互动理论的思想内涵与外延意义不断扩展。其主要代表人物有米德(G. H. Mead)、库利(C. H. Cooley)、欧文·戈夫曼(Erving Goffman)、赫伯特·布鲁默(Herbert Blumer)、威廉姆·托马斯(William Thomas)等,学界公认该理论的创始人是米德,米德本人述而未作,他的学生通过整理他的讲课记录,出版了《理性、自我和社会》(Mind, *Self and Society* 1934)等著作,米德强调"显性"(或客观性)和"隐性"(或主观性)两方面在人们社会化过程中的重要意义。② 20世纪 60 年代以来,符号互动理论广泛运用到社会学、文化学、教育学等领域,取得了许多进展。

从主要内容来看,该理论主张,人们对某件事情采取何种行动是以个体对该事件的意义解释为前提;这种意义阐释来源于个体与其同伴和社会的互动,而不存在于这些事物本身的意义之中;人们在具体情境中通过自己的理解去运用和修改事物的意义。③ 个体在与社会的互动中确立自身身份,且这种互动是借助"符号"来进行意义的理解与阐释,而不是机械的动物式的刺激—反应过程;个体与社会之间就是这样不停进行互动并发生变化,相互之间互相影响、不可分割。

在理论谱系上,符号互动理论在一定程度上传承了以威廉姆·詹姆斯(William James)和约翰·杜威(John Dewey)为代表的美国实用主义哲学

---

① [美]乔治·H. 米德:《心灵、自我与社会》,赵月瑟译,上海译文出版社 2018 年版,第 104 页。
② 同上书,第 105 页。
③ Blumer Herbert, *Symbolic Interactionism: Perspective and and Method*, Berkeley: California University Press, 1986, p. 2.

第二章 研究设计

思想。实用主义认为，人们"根据事物在特定情境中产生的用途来认识该事物……人们并非被动地对环境做出反应，而是根据自己的理解对环境做出判断，然后再做出一定的反应"。可见实用主义突出了人类行为的选择性与能动性。符号互动理论正是遵循这一逻辑，并有所突破，如上文所说符号互动理论认为"事物对个体社会行为的影响往往在于事物对个体的象征意义，而不在于事物本身直接可见的相关的具体化世俗化的内容或功用"。正如有学者指出，符号互动理论是一种新的观察和研究社会问题的视角，可以被运用至几乎所有人文社科领域。

在方法论方面，符号互动理论深受大卫·休谟和亚当·史密斯等的影响。符号互动理论不是通过实验来使用各种变量参数来操纵或控制观察对象，而是观通过察研究对象在日常生活中的各种行为，运用经验和归纳去对实验对象的行为进行分析，得到研究结论。该理论倾向于自然主义、描述性和解释性；对观察对象不做固定、静止、结构的属性要求，突出过程研究；强调真实的社会情境，而不是通过实验设计来构造情境。

在核心概念上，"符号"是在一定程度上具有象征意义的事物。符号互动理论包含主我（I）-客我（me）、自我形成三阶段（Three Stages of Self）、普遍化他者（The Generalized Other）、首要群体（Primary Group）、行动四阶段（Four Stages of an Act）、镜中自我（The Looking-Glass Self）、印象管理（Impression Management）等主要概念。① 每个概念内涵深刻、极具张力，本研究将结合研究所需进行理论借鉴。

教学改革可以视为高校场域这种特殊社会环境中的一种符号，这种符号符合符号互动理论的一般特征和基本要求，用符号互动理论解读教师参与教学改革的基本意蕴，提炼教师参与教学改革动力的应然之义，具有较强的适切性。

除此之外，ERG 理论（生存需要 existence、相互关系需要 relatedness、成长需要 growth 三核心需要理论的简称）与本研究也有一定的契合度②；马

---

① [美]乔治·H. 米德：《心灵、自我与社会》，赵月瑟译，上海译文出版社 2018 年版，第 105 页。

② Alderfer C. P. , "Organization Development", *Annual Review of Psychology*, Vol. 28, No. 7, 2003, pp. 197-223.

克思·韦伯用工具理性和价值理性来分析社会行为和社会现象的基本逻辑也与本研究一致；理性行为理论（TRA）主张的观点：任何因素只能通过研究主体的态度和主观准则来间接影响行为，对行为的合理产生有了清晰的认识[1]；计划行动理论（TPB）告诉我们，人的行为受到其可行性、可能性、后果、社会压力等诸多因素的影响。[2] 上述理论也会用于本研究的分析。

三 质性研究的优越性

19 世纪中叶，孔德等人将实证主义方法引入社会科学研究，并一度受到青睐；实证研究最大的特征就是采用量化研究方法（Quantitative research），因此被认为大大增加了研究的可信度；进入 20 世纪，越来越多的学者开始警觉到实证主义方法的局限及其在社会学研究中的泛化问题。20 世纪 80 年代以来，许多学者选择将量化与质性研究方法（Qualitative research）相结合，以便全面、深入地认识和解释问题，为研究者弥补采用单一方法难以呈现完整视野的不足。于是，一度有研究者相信，只要通过量化研究和质性研究相结合的混合研究和愈加技术化的科学手段，便可从全体入手来把握社会的真实存在及其各要素间的逻辑关联。由"全"而得"真"，几乎成为当前社会科学研究的通则。

本研究通过文献综述发现，基于研究型大学一线教师的"教学改革动力"的研究比较少见，也比较零散，尤其缺乏从微观层面全面系统性的探索；本研究从与一线教师的非正式聊天和前期预访谈来看，无论是教师，还是教学管理人员，对究竟是什么原因促进教师参与教学改革，众说纷纭，认知上存在较大差异，本研究将未曾纳入传统理论框架中的一线教师参与教学改革动力的潜在因素或潜在机制进行深入考察。在变量范畴难以确定的情况下，设计出一份样本空间足够的量表，定量分析"教学改革动力因素及其作用机制"，可行性较差，可信度也未必会更高。

---

[1] M. Fishbein, I. Ajzen, *Belief Attitude Intention and Behavior*: *an Introduction to theory and research*, Massachusetts: Addsion Vesley Publishing Company, 1975, pp. 77–189.

[2] I. Ajzen, "The theory of planned behavior", *Organzational behavior and human decision Processes*, Vol. 50, No. 2, 1991, pp. 179–211.

第二章 研究设计

质性研究方法是在自然情境下,通过数据收集对社会现象进行整体探索,运用归纳法对数据进行分析,形成理论,通过与研究对象的互动获得对研究对象的行为和意义建构的解释性理解。① 这种研究方法是在自然环境中进行研究,是在研究对象的现场场景中理解探索的过程……研究者与研究对象通过互动,建构一种整体的画面,通过分析文字材料(或音像等其他一手材料),详细描述与概括研究对象的观点。② 与定量研究旨在证实有关社会事物现象的平均情况和研究结果的普适性不同,质性研究关注的是不同的人,努力把握人们建构及解释意义的过程。③ 相较于质性研究,量化研究容易忽略社会现象本身的整体性、动态性、意义性,容易将复杂多变的社会现象做简单化、形式化、静态化的处理。量化研究不适宜在微观层面对社会现象进行深入细致的观察分析,而质性研究方法可以在很大程度上弥补这些不足。

本研究的对象是由各具特色的生命个体组成的研究型大学教师群体及其行为活动,这是区别于自然科学研究最为本质的一点;另外,与自然科学或实证主义社会学注重寻求"客观规律"不同,本研究的目的在于对社会事实和教师行为做出分析和解释,寻找因果关系。如前所述,本研究需要解决的问题是,当前,研究型大学中一线教学教师参与教学改革的动力因素有哪些?最终构建具有解释力的研究型大学教师教学改革动力机制。考虑到本研究的目的和内容,采用质性研究方法,有助于关注大学教师对参与教学改革动力的主观感受、行动理解和意义建构,能够帮助笔者对一线教师个体行为进行深入、细致地描述和分析,挖掘其教学改革的真实体验,通过质性研究方法获得的数据更加生动、更加具有情境性。值得一提的是,最早将质的研究方法应用于社会研究的学者之一,恰恰是以符号互动理论的创始人乔治·米德为代表的"芝加哥学派",他们的研究也涉及一些与教育有关的课题,运用了参与观察和深度访谈等方法。可见,质性

---

① 陈向明:《质的研究方法与社会科学研究》,教育科学出版社2000年版,第12页。
② [美]约翰·W. 克里斯韦尔:《质的研究及其设计——方法与选择》,于东升译,中国海洋大学出版社2009年版,第1—30页。
③ [美]罗伯特·C. 波格丹等:《教育研究方法:定性研究的视角》(第4版),钟周等译,中国人民大学出版社2008年版,第1—20页。

研究对于本研究具有较大优势，也更为合适。

四 扎根理论的适切性

扎根理论是当前质性研究中通过经验数据构建理论的一种颇具影响力的研究方法。20世纪中期，在西方占主导地位的研究方法是在大量文献研究基础上构建理论，系统地寻找证据来验证或发展理论。受实用主义思想的影响，格拉泽（Glaser）和施特劳斯（Strauss）等人强调研究行动的重要性，注重对问题情境的处理，从而提出的一种新的研究方法——扎根理论。[①] 施特劳斯（Strauss）和科尔宾（Corbin）认为，可以从被研究者的角度出发，采用深度访谈等方法收集资料；强调从行动者的角度理解问题和寻找解决问题的路径，其特征是从经验事实中抽象出新的理论。[②] 扎根理论挑战了当时主流的研究范式。在该理论中，通过对研究对象进行访谈、在自然情境下参与式观察等方式获取质性经验资料，对数据进行深入挖掘，自下而上产生概念，解析概念，最终得出结论和构建理论。

根据前期的文献综述，本研究以"教学改革动力"这个研究主变量能够搜集到的相关文献较少，动力机制的关联解释也大多来自管理学理论和企业实践。本研究采取"先不进行理论假设，而是慎重选择研究对象，通过和研究对象的交流，获得第一手资料，从原始资料中归纳、总结、提炼、概括，形成理论"[③]。本研究采用扎根理论研究，试图从被研究者的视角理解现实问题，将深度访谈、实物搜集、参与式观察法等质性研究方法相结合，尽量使数据来源充分；选择研究型大学的一线教师作为主要调研对象，根据具体情境收集分析资料，自下而上剖析促使教师开展本科教学改革的研究型大学教师的显性的和潜在的动力因素，诠释研究型大学教师教学改革动力的构成要素及相互作用机理。基于此，本研究采用扎根理论

[①] B. G. Glaser, A. L. Strauss, *The Discovery of Grounded Theory: Strategies for Qualitative Research*, Chicago: Aldine Publishing Company, 1967, p. 212.

[②] A. Strauss, J. M. Corbin, *Basics of Qualitative Research: Grounded Theory Procedures and Techniques*, London: Sage Publications Inc., 1990, p. 38.

[③] D. Walker, F. Myrick, "Grounded Theory: An Exploration of Process and Procedure", *Qualitative Health Research*, 2006, Vol. 16, No. 4, p. 547.

的技术开展研究具有很强的适切性。

第二节 研究过程

一 研究对象选择

(一) 研究对象的基本考虑

对质性研究者来讲,开始研究的第一步就是"确定和接触'守门员'(gatekeeper)",[1] 也就是选择和接触研究对象。对研究对象的选择,不是考虑如何选取"好的研究对象",重要的是选取"适合的研究对象"。对本研究而言,适合的研究对象是指:愿意敞开心扉分享自己对教学及教学改革的感知、认识、观点和看法的老师;其最好可以反映研究型大学教师在现时代的某种气质、当前高等教育的时代精神;最好对高校教学改革的政策走向、教学改革制度规则以及大学组织的校园文化等有"感觉";最好能从他(她)身上看到我国高等教育教学改革运行的缩影和受访者所在大学组织的教学改革开展情况的"印迹"。像莱布尼茨说的"单子"那样,是研究型大学组织里一个能动的、不可分割的精神实体。虽然笔者也很难准确界定上述情况,但是综合笔者的认识、一些资料的介绍以及他人的推荐,起码可以朝着"适合的研究对象"逼近。

从表面上看,每个被采访者只是一个"点",但无论是从自身要素的内在关系,还是与外部世界建立的多维关系上,都会呈现出由"点"组成"线"的连接关系。当这些不同的关系形成链状的社会逻辑机制时,它们会延伸到其他社会层面,从而与其他机制产生联动效应,形成一个"面"。本研究以获取最大信息量为目标,尽量以受访者不同视角收集到的材料交错互生,呈现出一种立体的动力结构,映照出研究型大学教师参与教学改革诸方面动力的图景。

---

[1] 陈向明:《质的研究方法与社会科学研究》,教育科学出版社2000年版,第203页。

（二）深度访谈对象的抽样原则

本研究的研究对象范围为研究型大学全日制四年制本科高校的一线教师。根据研究主题，结合本研究实际情况，针对深度访谈对象，研究在不同阶段采取开放性抽样（Open sampling）、目的性抽样（Purposeful sampling）与理论性抽样（Theoretical sampling）三种方法相结合进行抽样。通过笔者自己对研究对象的了解、咨询研究型大学教务处领导和教学管理人员、登录高校官方网站了解教师个人信息简介，获取适合本研究的受访对象。

第一阶段抽样采用了开放性抽样。在开放性抽样阶段，对样本的选择不做明确规定，较大范围接触研究人群、观察对象和访谈对象，找到尽可能多的有研究潜力的样本；同时遵循方便原则从比较容易接近的人物和地点与大量一线教师进行非正式交流，尽可能多地收集数据，并有目的地聚焦问题。

第二阶段抽样采用了目的性抽样。从先前了解到的大范围访谈对象中抽取一部分深度访谈对象、焦点小组访谈对象，尽量考虑到这些访谈对象的代表性和资料的丰富性。这一阶段，研究者除了一对一深度访谈之外，利用工作环境和工作岗位的便利，从研究者就职的 U 大学选择了足够的样本进行了深度研究。

第三阶段抽样采用了理论性抽样。为了数据的多元性，笔者在这一阶段进行补充抽样，同时寻找极端个案进行进一步访谈。其目的是在数据分析中从前面两个阶段的数据中产生的理论作为再一次进行资料抽样的标准，即用这些理论指导新一轮数据收集和分析工作，直到理论饱和，以进一步发展和构建实质理论。

（三）访谈对象的人口学特征

由于研究内容很少涉及群体利益和人际关系的敏感问题，本研究采用"滚雪球"的方式联系和选择研究对象。研究者先与 28 位 U 大学的一线教师接触，并进行了较为深入的沟通、交流，结合便利性和代表性原则，尽力保证访谈的信度与效度；之后，又与全国各地不同类型研究型大学的 31 位一线教师接触。兼顾了所在高校在我国中西部和南北部的地区分布情况和综合

第二章 研究设计

性大学、师范、农林、理工等多种类型的研究型大学,这些教师也涉及不同学科、性别、年龄段和不同职称。全部过程从 59 位一线教师中选择了共 33 位能够为研究问题提供较为丰富信息量的、来自 18 所研究型大学的一线教师;共涵盖工、理、管、文、经、法、哲、教育、农学、艺术学等 11 个一级学科、26 个二级学科。为扩大研究获取的信息量,取得理论饱和,本研究综合考虑性别、年龄、职称、所属一级学科和二级学科、参与教学改革实践情况等变量,对各个层级的代表性样本进行半开放式访谈。

本书主要通过"深度访谈"为主的多种方式去了解研究型大学一线教师参与教学改革的动力,为了更清晰地看到受访对象的基本情况,本书将 33 位访谈样本的人口统计学信息列表如下(另有共 86 人次参加焦点小组访谈或座谈,未在下表中列出),表 2-1、表 2-2、表 2-3 可以基本勾勒出 33 名深度访谈者的整体面貌。

本书中引用一对一深度访谈所得资料的编码原则为:学校代码+姓氏首字母代码+资料的分段编码,当同一学校受访者姓氏首字母相同,则再在其后加上序号以示区别,如受访者不愿透露个人信息,则按照学校代码+匿+资料的分段编码、或匿+资料的分段编码为原则。本书中引用焦点小组访谈所得资料的编码原则为:JD+焦点小组访谈的场次+本场次资料的分段编码。

表 2-1　　　　　深度访谈对象的基本信息统计表

变量	样本特征	频数(人)	比例(%)
年龄	35 岁及以下	2	6.1
	36~40 岁	7	21.2
	41~45 岁	12	36.4
	46~50 岁	6	18.2
	51~55 岁	3	9.1
	56~60 岁	3	9.0
职称	讲师(助理教授)	5	15.1
	副教授(高级讲师、高级工程师)	17	51.5
	教授	11	33.4

续表

变量	样本特征	频数（人）	比例（%）
类型	教学型教师	8	24.2
	教学科研型教师	25	75.8

表2-2　　　　　　　　　研究对象的教学改革情况表

变量	样本特征	频数（人）	比例（%）
近3年主持或参与完成教学改革课题数量	0个	3	9.1
	1个	12	36.3
	2个	9	27.3
	3个	6	18.2
	4个	2	6.1
	5个及以上	1	3.0
教学投入占全部教学科研精力比例	全部	5	15.2
	3/4	8	24.2
	1/2	12	36.4
	1/4	4	12.1
	1/5或者更少	3	9.1
	不确定	1	3.0

表2-3　　　　　　　　　深度访谈对象的详细人口学特征

序号	性别	职称	学历	年龄	学科谱系	备注信息	资料收集方式
1	女	助理教授	博士	34	哲学		面对面访谈
2	男	教授、博导	博士	53	交叉学科	系所主任	微信交流、面对面访谈
3	女	教授、博导	博士	43	工学	教学副院长	面对面访谈、微信交流
4	男	教授、博导	博士	42	理学	学科带头人	电子邮件
5	男	副教授、硕导	博士	43	理学	课程负责人	面对面访谈、参与式观察、微博、微信
6	男	教授、博导	博士	46	理学	学科带头人	面对面访谈

续表

序号	性别	职称	学历	年龄	学科谱系	备注信息	资料收集方式
7	男	教授、博导	博士	51	工学	省部级教学名师	面对面访谈、参与式观察、报道
8	女	副教授、硕导	博士	59	工学	全英文教学示范课负责人	面对面访谈、文字稿问题回答
9	男	教授、博导	博士	44	工学	教务处领导	面对面访谈、参与式观察
10	女	副教授、硕导	硕士	50	文学	校级名师	面对面访谈、参与式观察
11	男	教授、博导	博士	44	管理学	新世纪人才，省部级青年名师	面对面访谈
12	女	讲师	博士	35	工学		面对面访谈
13	女	副教授、硕导	硕士	40	文学	省部级教学基本功一等奖获得者	面对面访谈
14	男	教授、博导	博士	60	工学	省部级教学名师、国家级教学成果奖获得者	面对面访谈、参与式观察、报道
15	女	讲师	硕士	45	教育学		面对面访谈、参与式观察
16	男	副教授	博士	42	经济学	省部级教学成果特等奖获得者	面对面访谈、微信讨论、参与式观察、报道
17	女	副教授、硕导	博士	45	艺术学	我爱我师金质奖章获得者、校级教学名师	面对面访谈、微信讨论、参与式观察、报道
18	男	副教授、硕导	博士	43	交叉学科	全英文示范课、翻转课堂等	面对面访谈、微信讨论、参与式观察、报道
19	女	副教授、硕导	博士	46	工学	MOOCS课堂教学	面对面访谈、微信讨论、参与式观察、报道
20	女	副教授、硕导	博士	39	教育学		微信语音、面对面访谈、参与式观察

续表

序号	性别	职称	学历	年龄	学科谱系	备注信息	资料收集方式
21	男	教授、博导	博士	49	哲学	国家重大项目负责人	面对面访谈、文字稿问题回答
22	女	副教授、硕导	博士	42	法学	课程负责人	电话访谈
23	女	讲师	博士	40	理学		面对面访谈、微信语音
24	男	副教授、硕导	硕士	43	教育学	MOOC办公室	电话访谈
25	男	教授、博导	博士	46	工学	新世纪优秀人才	微信文字稿回答
26	女	讲师	博士	38	工学		微信语音
27	女	副教授、硕导	博士	48	农学	英才计划	电子邮件文字稿
28	男	高级工程师	博士	44	工学	学科竞赛负责人	电话访谈
29	男	副教授、硕导	硕士	56	理学	教学负责人	电话访谈
30	男	副教授	博士	38	教育学	学科带头人	微信文字稿回答
31	男	副教授、硕导	博士	53	农学	精品课程负责人	面对面访谈
32	女	教授、硕导	博士	40	教育学	副院长	微信交流、文字稿回答
33	女	副教授、硕导	博士	38	教育学		微信交流、文字稿回答

二 数据收集过程

本研究数据收集来自以下几个不同途径：

① 对33名深度访谈对象的访谈录音、文字稿、电子邮件材料；

② 根据便利性原则，对部分受访对象进行课堂活动观察，并作观察记录；

③ 与部分研究对象就相关主题讨论的电子邮件、食堂、咖啡厅等非正

式讨论；

④ 部分受访对象的教学改革立项申请书、教学研究论文、博客文章、朋友圈发布的教学改革相关论点，网页上的优秀事迹媒体报道等实物材料；

⑤ 就研究主题与一些研究型大学教师进行的 4 次焦点访谈，前后共计 86 人次，收集焦点访谈的录音、文字记录等；

⑥ 通过参加多次教学改革研讨会收集的 PPT、录音、会议记录等数据；

⑦ 笔者认识的高校教师朋友就本研究主题在多个非正式场合分享自己的亲身体验，所听、所见、所闻，畅聊对研究型大学教学改革的体会和看法；

⑧ 部分受访者所在研究型大学有关教学改革的制度文件，教学改革相关数据文件。

本研究综合运用上述这些方式，一方面建构丰富的人物访谈，从访谈整理成的文本资料中去了解现实；另一方面从多样化的材料中借助多种信息来源的互补，以保证质性研究资料的丰富性和有效性，从而揭示研究型大学教师教学改革动力，进而归纳出一种动力机制。以上几种数据收集方式及相关资料内容举例参见表 2-4。

表 2-4　　　　　　　　　　数据收集概况

种类序号	数据收集途径	资料内容
1	深度访谈	面对面访谈的录音、文字稿，受疫情影响，部分访谈采用电话或邮件访谈
2	实物收集	非正式讨论与汇报录音、教学光盘、教学改革立项申请书、教学研究论文
3	参与式观察法	根据便利性原则，对部分受访对象进行课堂活动观察，并作观察记录
4	焦点访谈	与教师进行 4 次焦点访谈，共 86 人次，访谈的录音、文字记录等
5	教学改革研讨会	PPT、录音、会议记录等
6	网络途径	大学官方网站、博客、朋友圈发布的教学改革相关论点，媒体报道等

续表

种类序号	数据收集途径	资料内容
7	研究型大学教学改革制度考察	某些大学教学研究项目管理办法、大学教育教学奖励办法等制度文件、某些大学教学改革数据及某些教学改革与实践探索文集等
8	非正式场合聊天	认识的高校教师朋友非正式场合分享自己的亲身体验、所听、所见、所闻

（一）深度访谈

1. 访谈提纲

在访谈之前，笔者拟好访谈提纲，并针对访谈对象进行调整。将访谈提纲提前发送给受访对象，以便受访者可以根据访谈提纲中的问题，有较为充分的时间对自己参与教学改革做深入、系统的认识、回顾与反思，使得访谈更有深度、更加充分、更加聚焦。访谈提纲的设计思路如表2-5所示。详细的访谈提纲详见附录1《研究型大学教师教学改革动力访谈提纲》。

表2-5　　　　　　　　　访谈提纲设计思路

关键词	内容
认知	教师对教学改革的整体认识、教学改革内容的理解、教学改革现状情况
经历	教师参与、实施教学改革的经历
动力	教师参与教学改革的动力来源、影响因素、行为取向、行为逻辑
困难	阻滞与阻碍教师有效参与教学改革的因素与问题
建议	促进教师参与教学改革的对策建议

2. 访谈方法

本研究采用半结构式和渐进式访谈，就"研究型大学教师投入（开展、参与）本科教学改革的动力"问题与受访者进行了深入交流，有的不止一次两次，是多次访谈与交流。为了更深入了解受访对象的教学改革情况，在访谈前，还尽可能收集访谈对象的发表的教学文章，网页上的情况简介和新闻报道等。需要说明的是，如果说最初的访谈是开门见山式的，那么到了后来的访谈则是闲聊式和有问题意识的目的式相结合。笔者用教师们熟悉的、轻松的、不敏感的"聊天""拉家常"等方式与他们沟通互动。笔者还注意观察教师的日常教学和生活，这使笔者获得了更多鲜活的、情境化的、真实的、内心深处的、甚至隐秘的资料来理解教师参与教学改革的动机。

3. 访谈过程

本研究从 2018 年开始，历时 4 年，其中大部分时间处于新冠疫情期间，使得资料收集比较艰难，通过积极创造便利条件，充分抓住各种机会，笔者顺利完成了对受访对象的访谈。访谈时，笔者提醒自己要注重各个问题时间的分配和节奏的把控。首先向受访者说明访谈的目的，使他们意识到被访谈的重要性和资料信息的保密性，围绕"研究型大学教师教学改革动力"这一访谈主旨，在访谈时根据但不拘泥于提纲，根据情况灵活地进行访谈，根据访谈话题中自动出现的相关话题进行持续提问和对话。在访谈对象陈述过程中尽量不要随意打断对方的讲话。但也要注意在访谈过程中控制好主题，适时提出准备好的访谈问题。每位老师的正式访谈时间约为 30-120 分钟，对经验丰富、思考深刻的案例进行多次回访。录音是在研究对象的同意下进行的，更好地记录第一手资料。访谈中的多数老师都比较健谈，且语言表达具有较强的逻辑性，几乎不需要研究者过多引导。访谈后，研究者结合现场录音（对有录音材料的情况）完成文字转录工作，保证受访者话语的原始性、真实性。通过回忆和描述被访者当时的肢体动作和表情等非言语活动，分析受访者想要表达的真实想法和情感。对于访谈资料，反复阅读，对资料进行梳理，归纳出每位教师教学改革的动力因素，根据动力理论框架进行系统分析和解释。

在访谈对象中，有丰富教学改革经历的一线教师共 18 位，这些研究对象着眼于提高人才培养质量，在教学目标和方法上进行过探索，在学校申请过教学改革方面的项目，并且立项实施，在精品课程、课堂公开示范和教学改革课题等方面有较为丰硕的实践和成果，获得了学校、专家和同行，尤其是学生的认可。从这些受访者身上能感受到当前我国高等教育的时代精神、高校教学改革的政策走向、教学改革制度规则以及大学组织的校园文化等，是我国当前高等教育教学改革的"缩影"。这样的研究对象举例说明如下：

L 老师是一所高水平行业特色型大学的优秀教师，先后在学院担任学院某系教学主任、支部书记,教学副院长,学院党委书记,他的教学改革成绩在该校有目共睹。他本人从事行政工作之后仍坚持教学,积极参与多项教改工作,连续10年评教获得优秀,由于在教学改革上的突出成绩,被评为北京市教学名师。L老师具有多元化的身份和角色,同时对专业建设、教学改革动向、教师群体的教改认知有整体把握。

Y老师是一所工科类研究型大学的理科类学科教学首席教授,理科学科班出身,爱好广泛,学生评价Y老师:"兢兢业业,热爱教学,非常有责任感,非常有思想,知识面广,授课很有魅力,很有个性的老师","有思想,有见识,敢于说真话,现在这样的老师很少了"。

W老师的学习履历比较特殊,教育学学士学位、工学硕士、理学博士,在其教师个人简介中对"学生培养"的座右铭是"无论学生是何种出身,何种性格,将来从事何种职业,都不会让他们和我在一起虚度光阴"。该教师曾经有机会留在研究所工作,却源于对教书育人的热爱最终选择了到大学工作。该教师主持多项学校教改课题,连续5年评教获得优秀,同时担任过该校国家重点实验室主任,学院院务委员会成员,学院科研秘书,学院教师党支部书记,对本科教学改革有独到的见解。

类似的受访者情况不在此一一举例。

(二) 资料收集

本研究同时也尽可能收集研究对象的教育博客,他们在朋友圈和教学讨论群里发表的有关教学改革的言论、教育笔记、教学比赛光盘、教学改革研究论文等。另外,参与教学改革,尤其是实施和投入教学改革的这些教师,通常属于教师群体的优秀人才,容易受到校方、学生、社会公众和媒体的关注,一些教师作为教师的楷模被校方及社会媒体报道,校方也相应出版了书籍来刊载表彰他们的优秀事迹或教学改革方案。如U大学出版的《研究型教学改革与实践探索文集》就集中收录了一线教师对研究型教学课堂的思考和探索的案例,充分表达了他们的教学主张和教育思想。在一些高校的官方网站也有对一线教师优秀事迹的展示,这些也是了解他们教学改革思路思考的重要来源。还有一些教师对自己的教育教学见解发布在自己的博客和微信朋友圈,这些都是本研究了解一线教师教学改革心路历程和教学改革动力的重要资源。

（三）参与式观察

笔者通过参与式观察的方式收集资料，主要是进入一些老师参加教学改革的研讨会场景观察他们对教学改革的情感、意义、体验、感受；同时还进入一线教师所承担课程的课堂教学场景，目的是能够身临其境，针对教师的教学过程和学生的反应（包括语言、肢体和表情）进行细节性记录。征得 6 位教师同意后，笔者课前准备，确定了课堂观察的目的和计划，然后进入课堂观察教师的教学和学生的反应，并做好记录。课堂观察结束后，开始进入资料的分析和结果的呈现。研究者全面梳理了教学情境中所发生的过程和现象，通过分辨师生教学活动的具体的行动及其背后蕴含的教学意蕴，揭示教师开展本科教学改革的动力因素。部分研究对象的观察情况如表 2-6 所示：

表 2-6　　　　　　　观察情况表（以部分研究对象为例）

受访对象	观察地点与方式	观察次数	持续时间
1	该教师参加省部级教学名师的现场课堂授课	2	20 分钟，20 分钟
2	某大学教学楼该教师上课的教室	2	50 分钟，50 分钟
3	U 大学课程思政观摩示范课展示 U 大学教学基本功大赛展示	2	30 分钟，30 分钟
4	该教师参加 B 大学教学比赛的视频资料	4	20 分钟，50 分钟，50 分钟，50 分钟
5	该教师参加市级教学名师的课堂授课光盘	1	20 分钟
6	M 大学教学楼该教师上课的教室	2	50 分钟，50 分钟

（四）焦点小组访谈

为了获得更加丰富的数据，本研究前后共参与或组织了 4 次焦点小组访谈，受访对象除了一线教师，也扩大到与教学改革密切相关的教学管理人员。具体实施情况如表 2-7 所示：

表 2-7　　　　　　　　　　焦点小组访谈情况表

序号	主题	访谈时间	时长	人数	资料编号
第一次	研究型大学教育教学改革现状、问题及老师的参与情况	2018 年 6 月	65 分钟	26	JD.1.001—n
第二次	教师如何看待大学教学改革、U 大学教学改革的现状、自身感受、看法、建议	2019 年 6 月	70 分钟	24	JD.2.001—n
第三次	教师投入教学改革的原因、动力	2020 年 12 月	50 分钟	16	JD.3.001—n
第四次	教师投入教学改革的困难、阻力、建议	2021 年 3 月	60 分钟	20	JD.4.001—n

（五）教学改革研讨会

研究过程中，笔者发现，在一些高校教育教学改革研讨会上，许多专家、学者、一线教师和教学管理人员畅所欲言，互相碰撞，互为补充，无所顾忌，气氛活跃，可以在这种场合听到不同视角真实的声音，可以获取到令人惊讶的多样性信息，得到的信息量和一线教师开放谈话的视角远不同于一对一访谈，许多观点给人启迪、发人深思。出于研究需要，为了更深入全面了解本研究主题，本研究先后 4 次参与不同类型的教学改革研讨会，有意识地捕捉与研究主题相关的内容和信息，并进行记录和整理。大约涉及 56 人。具体情况如表 2-8 所示：

表 2-8　　　　　　　　　　教学改革研讨会情况[①]

序号	研讨会名称	时间	参加人员与人数
第一次	＊＊市教学管理干部培训暨高等教育教学改革研讨会	2018 年 6 月	某市各高校一线教学名师、教学改革优秀教师、教务处领导和教学改革项目管理人员、某市教委高教处领导
第二次	某次全国性高等教育学会工程教育教学改革（新工科建设）研讨会	2018 年 12 月	教育部及某市相关领导、教育专家、工科优势高校领导、新工科研究与实践项目团队等

---

① 受疫情影响，2020 年所有集体性活动取消，因此，该年度没有参加教学改革研讨会。

第二章　研究设计

续表

序号	研讨会名称	时间	参加人员与人数
第三次	U 大学本科教学改革研讨会	2019 年 6 月	全校主论坛及各二级学院分论坛，全体校领导，二级学院教学院长、教师代表、院校两级教学管理行政人员
第四次	U 大学某二级学院教师发展中心举办的教学改革交流会	2021 年 3 月	4 个代表性学院的 6 名在本科教学改革上取得示范性成就的优秀教师作专题报告、U 大学某二级学院教师线下参加，约 100 余名其他学院教师线上参与

（六）校本文件

主要包括研究对象所在的研究型大学教学改革制度文本、教学改革激励奖励文本、教学改革探索的文集、该校教学改革立项项目相关数据、教学改革成果集等相关资料、教学改革的案例、教师事迹、教学改革会议的相关新闻报道。具体如下表举例所示：

表 2-9　　　　　　　部分研究型大学教学改革文本资料

种类	名称	数量
制度类	教学改革项目评审办法、教学改革项目管理办法、教育教学成果奖励办法、"金课"实施细则等	26
数据类	本科教学审核评估报告、一流本科课程申报材料、麦克思提供的教学质量数据报告	18
案例集	《U 大学研究型教学课程改革探索与实践》、《U 大学课程思政教学改革案例集》等	2

三　数据分析过程

本研究主要遵循基于扎根理论的规范步骤进行数据分析。不同资料源之间、提取的不同概念之间不断比较的过程既是耐心的过程，也是考验研究者能力的过程。通过对所收集的原始资料的抽象来实现数据的概念化标签，通过多轮比较概念化标签提炼出核心概念与范畴（category）；通过分析概念与概念、概念与范畴以及范畴与范畴之间的多层次逻辑关系，建构本研究的实质性理论。数据的分析过程也是一种"资料的组织"，数据分析过程需要研究者寻找不同资料之间的关系,并将资料的主题进行有目的性"聚焦"和"浓缩",也可以说是一种"资料的联结"。本研究通过以下三个步骤进行数据处理:

一是检查访谈记录及文本资料,比较这些内容的相似性和差异,"消化并反映"原始数据[1]。本研究对资料的整理和分析使用了Nvivo11.0软件作为工具(目前该软件已到12.0版本,但本研究几乎未涉及对音像、视频等的处理,11.0完全能满足本研究数据分析),对收集到的原始资料进行编码。在编码过程中,尽量使用研究对象的"原话"作为编码标签。

二是通过主轴编码对上述所得的开放式编码进行有意义的分类,在反复比较的过程中明确这些分类的内涵、属性、维度和关系。在此过程中,借助诸如上级要求、职业操守、政策驱动、成就体验、跟风作秀、名利资源等来自受访者阐述的本土"敏感概念"(sensitizing concepts)引导分类过程,保证分类结果的"真实性"和"适当性"。[2]

三是根据上述两个步骤的结果,借助本研究理论敏感的重要来源(所掌握的技术性文献、非技术文件、经验性知识),结合全面的资料收集情况,提炼出主题,进行选择性编码。值得一提的是,本研究资料收集所得包括"教师对教学改革的整体感知""教师教学改革经历""教师教学改革的动力因素""教师教学改革的困难与阻力"以及"教师对参与教学改革的建议"等较为丰富的主题。本研究的重心则是放在与研究问题紧密相关的"动力"这个主题上,但其他主题的资料也为主要问题的认知和解释提供了背景图景、问题归因和对策建议等丰富的资源,发挥了重要作用。具体资料分析步骤如表2-10所示。

---

[1] Graffigna G., "Situational Analysis: Grounded Theory after the Postmodern Turn", *Symbolitic interaction*, Vol. 26, No. 4, Nov. 2003, pp. 553-576.

[2] Patton M. Q., "Qualitative Research&Evaluation Methods", *Nurse Education Today*, Vol. 23, No. 6, 2003, pp. 467-467.

表 2-10 资料分析步骤

阶段	编码	类型	目的	操作方法
1	一级编码	开放式编码	为访谈资料可以编码的句子或片段给予概念化标签	开放性编码（open coding）：沉浸在资料中，将原始资料通过仔细分解、检验，为现象取名字或加以分类，产生最基本的代码（generating initial codes）
2	二级编码	主轴编码	发展范畴的性质和内涵，使范畴更加严密、准确	主轴性编码：将代码分到不同层次潜在的主题中，检查主题（reviewing themes），将一些零碎主题合并、拆分或删减，使主题达到内部同质性和外部异质性标准，以更抽象的概念加以类聚形成范畴（categories）产生二级编码
3	三级编码	选择性编码	综合范畴之间的关系，建立核心类别，阐明"故事线"	选择性编码：确定每一个主题的本质（essence），选择核心类别，将其系统地和其他类别予以联系，验证其间的关系，并把概念化尚未发展完备的类别补充完整

具体步骤如下：

（一）开放式编码

首先，对于面对面访谈和电话访谈，在征得访谈对象同意之后，对访谈过程全程录音；受疫情影响，一些访谈采用微信语音访谈，将微信语音转录为文字；还有少数是通过发送访谈提纲，受访者通过电子邮件或微信传输文字稿返回的方式。之后，笔者反复阅读访谈文字，让自己沉浸在文字资料中，熟悉内容的深度与广度，在此基础上，将每一份文本分类导入软件，对访谈的文本资料进行逐字逐句的分解，提取在研究情景中重要的、突出的、屡次出现的现象，将原始资料进行编码，产生最基本的代码（generating initial codes），即开放式编码（open coding）。这个过程中，研究者尽量以一种开放的心态"悬置"个人"偏见"和已有学术研究的"定见"，将所有资料按其本身所呈现的状态进行编码（参见下面的截图举例）。开放式编码分为两部分：一是贴标签，二是形成类属。贴标签是对访谈文本解构和概念化的过程，借助软件 Nvivo11.0 对访谈文本等进行了贴标签工作，通过逐字逐句阅读访谈资料和备忘录，将自己认为有意义的资料进行命名，得到标签。贴完标签后，将同一现象的标签联结成一个意义完整的概念。详细规范过程如图2-2、图2-3、图2-4、图2-5和表2-11、表2-12所示：

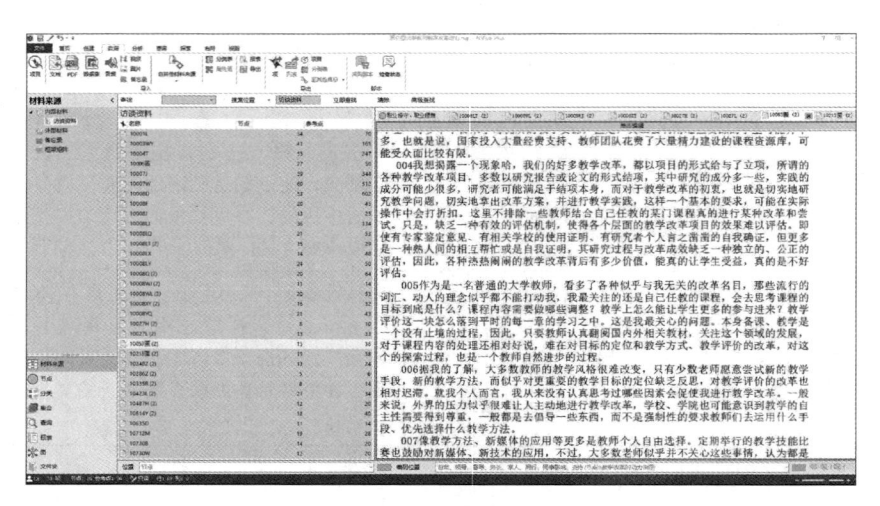

图 2-2　编码过程：截图 1

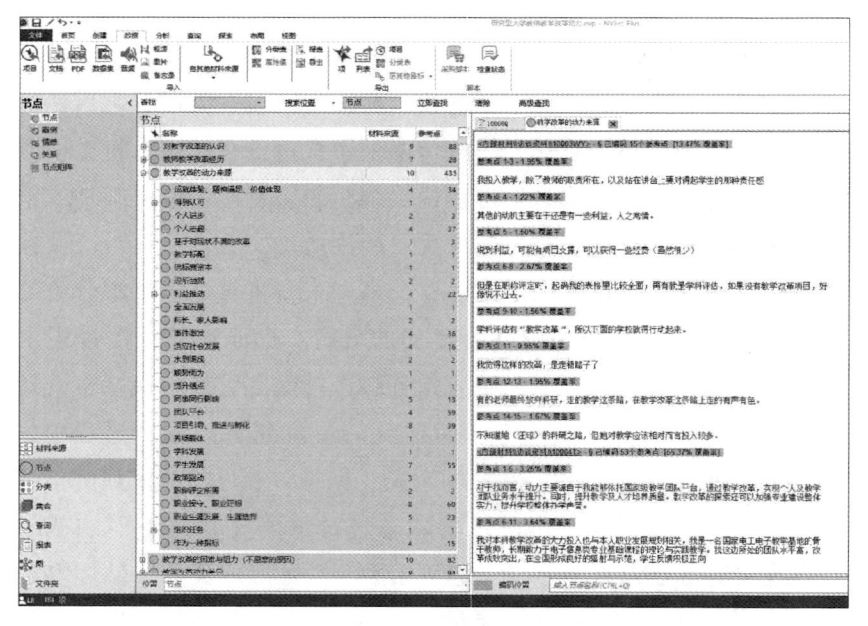

图 2-3　编码过程：截图 2

第二章 研究设计

图 2-4 编码过程：截图 3

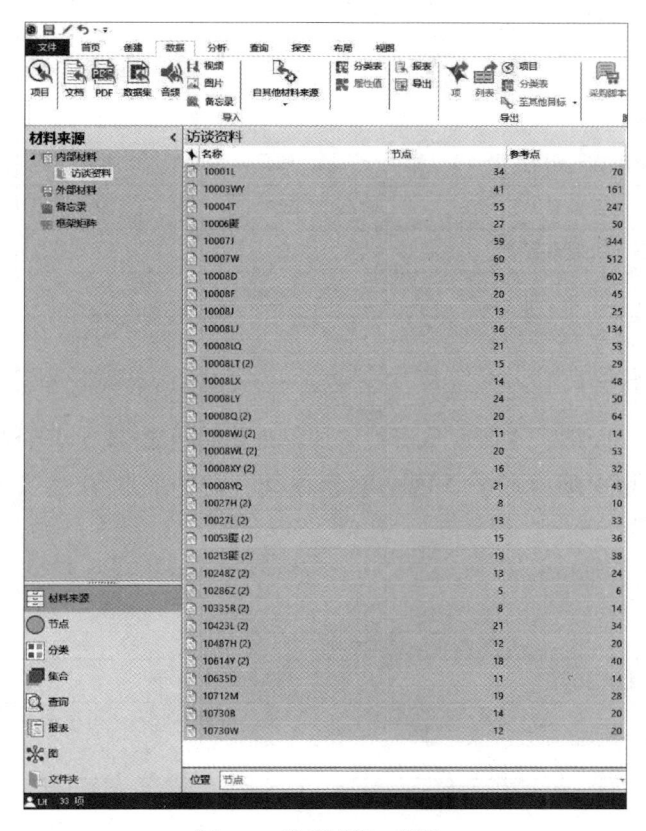

图 2-5 编码过程：截图 4

· 67 ·

编码时，尽量使用被访者的原话作为标签从中发掘初始概念；在研究过程中，遇到或提出一些模糊的概念和类属需要澄清时，也借鉴相关文献和理论，以便寻求启发，引导研究的逐步深化。① 主要对与本研究相关的原始语句进行编码，包括教师对教学改革的总体认知（教学改革整体图景）、教师教学改革的经历、教师参与教学改革的动力、教师在教学改革中遇到的困难与阻力、教师教学改革动力差异、教师对教学改革动力提升的建议 6 个大类。其中，与教学改革动力直接相关的原始语句 662 条。（见表 2-11）

表 2-11　　　　　　　　开放式编码情况统计表

一级编码			
分类	节点	材料来源	参考点
教师对教学改革的认知（整体图景）	29	21	104
教师教学改革经历	6	7	28
教师教学改革动力	32	33	662
教师教学改革困难与阻力	18	24	122
教师教学改革动力差异	12	19	113
教师教学改革动力提升建议	13	23	96
本土概念			16 个

经过对体现教师参与教学改革的动力的相关资料的反复对照、比较，再进行整合、归纳，本研究从资料中抽象出初始概念 76 个，经过整理、合并，并剔除出现频次低于 2 次的初始概念，最终形成了 66 个初始概念。（见表 2-12）。

表 2-12　　　　　　　　开放式编码示例

编号	初始概念	原始语句举例
1	上级要求	它（教学）性价比太低，更多的老师开展教改也是在学校、学院的这个要求下，因为学校有要求啊，如果学院领导也要求，那我就弄呗

---

① 陈向明、王富伟：《扎根理论研究需要如何读文献？兼论扎根理论不同版本的界定之争》，《比较教育学报》2020 年第 2 期。

第二章　研究设计

续表

编号	初始概念	原始语句举例
2	组织任务	甚至学院说，XXX，咱们学院得有一些人来做教学改革，要不你来吧……这就成了一种任务
3	政策导向	其实这种国家政策导向性的措施会反过来推动了很多原来科研做得比较好的人，……这些人逐渐开始关注教学改革这一块
4	政策敏感	那有的教师呢，对学校的政策敏感，有的不太敏感，这敏感的呢，比如说如果一个敏感的教师，他肯定对教育部的大政方针、改革动向，对学校的教学改革感召、倡导等等很敏感啊，这样他甚至会抢占先机
5	制度驱动	教师搞不搞教学改革，教师的行为趋向，肯定受政策制度的裹挟，一堆铁屑，立的少，趴的多，你给个定向磁场，不就全立起来了
6	职业忠诚	我作为教师，我做的工作主要就在教学上，教学工作做得不好，我对不起我这个职业啊
7	职责所在	重视教育工作，参与一些教学改革，这就是育人职责的具体体现，这是我第一方面的原因
8	学生认可	可能有比钱更重要的事情，就是我在这个世界上的成就和价值，我通过我的教学，得到学生的喜爱和赞扬，他们很认可我，我觉得就更乐于去弄好教学上的事情
9	价值感	我还受到北京市的奖励，我还被各大高校的同行们邀请去作报告……，我找到了其中的价值
10	成就感	我通过教学改革，觉得他们（学生）收益良多，学生们告诉我喜欢我的课，我真的觉得很欣慰
11	团队	如果我在这个团队中，在这样一个氛围中，在大家的帮扶下，可能我还真有教学改革的动力
12	家庭	我可能受到家庭影响，因为我家里面都是老师，我父母在教学上非常敬业，反正就是看他们上课长大的，然后可能是他们的这种潜移默化的力量，那我今天自己也走上讲台，我提醒自己，我不能应付。另外，我甚至还学到一些我爸妈的教学技能和方法
13	导师	我曾经的博士后的合作导师，他在这方面我感觉就做得很好，也是给我一些积极的影响，也是一种鼓励。……当然我也希望自己做好这种培养人的工作，别给学生留下成长的遗憾
14	领头羊	我是从2014年来到咱们学校，主要是跟着组长唐教授做教学工作……那在这个过程当中，……我慢慢的学习啊，并且了解了这个本科的教学改革工作应该如何执行
15	同事、同行	我办公室同事说，啊，你这样做挺好啊，他们挺羡慕的，也让我在教研室给大伙儿讲讲，我还是挺受鼓励的

续表

编号	初始概念	原始语句举例
16	领导	那时候因为我是刚上来（担任教学副院长），相当于管了没几年，就那些成果什么的还没出来，所以就觉得很别扭啊，然后我当时就说了，我说咱们得改一改这种局面，所以说这就开始引导教师投入教学、做教学改革探索
17	专业延续	这个事情（教学改革），我觉得是这样，实际上和专业发展是相辅相成的。我们肯定会发现这样的事情，如果你一个专业就是墨守成规，这个专业里的教师不去做教学改革，不去找新的东西，那这个专业，怎么说呢，如果长期这样下去，这个专业一定不会有良好的发展，甚至会灭亡
18	学科发展	那这个材料学科是自从我们学校成立的那一天就有，在历史上从来就没有怎么衰败过，到今天还是蒸蒸日上，这种情况，主要得益于这个专业的这些教师在不断的探索教学改革
19	项目推动	在项目的推动下呢，我慢慢地学习啊，并且了解了这个本科的教学改革工作应该如何执行，那在此基础上再辅助这个团队组长完成一些教学探索工作呀，我深度参与其中，我感觉我做得好
20	项目孵化	我如果没有前期的积累，我也不敢报这个项目啊，完不成啊，对吧？但反过来，这个项目又督促我进一步的思考和完善，甚至产生新的教学思路，取得新的教学效果，从这一点来说，项目孵化我开展教学改革，教学改革的项目和我们教师开展教学改革是双向促进
21	教师称谓	你作为大学教师，你就是干这个的……你要想想，你对得起教师这个称谓吗？难道大学课堂不应该与时俱进不断进行改革吗？不做教学探索，那还叫大学老师吗
22	教师本分	用我的话说，大学教师嘛，搞好教学，这是本分嘛。……我觉得这个教书还是第一的，老师必须要做的事儿，而且要教好书。动力就是你是个老师你就应该干好这个事儿
23	能力提升	自己很希望通过教学改革提升自身教学能力，我非常希望能够提升自己的教学水平
24	教学相长	我现在的一个状态是，我觉得上课中的不断探索与创新可以锻炼我的口才、思维和逻辑能力，……我觉得对我来讲就是一个教学相长的一个过程啊，因为学生也可以给你带来很多
25	上课标配	对于大部分老师，他只要是在任课，那么它（教学）的各个环节其实都要涉及教学改革，感觉这个东西已经成了一个标配了
26	常态化	大学的本科教学改革是个常态化的工作，对于我们电子信息类专业，随着技术的快速发展，内容的更新，教学上需要进行与时俱进的改革

第二章　研究设计

续表

编号	初始概念	原始语句举例
27	与优质生源匹配的教学	现在的学生，进来的程度都比较高，电子科技大学在四川省内的招生分数线特别高……你如果是采用传统的那种教学方式，学生实际上认真静下来听的不是很多，就吸引不住学生……所以这个方面促使我们层次比较高的这些研究型大学一线老师要做一些改革
28	职业发展突破口	咱也不是拳头专业，我就是在这样一种环境中，我觉得教学是我的特长，之所以对教学改革投入很多，也是我自己一个职业发展的一个契机和切入口
29	发挥长处	我们以前叫短板理论啊，嗯，现在不叫短板，也讲长板理论，嗯，就是我哪个板子最长我就做哪件事情。教学是我的长处，我在这里面能找到了我的价值，找到了我的满足感，找到了我的荣耀
30	生涯选择	我这个年龄，科研也就那样了，也干不了啥事儿了，嗯，对教学的感觉不错，然后咱们就往教学上发展，做点教学改革吧，这也是一种选择吧
31	专业知能	我觉得我自己有那个能力把教学搞好，自己感觉无论是语言表达还是逻辑思维，甚至我自己本身就善于创新，喜欢做一些挑战，那干嘛不探索教学改革呢
32	教学信念	我可以放弃对吧，也可以无所谓，就是直接就是带这些孩子（学生）上课就行了，但我不愿那样去做，我觉得这可能跟我的教学信念（有关），就是这个信念的问题
33	良心活儿	你说我是不是整天在瞎忙一些费力不讨好的事儿？但我说我愿意做这件事儿，你给我降岗也没关系，我对得起自己的良心。所以，尤其是你提到的在研究型大学做教学啊，那真是良心活儿
34	真爱	教学改革要取得成功，既有"大量的工作量"的付出，又包含"高质量的质"的追求……我们这些常年孜孜于教学的人，那确实是"真爱"
35	个人志趣	我就对教学比较喜欢，我比较喜欢学生，那也算是我个人的一个志趣吧，那你就得要投入，把你的课变得比较有意思，然后呢才能跟学生更好的相处。……你看包括吴XX老师，我不知道你了解不了解，还有姚X老师等等，那他们在教学上还是比较玩命的
36	利益	对于一些"科研绩效惨淡"的教师或者文科学院的教师而言，能在教学改革项目上拿到点经费，也不失为一种"收益"，至少可以报销点交通费或者差旅费啥的！（经费收益）其实很简单，无利不起早，大部分趴着的铁屑（磁场）就是无利不起早，少部分自我约束好的，就立起来了，但跟高尚、伟大不沾边
37	资源	主管教学副院长把这当作自己的垄断资源和利益交换，随便把机会或奖励送给与自己有利益交往的同伙

续表

编号	初始概念	原始语句举例
38	高级感	各种热热闹闹的教学改革背后有多少价值，能真的让学生受益，真的是不好评估，倒是成了一部分教师投机钻营、用来证明"教学实力"、显得有"高级感"的举证
39	扬名	他现在只要申请教学改革，一般都会批下来，而且大佬们得到的奖励经费也多，现在已经通过教学名扬国内了，可以说通过教学改革实现了这位老师功成名就
40	门槛值	单位评职称的时候有个可选项，就是关于教学改革工作的一个选项……至少在文本方面，这些年在逐渐靠近逐渐增加教学改革这块的指标比重，包括项目也好，教学论文、教学成果也好，一些获奖指标，包括教学成果奖等等指标，这方面会都有所侧重
41	入场券	我看就有这种情况，一些要准备去申请"帽子"或者"头衔"的，他们发现那些表格里需要填写自己的教学经历和教学改革情况以及教学成果，这下傻眼了吧，得做啊……表格有的可填
42	绩点	上一次，我不讲是谁了，他本来要报一个科研类的大奖，但是申报材料表格里让填写是不是参加过教学改革、课程建设，或者编没编写过教材啊什么的，他没有，那么怎么办
43	指标	他就想了很多办法，原来我们有个国家级课程改革建设项目，他来找我们把他的名字增添进去，硬要说他是那个团队里的人，其实他就上了一次课，就一个学时吧，他说他也参加了，非要这个指标，也算是国家级的。……有了这个，好像材料就整齐了
44	学生成长	要思考学生在你这个课堂上有没有成长，所以说探索教学改革很有意义。……你说的动力，我投入教学开展教学改革就是想助力学生成长，这应该说是我唯一的动机、终极动机。其他方面的讨论，至少在我个人来讲，都是围绕着这个来的，是在为了这个动机，把这个事情做好，其他的，包括教学项目也好、教学的文章也好，甚至说以后要评什么教学奖励也好，都是副产品，是自然而然的一些副产品
45	学生成才	我觉得更有意义的事就是通过我用心教学，……让学生在这个学校受到良好的教育，学到真正的本领……从而对母校有一种难忘的印象和好感，在职业生涯发展中得心应手，将来更好地回馈学校和社会
46	学生发展	对于我个人而言，投入教学的收入与投入科研的收入无非就是我这顿饭吃5块钱的还是吃10块钱的，影响不大，但对学生的影响可能不是5元与10元的差别了，学生在我的课堂上知识、能力、心智等诸方面都得到发展，那是我的快乐

续表

编号	初始概念	原始语句举例
47	社会变化快	这个时代变得好快呀，刚刚觉得这个东西是先进的，然后还没过两三年就开始之前用的东西完全就没有任何用处了，所以就激发了你必须去做一个改革，不能就是一成不变的那种，所以我觉得这个英语教学改革的浪潮也是一浪接一浪的，我觉得可能也是对自己的一种是压力的，一种也是动力吧
48	知识更新快	身处今天的时代，知识的折旧与老化非常快，学生接受新知识的渠道也丰富而便利，因此，其实我的一个最为单纯的动机是现代社会新技术发展的需要，总是停留在老旧的教学内容、教学模式和方法中，意味着没有学生愿意从教师乏味的课堂教学中去学习新知识，同时，教师教授的内容落后于企业和社会的需求，学生毕业后就会和实际的技术环节脱节
49	教学对象变化	学生的思想在变，（现在的学生和）十年前、二十年前的学生完全不一样。学生在变，如果教学不变的话，他们就不要听我们讲课了，他要不听，那我站在上面讲什么，那还要大学教师做什么
50	顺势而为	以前大家都要买一个属于自己的房子而不认可租房，教学改革也是一样，以前教学改革只是一小部分老师在做，现在呢，越来越多的老师参与到其中，他成了一个大气候，就是就跟租房子似的了，那大家都很认可这个租房子……实际上它就是一个水到渠成，一种顺势而为吧
51	跟着念经	就是念念经，那就念一念，或者到那里边儿走一走，听一听，人家念，你也跟着念，有的老师认为，你看，我来过这个庙了，我在这里烧过香念过经了，仅此而已
52	刷存在感	就是老师们觉得，你看就是大主流，都在做，那我也做一下呗，你如果不做的话，你就感觉你没有参与感，也没有方向感，更没有存在感，那些参与教学改革的老师吧，人家好像有一种高级感
53	课程适合	我的课里面有一门专业课《固体物理》。这门课就特别适合进行研究型教学，课程本身涉及的内容非常的丰富，而且与实际应用关系非常密切，与高新技术结合也很密切
54	较高的校标	我对事情就是比较认真，否则我过不了我自己这一关，我想让我的教学达到一种理想状态。一个课堂你要想做得比较好，就得投入更多的时间，你要不断地做教学改革、去探索，如果你省劲儿的话……
55	不想糊弄	我不想糊里糊涂地上课，也不想一堂课很痛苦地糊弄过去，我之前读研究生的专业背景，使我比较注意思考怎么能上得让学生喜欢，怎么上得活起来
56	卓越教学	他就是一个平庸的课堂，我不能说他是一个差的课堂，但也就是一个合格的课堂，这不是我的追求，我希望它是个特出彩的课堂

续表

编号	初始概念	原始语句举例
57	外在效应	某一个现象的存在,有的时候是外表现象,有的人看的是实质,有的就是拿着教学改革作秀,但我们不能否认这样的"秀",因为如果没有外表现象,就没办法去号召很多的人去关注这个事儿
58	作秀	要想取得形式上的效果、上面要的效果、指标上的效果,比如(教学中)各种各样的看起来花哨的东西,那比做科研好应付得多,也许"聪明"的老师看穿了这一点,于是拿教学改革作为一个载体,一个对自己有显示度的载体,作秀罢了
59	虚荣心	我觉得,现在的教学改革,说白了就是变变花样,换个表演方式,我做个网上的MOOC,我感觉还有什么"点击率",我还上镜了呢,然后我在朋友圈再分享一下,感觉受到好多人关注,还是有点虚荣心在那儿摆着
60	熟悉套路	其实教学改革里面有一些隐性知识……他们以为这块儿其实就是上几堂课。我告诉他们,其实教学这块的系统也是很严谨的,里面有套路,了解了这些套路,你就更有动力了不是?
61	牛人被拒	我得好好整这个教学,我们学校这么大,学校又好,有一次,我听说一位特别牛的海归博士来我们学校应聘,好像都没被录取,那我拿什么站稳脚跟呢? 得琢磨自己的教学啊
62	同事降岗	我还目睹我的同事好像是因为教学平平,学生评价也不好……被要求转岗了,好像是转向行政岗位,反正就是降级降岗了,他就没法从事教学了
63	事件激发	这些事情对老师们的触动还是很大的,至少对我的刺激还是比较大的,可见,要到我们XX大学来当一位老师,那是非常不容易……所以我想我在教学上也不敢怠慢了,我需要常常用心去做一些教学改革探索了
64	某个机会	我进入这个大学没多久的时候,我就遇到了这种机会,柯先生(院士)把我拉到那个大材料改革的那个堆里去了,就是那个时间就有机会接触这些大师哦,然后一开始可能不是主动的,但是你遇到了这样的人啊,很幸运接受这样的任务,参与到这个队伍,这是很重要的因素哦
65	学生吐槽	有一次,我在楼道里听到几位学生在议论纷纷,吐槽XX教师上课太糟糕,我心里很不是滋味。我站到讲台上,和学生在一起,要脸啊……受不了被学生指责,被学生小看,这就跟自己花钱买正装参加会议一样,这就是没人要求,我就是要讲究
66	校训激励	我们曾经的校训是学风严谨、崇尚实践,现在改成了求实鼎新,我琢磨,这恐怕也还是有一些个道理的啊……那这个时候如果我们还是用这种传统观念,那我们的工作效率就上不去了,甚至人家说你的思想都落后了,那就得创新,就得教学改革

第二章 研究设计

在获得的 66 个初始概念的基础上，按照概念内涵的意义，对概念进行分类，得到"类属"（category），是对经过相互比较后属于类似现象的集合，是更高层次和更抽象的概念。在这个过程中，笔者结合理论性抽样获取资料的情况进行了访谈对象的再次选择，以获得更为丰富的数据。（见图 2-6 所示）

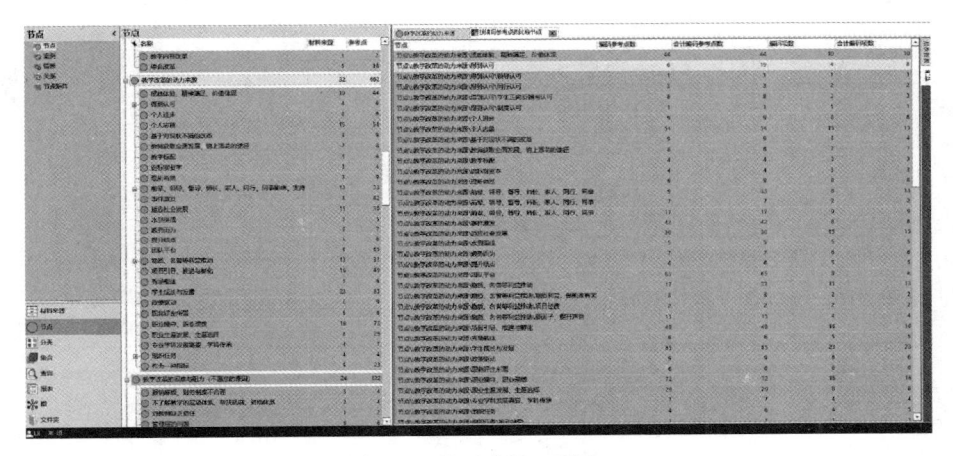

图 2-6 编码过程：截图 5

需要说明的是，为了能清楚地呈现编码过程，本书采用软件截图和手动制表相结合的方式，尽可能较为全面反映贴标签和类属的整体面貌。由于软件截图看到的图片模糊，且一幅图只能反映其中一个片段，需要多幅截图才能看到概貌，影响论文排版美观，本研究仅截取其中几幅图为示例（参见 2-6 的附图）。

（二）主轴编码

此阶段主要是将前面的开放式编码中各个分割的数据进行聚类分析，在各个不同的概念之间建立关联。笔者将被访者的语言放到被访者所处的特定情景及社会文化背景下考虑，对资料进行详细的检验和比对，对不同概念分析其相似关系、情景联系和因果联系等，以便更为深入全面地了解资料。如果发现类属性上具有概念上的相似性或意义相关性，就以更抽象

· 75 ·

的概念进行聚类。在数据分析的过程中，尽量将访谈数据、现有文献和研究者的经验进行不间断的交互。经过反复阅读资料，仔细比对，在Nvivo11.0软件编码中获得类属，剔除同质化较高的类属，最终整合为32个类属（见表2-13）。

表2-13　　　　　　　　　　类属情况示例

编号	初始概念（合计：66个）	类属（合计：32个）
1	上级要求	任务要求发动
2	组织任务	
3	政策导向	政策制度驱动
4	政策敏感	
5	制度驱动	
6	职业忠诚	忠于职业操守
7	教学职责	
8	学生认可	享受成就体验
9	价值感	
10	成就感	
11	团队	团队平台支撑
12	家庭	血缘与学缘
13	导师	
14	同事、同行、学生	学生反馈、朋辈效应
15	领导	领导支持
16	领头羊	教学领袖牵引
17	专业延续	专业学科发展需要
18	学科发展	
19	项目推动	项目驱动
20	项目孵化	
21	教师称谓	教师身份概念化
22	教师本分	
23	能力提升	自我成长诉求
24	教学相长	

第二章 研究设计

续表

编号	初始概念（合计：66 个）	类属（合计：32 个）
25	上课标配	教学标配
26	常态化	
27	与优质生源匹配的教学	组织声誉
28	职业发展突破口	生存之道
29	发挥长处	
30	生涯选择	
31	专业知能	专业知能
32	教学信念	忠于职业操守
33	良心活儿	
34	真爱	兴趣爱好
35	个人志趣	
36	利益	名利资源
37	资源	
38	高级感	
39	扬名	
40	门槛值	符号消费
41	入场券	
42	绩点	
43	指标	
44	学生成长	学生发展
45	学生成才	
46	学生发展	
47	社会变化快	社会需求
48	知识更新快	
49	教学对象变化	
50	顺势而为	跟随大流
51	跟着念经	
52	刷存在感	符号消费
53	课程性质	课程适合

续表

编号	初始概念（合计：66个）	类属（合计：32个）
54	较高的校标	较高的教学校标
55	不想糊弄	
56	卓越教学	
57	外在效应	秀场载体
58	作秀	
59	虚荣心	
60	熟悉套路	熟悉层级套路
61	教学文化	教学文化倡导
62	校训激励	
63	同事降岗	反面教材
64	某个机会	关键事件触动
65	学生吐槽	关键事件触动
66	牛人被拒	反面教材

（三）选择性编码

在这一阶段，笔者围绕32个类属，将各个类属之间建立系统的联系，并把概念化尚未发展完备的范畴补充完整。在这一阶段，开始定义和命名主题，确定每一个主题的本质（essence）包含哪些方面，思考主题本身以及各个主题之间的关系，使主题之间相对独立，这些主题可以描述教师参与教学改革动力因素的大类别，产生三级编码。本研究的核心范畴是"研究型大学教师教学改革动力"，围绕核心范畴，本研究将主轴编码的结果与已有文献和理论进行对话，再次认真思考三级编码的合理性，同时用实物收集等其他方式得到的资料对编码进行印证与补充。也就是根据前两个阶段编码得到的概念类聚成的范畴所代表的现象和包含的内涵进行细致考察，经过不断分析比较，阐明"故事线"，结合先前的理论敏感，得出研究型大学教师开展教学改革动因的4个核心类属。（见表2-14所示）

表 2-14　　　　　　　　　核心类属情况示例

编号	类属（合计：32个）	分类	核心类属（合计：4个）
1	具有良好的专业知能	他人：首要群体因素	不同主体主导因素
2	具有较高的教学校标		
3	葆有教学探索的兴趣		
4	怀有自我成长发展诉求		
5	"关键权力群体"的支持		
6	"教师领袖"的感召		
7	同事朋辈的"积极性情绪"带动		
8	"血缘"和"学缘"的"遗传印迹"		
9	"接受性主体"的正向反馈		
1	承担的课程适合	内生：实践性主体因素	实践过程主导因素
2	对教学改革政策有较高敏感度		
3	熟悉教学体系层级管理套路		
4	享受教学改革成就体验		
5	政策制度驱动	外促：普遍化他者因素	
6	任务要求发动		
7	学科发展需要		
8	团队平台支撑		
9	项目孵化促进		
1	名利资源驱使	功利：以物化因素为结果	目标结果主导因素
2	符号绩点消费		
3	提供秀场载体		
4	忠于教师职业操守	初心：以责任因素为目标	
5	促进学生成长成才		
6	适应社会发展需要		
7	提升所属组织声誉		

续表

编号	类属（合计：32个）	分类	核心类属（合计：4个）
1	社会与教学文化熏陶	稳定：自然存在的恒久因素	情境场景主导因素
2	把教学作为生存之道		
3	教师身份概念化		
4	教学活动标配		
5	随波逐流	偶发：事件激发的偶然因素	
6	反面教材刺激		
7	关键事件触动		

（四）理论饱和检验和理论建构

扎根理论的研究取径强调，抽样过程和资料收集需要一直持续到收集新的数据不再能产生新的理论、也不超出已经编码的资料范畴时，也就是通常所说的"理论饱和"。理论饱和度的检验与研究人员所拥有的研究经验和主观感性知识有关。这是一个主观性很强的概念。目前，笔者在学术界还没有找到衡量理论饱和度的操作指标。本研究采用以下方式来解决理论饱和问题：一是在目的性抽样阶段，尽可能使初步受访者达到一定数量；为了使资料获取更为周密，笔者主动通过研究型大学的官方网站开展教学改革的教师介绍，或通过该大学的教学管理部门负责人推荐，找寻那些能够丰富更多概念和类属生成的一线教师作为访谈对象，对这些访谈对象采取同问题提问，未发现与之前收集的资料出现的概念有不同的概念表达，能被前面的概念完全覆盖，不会再出现新的或有关的资料，本研究理论性抽样结束。二是通过焦点小组访谈、课堂教学与教师生活参与式观察、教学改革文本资料、教师教学改革新闻报道、一线教师教育博客资料、高等教育教学微信朋友圈等其他数据加以检验，未出现新的范畴信息。

在前三个阶段的资料收集、编码分析基础上，重新阅读收集到的受访者资料与研究结论的印证情况，通过文献回顾和以理论基础做指导，最终构建研究型大学教师教学改革动力机制。（详见本书的第三、四、五章内容）

第二章　研究设计

四　理论敏感性

扎根理论的研究取径要求笔者要对理论保持高度的敏感，要具有始终保持"理论敏感性"（theoretical sensitivity）的素养，这种素养是扎根理论研究者在许多经验数据面前有能力赋予其意义，并将不同的意义进行概念化的能力，这是质性研究者从原始的经验数据入手建构理论的必要基础。通常，理论敏感的来源途径有两个方面，一是研究者所熟知的前人研究文献、所掌握的专业知识或个人的经验经历；二是研究者在资料收集和资料分析过程中通过与资料不断比较、互动而获得的能力。[①] 本研究的理论敏感主要来源于以下几点：

（一）技术性文献：符号互动理论

技术性文献是那些具有专业学术性和相关学科特征的经典理论、研究报告和哲理性文章，可用作与当前研究相关的背景资料。[②] 扎根理论研究固然强调理论要从资料中生成，但也并不完全排斥对已有理论的借鉴，且鼓励与现有理论对话以增强研究者的理论敏感[③]。在扎根理论研究实践中，研究者在开展研究前尽可能多的掌握扎实的理论基础，在研究过程中需要有超越研究问题所在中观层次的更为宏大的理论作为参考，这才有利于增强研究者概念化能力，从而保持理论敏感的能力，这必将会帮助研究者更好地分析访谈资料和建立类属间联系。由于教师教学改革的动力本质上是"教师如何看待教学改革对教师的意义"这一问题的反思与回答，因此本研究将符号互动理论作为"技术性文献"，用以作为本研究的背景资料，在资料分析中帮助笔者抽象概念，并与扎根理论研究所得的发现进行比较。

符号互动理论的基本立场是，事物对于人们所具有的意义本身是很重

[①] A. Strauss、J. M. Corbin, *Basics of Qualitative Research: Grounded Theory Procedures and Techniques*, London: Sage Publications Inc., 1990, pp. 46-47.

[②] A. Strauss、J. M. Corbin, *Basics of Qualitative Research: Grounded Theory Procedures and Techniques*, London: Sage Publications Inc., 1990, p. 48.

[③] A. Strauss、J. M. Corbin, *Basics of Qualitative Research: Grounded Theory Procedures and Techniques*, London: Sage Publications Inc., 1990, p. 50.

要的，人们根据事物对于他们所具有的意义而对这些事物采取行动。根据其基本观点，每个人都是环境中一个活跃的、动态的有机体，与他人和自我互动的有机体。在与他人和自我的互动中，以符号为媒介，形成主体的身份，完成对所处情境的定义，并采取相应的行动，这为研究人们在社会情境中采取何种行动，以及为何采取这样的行动提供了可能，也为本研究提供了一种解释框架。

本研究的主要问题是"教师参与教学改革的动力因素及其机制"，探究"动力因素"实质上是探究教师如何从这些情境中获得关于教学改革的诸方面，被教师自我认可，则可以促使他们参与教学改革。因此，研究者将符号互动理论作为较宏大的间接理论基础，有利于增强本研究的理论敏感，从而促进扎根理论的生成。本研究认为，符号互动理论对本研究富有解释力的基本论点在于：（1）如果把"教学改革"视为一种符号，研究型大学教师对教学改革所采取的行动是以"教学改革"这个事物对于教师的意义为基础的；（2）"教学改革"的意义来源于教师与制度、政策、管理者、同行、领导、同事、学生、社会等的互动，而不仅存在于教学改革本身之中；（3）当教师在应对"教学改革"时，他通过自己的解释去运用和修改"教学改革"的意义，随着今天研究型大学所处的生态环境的社会场域的不同，"教学改革"本身的意义可能有"被修改"的倾向。

（二）非技术性文献：资料中产生理论

从事扎根理论研究要求研究者不需要对事先设定的假设进行逻辑推演，强调从资料中产生具有生命力的理论，注重从一手资料入手进行如实归纳、分析与解释。这个过程是一个从下到上不断压缩数据的过程。研究的主要任务是从数据中逐步形成理论框架，建立宏观理论与微观理论之间的实质性理论，试图为这一现象领域提供意义解释。

本研究在扎根理论操作过程中，笔者不断提醒自己注意避免过多使用前人的理论，以规避他人的理论束缚本研究的实施思路，规避潜意识中将技术性文献给本研究数据资料"戴帽子"的情况。因此，本研究也将寻求那些原始资料、补充访谈或田野观察的传记、日记、记录、报告、日志等非技术文献做支撑，可以使用于扎根理论过程中的任何阶段，目的是与生成的扎根理论相互验证。① 本研究中的非技术文献主要来自于通过大量的访谈和其他途径收集整理的 30 多万字的文本资料。

(三) 经验性知识：理解资料与建构理论

在基于数据资料的基础上，本研究适当借鉴前人理论，同时，先前的经验性知识也对笔者理解资料、解释数据与建构理论发挥了作用。在本研究中，实事求是来说，耗费笔者巨大精力，甚至长时间闭关冥思苦想的，不是大量的访谈、不是对近 30 万字访谈资料的整理，以及大量数据的分析，而是本人经验性知识决定的解释框架和理论建构问题——如何洞察、解读研究型大学教师教学改革动力的真实情况与话语方式。本研究理解资料的视角，是研究者观察、分析、解释社会现象的特定切入点，受本人立场和先前进入笔者内部的理论观点所影响。

通过深入走近一线教师，且自己常年置身于大学内部环境，笔者能感觉到，从宏观上来讲，高等教育教学改革常伴以从政府到学校、到教师、到学生、到社会等多个维度的"再结构化"过程，以及很多意外条件和偶发之果，这意味着，对这种现象的探究难以从教学改革总体政策配置反推出来，这就需要从教师个体的关节点出发，通过个体去捕捉促发教师教学改革的原初动力机制。研究者先前了解到的一些与人的行为动机、组织制度相关联的经验性知识也会被用于解释本研究观察到的现象，一种多维的、开放的、跨学科的经验性知识将用于把握教师开展教学改革的动力机制探索。

第三节 研究信效度与研究伦理

一 整体的信效度

在本研究具体实施过程中，研究者力图做到不被自己作为研究者的

---

① A. Strauss、J. M. Corbin, *Basics of Qualitative Research: Grounded Theory Procedures and Techniques*, London: Sage Publications Inc., 1990, p. 48.

"主客位"的身份固化,而是充分发挥访谈与观察策略的张力,适时调整和改变研究策略,以便准确把握研究型大学教师参与教学改革的动力的"自然"。为了确保本研究的信效度,具体采取的策略有:

(一) 化熟为生的研究策略

自大学生涯开始,笔者便置身于大学场域活动中,学生时代结束后又进入研究型大学工作,这样日复一日年复一年身在此中,且与一线教师有非常深入的接触,已经产生了一种"熟悉感",如何以客观的视角来看待这个组织中的这群人开展教学改革的动力?另一方面,尽管"社会是贴近个体生活的日常现实,但是每个个体并不因为生活在其间而对社会有更多的了解,就像我们不会因为自己必然作为有生命的身体存在而对生理学有更多的了解一样。"[①] 笔者提醒自己,要不时停下来,就自己的环境经验与一线教师的真实内心做"化熟为生"的处理。就本研究而言,尽管笔者对身处其中的研究型大学场域的一线教师的了解较多,但他们开展教学改革的动因究竟源自于哪里、受到哪些因素的影响等问题,似乎难以仅凭笔者个人所谓的"熟悉"去臆断。

也就是说,笔者虽然具有开展此研究的一定的社会背景与生活背景,但并不能以社会研究与生活研究去挤压教育研究,主题始终是教师参与教学改革现象本身。在研究中,笔者一直提醒自己牢记这一点,尽量避免因"自己"之前的过多"融入"而消蚀或扭曲研究现象;绝不以对研究型大学教师的人生考察替代对教育教学现象本身的考察,也不把教师的人生经验混同于教学经验。

(二) 关注事实的研究旨趣

在本研究主题确定之初,笔者便不断提醒自己,此项研究一定要遵从社会事实,在挖掘和解释事实时,不能凭个人的主观臆断,而需要采取严格规范的科学研究去"实证",以科学的态度去考察研究型大学教师参与

---

① [美] 兰德尔·柯林斯、迈克尔·马科夫斯基:《发现社会之旅——西方社会学思想述评》,李霞译,中华书局2006年版,第28页。

教学改革这一现象……既尊重事实，又不盲从。进一步说，笔者尽量摆脱个人的成见与束缚，遵循研究提出的所有理论一定可以追溯到收集的原始资料，一定要有事实资料为依据，力求尽可能客观分析，原原本本认识事物，力求理论与资料相吻合。就像基因一样，深深地根植于本研究一以贯之的思维之中，在分析问题、解释问题的过程中着力关注研究型大学教师投入教学改革各个动力因素的"事实"，试图展现一幅"实然"的运行图景。另外，强调关注事实并不意味着本研究仅仅身陷于研究型大学教师教学改革动力的具体事实材料之中，还需要笔者跳出材料，借助理论，使自己自由穿梭于鲜活的经验之中，在杂乱的素材中理出逻辑主线，从而勾画出研究型大学教师参与教学改革的动力图景。

（三）价值无涉的研究立场

任何研究者都无法回避研究立场问题。在本研究中，虽然很难，但笔者将尽力要求以"局外人"的角色进行研究，"悬置"已有的常识性认识，并时时警醒自己。例如，在访谈中，一开始，有个别受访对象在回答某些问题时，仿佛在接受记者的新闻采访，言之凿凿、情之切切，他们所表达的大多是来自主流价值观中所倡导的话语形态，未能真正"吐露心声"。经过几次试访谈后，笔者很快意识到这一点，于是，在访谈中，笔者尽可能是在一种自然铺垫下进入研究主题，并结合观察和对受访者肢体语言、情绪以及欲言又止所传递的他们自我隐藏的信号，并以平淡的语气和共情的态度与受访者交谈。经此处理后，大部分情况下，受访者会放下芥蒂将他们表面观念背后的客观信息传递给笔者。无疑，如本研究开篇的"研究缘起"一节的阐述，研究者有相关教育和研究经历，有历经教师教学改革之后获得的体悟与理解，但研究者决不将自己的人生理解强加于研究对象。也就是说，当笔者决定对研究型大学一线教师参与教学改革的动力这一主题开展研究之始，笔者即严正地节制着自己的私人情感投入，而是从比较客观的角度去发掘。因此，尽管不可能做到纯粹的客观中立，但笔者尽力向价值无涉逼近，力求勾画一幅尽量客观的研究型大学教师参与教学改革的动力图景。

总之，在本研究中，笔者时刻提醒自己要防止对熟悉化常识的滥用，不断悬置已有的常识性认识,把握好与"局内人"的分寸感,采用"化熟为生"的研究策略;研究过程中时刻保持敏感性和警觉性,通过不断对研究者个人及其在研究型大学场域中和一线教师群体中的位置进行反思和批判,力求达到整体研究的信效度。

二　过程的信效度

(一) 访谈对象的信度和效度

1. 研究型大学类型的选取

关于对受访者所在的研究型大学的抽样考量,本研究兼顾我国研究型大学的地理位置分布、综合性大学与行业特色型等不同类型,共选取研究型大学 18 所;同时,也考虑到研究对象所属学科的多样性,尽量避免因强度抽样产生取样偏差。

2. 受访对象多样性的选择

样本选择不仅考虑到多个学科,也考虑到多种职称、不同教龄、多个年龄段的一线教师;不仅考虑到参与教学改革的教师,也有未参与教学改革的教师,从研究反面来获取这些教师不愿参与教学改革的原因,以求信息的全面性。

3. 访谈信息的多样化接收

在本研究中,接受访谈的一些教师不但谈及其参与本科教学改革的动力,也谈到了对本科教学改革的整体看法、阻力及建议等,这些信息看似与本主题无直接联系,但有助于本研究深入展开对一线教师参与本科教学改革的认识,同时,许多资料对后续研究发现新的研究课题、解决新的问题也有帮助,因此,在资料收集和整理时也将这些资料考虑进去了。

(二) 访谈策略中的信效度考虑

第一,本研究访谈中,笔者尽量请受访谈者打消顾虑,避免主观倾向性的描述;引导受访者列举一些与主题相关的关键事件,并通过追问的方式,以关键事件为主线展开讲述,但也尽量保留受访者自由敞开心扉地表达。

第二，采用循环反馈法尽可能多次与受访对象进行意见沟通和交流，并将整理出来的访谈记录与受访者进行充分的沟通交流，进行访谈资料的准确性确认。

第三，笔者与大多数受访者都有较深的交往，也是工作中的同行，大部分受访者均能做到知无不言、言无不尽，这在很大程度上保证了访谈资料的信效度。在访谈中，一些受访者带入了自身对此问题的情感投入，甚至出现情绪激动、热泪盈眶的情景，从另一个角度说明了受访者提供信息的真实性。

第四，在访谈过程中，笔者尽可能引导受访谈者围绕中心问题充分叙述，在发问中注重互动，并保护受访者充分表达的愿望，使访谈资料尽可能保证较高内容效度的实现。

三 资料的信效度

（一）资料整理的信效度策略

1. 资料整理的同步性

对所收集资料的整理看似单调而机械，但在整个研究过程中十分重要，在整理资料的过程中实际上已对所有资料有了初步的了解，并于大脑中的智识结构有了初步的匹配。本研究中，笔者尽可能在访谈结束后立即同步整理资料，通过对当前所获资料的梳理，笔者常常对现有资料进行反思，并获得一些深入思考后的启示。此外，资料的整理也需要建立在一定的分析基础上，笔者尽量保持整理和分析相互交叉、同步进行。

2. 资料整理的完整性

笔者在整理访谈录音时，尽量遵循一字不漏的原则保持录音资料的完整性。以规避在整理时看似"无用"的资料可能在分析时的"有用性"；本研究对备份资料以学校代码及受访者姓氏的第一个大写字母进行编号（如同一所学校受访者"姓"有重复，则在"姓"的后面加上序号，对其中的每一段与主题相关的资料编上顺序码，在保证资料完整性的同时，也便于资料的查找。

3. 资料分析的及时性

资料的整理和分析实际上是一个整体，而这与资料的收集也是相互交叉，会经过几轮循环往复。因此，资料的整理和分析应遵循"及时性原则"或"尽早原则"，这样可以帮助笔者对已收集的资料进行较为系统的把握，并为下一步的资料收集提供方向，从而进行有针对性的聚焦，使资料收集更具依据性、目的性和效率性。

（二）资料分析与解释中的信效度策略

本研究资料的获取主要来源于访谈法，且通过观察法和实物搜集法为访谈法获取的信息结果进行进一步补充与印证；除了对教师进行深度访谈外，笔者还对教师日常生活和课堂教学改革中的实践活动进行观察，并通过获取一线教师公开发表的教学论文、承接的教学改革课题等、新闻报道、微信朋友圈发言等材料进行验证；同时，采用三角互证的方式，通过深度访谈等多种方式获得的原始资料、前人的学术研究成果形成的理论之间、研究者个人先前经验这三者实际上是一个三角互动关系。同时，在本研究初步得到结论的基础上，通过回顾以往与本研究课题相关的研究，得出进一步的理论结论，以提高本研究的外部效度；采用研究备忘录的方式进行深入考量、反思，以增加研究的效度；所有资料的编码与后续的分析与讨论均由笔者本人一人完成，保证了这个环节的信效度。

四 研究伦理准则

本研究遵循的最为基本的伦理准则是客观性原则和价值无涉原则。关于对研究型大学教师教学改革动力的研究，一直是研究者个人的研究旨趣，此问题也来源于"环境中的个人困扰"在本研究中，笔者试图超越自身的经验，将研究问题与我国研究型大学场域的现实联结起来，对研究型大学场域以及其所处的外部环境进行学理上的研究，以较好地归纳研究型大学教师教学改革的动力机制。一个真正有学术价值和实践意义的研究问题必须与其所处的社会结构、社会制度相连接。研究型大学场域的教师的教学改革行为也许具有认知逻辑、文化逻辑,也许还具有经济逻辑、政治逻辑等多重逻辑,后两种逻辑可能潜在、但又是客观存在于社会事件之中,在本研究中无褒贬之意。秉持价值无涉的客观性原则和研究态度,本研究既不为一线教师歌功颂德,也不"揭短"教师的教学行为,而是试图展示真相,由此促使社会更清晰地认识教师、认识教学和教学改革、认识大学、认识高等教育。也即是说,教师教学改革的动力无论是褒义还是贬义的,只要本研究的探索有助于问题的发现、解释和解决,都在本研究之列。

本研究还注重先征求受访者意见,遵循自愿参与的伦理准则,33名深度访谈者和86名焦点小组访谈者均自愿接受访谈。访谈过程事先征询录音意见,同意后实施。每位受访者都知道,访谈内容可能会以研究论文或著作的形式发表,受访者提到的不愿意发表的内容将被删除。

为消除受访者的心理顾虑,获得他们的充分信任,使受访者畅所欲言,笔者在每次访谈前先向受访者提供笔者首先签字的《保密承诺书》(详见本书附录2《保密承诺书》)。说明访谈的目的,以书面形式正式向受访者承诺访谈收集的资料仅用于本研究。在访谈和材料收集中,为了保证数据的客观真实,出于研究伦理的考虑等,对研究对象涉及的基本信息进行相关处理,以消除所研究学校及受访者对本研究的顾虑,尊重受访者的隐私权。通过以上措施,接受访谈者和接受观察者打消了顾虑,使得本书在研究过程中获得了大量一手资料。直到成书前,笔者还未停止搜集相关数据。

第四节 研究技术路线与整体框架

一 研究技术路线

为了更清晰地呈现出本研究从哪里来、要到哪里去、如何去做等问题,本研究对所采取的技术手段、具体步骤及每一步所要解决问题的方法等在内的情况进行可视化阐述，将研究程序、操作技术、处理结果相组合构建了技术路线图，意图呈现本研究进程中诸多要素之间逻辑关系的闭环结构。主要包括三个因素：研究程序、操作技术及处理结果。

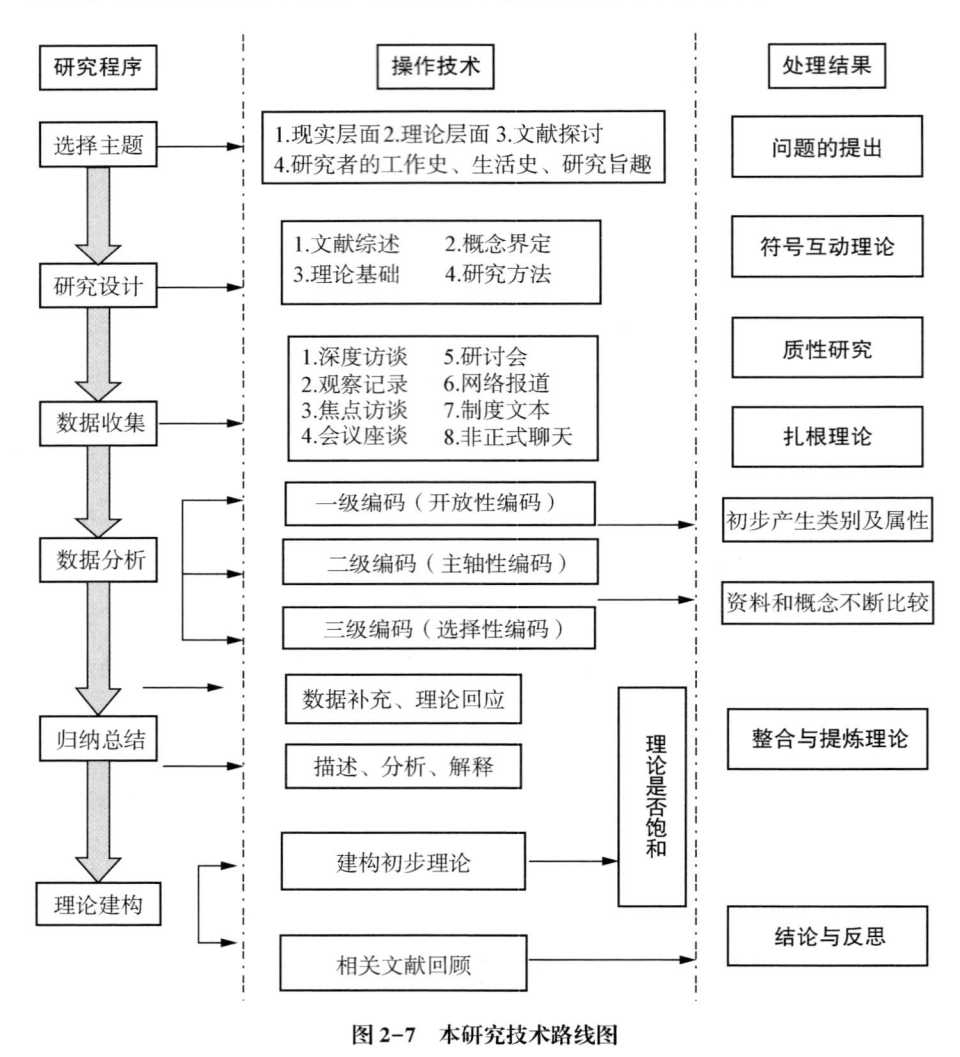

研究程序	操作技术	处理结果
选择主题	1.现实层面 2.理论层面 3.文献探讨 4.研究者的工作史、生活史、研究旨趣	问题的提出
研究设计	1.文献综述 2.概念界定 3.理论基础 4.研究方法	符号互动理论
数据收集	1.深度访谈 5.研讨会 2.观察记录 6.网络报道 3.焦点访谈 7.制度文本 4.会议座谈 8.非正式聊天	质性研究 扎根理论
数据分析	一级编码（开放性编码）	初步产生类别及属性
	二级编码（主轴性编码）	
	三级编码（选择性编码）	资料和概念不断比较
归纳总结	数据补充、理论回应 描述、分析、解释	整合与提炼理论
理论建构	建构初步理论（理论是否饱和） 相关文献回顾	结论与反思

图 2-7　本研究技术路线图

二　研究整体框架

在确定问题后，结合实际情况，本研究对研究过程进行了整体设计，包括选择认识论基础、选择研究方法、如何收集资料、分析资料、如何确保研究的信效度等等，为了能够清晰地看到本研究的整体结构，还要构建研究内容的具体框架。本研究围绕"教师教学改革的动力"这一主题，按照描述—探究—解释—归纳的思路依次展开（见图2-8所示），即通过回应研究问题的三个子问题，从而构建研究的整体框架，意图回答本研究的研究问题。

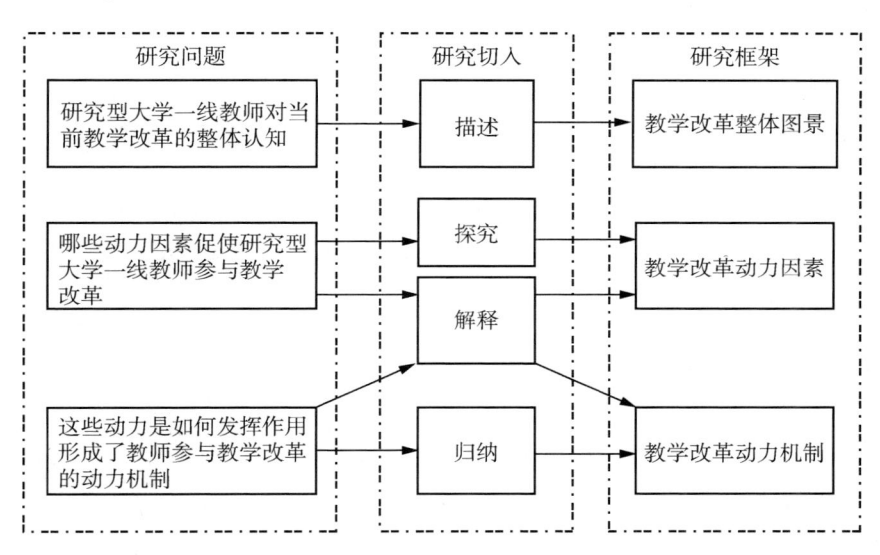

```
研究问题                          研究切入        研究框架

研究型大学一线教师对当
前教学改革的整体认知    ──→    描述    ──→    教学改革整体图景

哪些动力因素促使研究型
大学一线教师参与教学    ──→    探究    ──→    教学改革动力因素
改革
                                 解释

这些动力是如何发挥作用
形成了教师参与教学改革  ──→    归纳    ──→    教学改革动力机制
的动力机制
```

图 2-8　本研究分析过程图

具体来看，本书各章内容安排如下：

第一章介绍本研究问题的来源。结合对现实问题的反思、教育理论逻辑的推衍、个人研究旨趣等方面阐述本研究缘起，对研究现状进行综述，结合现有研究情况进行评述，提出本研究的研究问题，对核心概念和本土概念进行界定，并阐述本研究的意义。

第二章描述本书的研究设计。介绍了本研究的方法论体系，全面呈现扎根理论研究的抽样过程、数据收集过程、数据分析过程和验证过程，在数据分析过程中呈现开放编码、主轴编码和选择性编码的结果，阐述了研究中的理论敏感性来源，提出理论基础—符号互动理论的基本观点以及与本研究的关系，最后讨论本研究的信效度和研究伦理。

第三章呈现研究型大学教师生存的内外部环境特征，一线教师视野中研究型大学教学改革的整体图景以及当前教学改革的实际样态，借鉴符号互动理论中的"自我在社会情境中实现"等理论成果，展现一线教师对教学改革的认知、感受、思考与体悟。

第四章通过对一线教师参与教学改革动力因素的开放编码与主轴编码的结果分析，具体描述了各具形态的种种动力来源（因素），为了将这些动力因素更加系统地呈现出来，借鉴符号互动理论中的"主我和客我"理论，采用一种二元矛盾模型，这些矛盾的不同组合与交织，也是主我与客我之间的游离和纠结的过程，可以解释教学改革中一线教师的各种行为取向和心理纠结。

第五章经由故事线，阐述不同动力类型的作用发挥情况，呈现本研究所构建的理论机制。确定核心类属为"动力机制"后，笔者通过确定各种动力所发挥的作用及其相互关系生成出四种动力类型，通过回到材料本身和结合理论基础再度验证核心类属，对生成的扎根理论进行再深挖，从而对研究型大学教师教学改革的动力机制进行更深刻的认识和解释。

第六章总结了本研究发现的结论，并将生成的理论与现有理论对话，讨论现有理论能够为本研究提供哪些解释，提出了提高研究型大学教师教学改革动力的策略和建议。最后对本研究的局限性和不足进行了回顾和反思，提出了未来的研究方向和对教学改革的展望。

第三章 研究型大学教学改革的情境分析

布迪厄强调,"社会科学的真正对象不是个体,人的行动是在特定场域进行的,场域是基础,必须是研究操作的重点。"① 任何人、任何组织都处于一定的环境之中,并且与环境有各种交流和互动,组织种群的形态受环境的影响,趋于与环境保持同类型。② 环境的特征影响着组织的特征以及组织中群体行为的逻辑出发点,因此有必要从行动者所处的环境考察其行为。本研究是一项质的研究,为了更深入而清楚地探究研究型大学教师教学改革的真实动力因素,笔者将研究问题置于相关因素有机联系的真实情景中,认识和探索研究对象所处的环境,以及他们对教学改革的真实认知。

结合研究需要,本章通过考证研究型大学教师生存的内外部环境,描述一线教师视野下当前教学改革的整体图景,试图回答本研究提出的第一个问题:研究型大学一线教师对当前教学改革的整体认知如何?

第一节 教学改革的"境"与"遇"

一 "内卷时代"的困囿

今天的社会正在发生巨大变革,人才竞争愈演愈烈,似乎到处充满

---

① [法]皮埃尔·布迪厄等:《实践与反思——反思社会学导引》,李猛、李康译,中央编译出版社1998年版,第145页。

② R. Carroll Glenn, *Ecological Models of Organizations*, Massachusetts: Ballinger Publishing Company, 1988, p. 128.

"残酷"。竞争，意味着每个人都必须在一个标准系统里和其他每一个人作出区分。美国英特尔公司创始人安迪·葛鲁夫提出的"惶者生存"（only the paranoia survive）意在告诉人们，如果没有危机意识，将落后于时代，甚至难以生存。在这个"生活充满不确定性的年代"，"内卷"① 与"碾压"等新名词频频被使用。在与一线教师访谈的过程中，有老师提到，在这个内卷时代，我感觉我们面临更多压力和恐慌，为了不落后，每个人都在奋力向前冲，不知不觉，许多人变得功利起来，离初心越来越远！

整个社会群体都存在一定程度的"内卷"，大学也难以幸免，这里同样充斥着把什么都还原成数字价签的商业运作，大学教师陷入一种职业压力巨大的群体焦虑中，"青椒""工蜂""小镇做题家"② 等隐喻在受访青年教师的戏谑、调侃和自嘲中频频出现。老师们的吐槽中透露出绩效困境背后的问题：承担知识的传递与创新的教学投入、教学改革行为需要何种制度保证？以下这段老师的自白有很高的转载量，引起高校"青椒"们的共鸣：

> 当和我一起来的同事一个接一个地评上了副教授，而我却始终是一名讲师时，我忽然悟出了"道理"：比如，领导们天天喊着教学很重要，但是评职称时，却始终盯着课题和论文的数量；又比如，教学是公家田，科研是自留地，公家田虽然关系到大学老师的良心，但决定大学老师收入的，还是自留地；再比如，外出参加学术活动时，别人不会评价你在某所大学教得多好，而是按照发表文章的级别和数量来决定是否对你高看一眼。还有一个"道理"，那就是评不上职称却埋怨教学耽误了太多时间，别人只会把你当成一个学术水平不高的怨妇，没人会真正同情你。我花去了四年的时间，才明白这些在高校横行多年的"道理"，然后在教学与科研之间做一个新的平衡，由一个

---

① "内卷"最早的"出处"是几张名校学霸的图片，现在广泛用于指代非理性的内部竞争或"被自愿"竞争。2020 年 12 月 4 日，入选《咬文嚼字》2020 年度十大流行语。

② 该词起源于豆瓣一个 5 万多名成员的小组，他们大多数是经历挫折的毕业生，有的甚至来自名牌大学，自嘲为"985 废物""小镇做题家"，引起广泛关注。

时时激动的大学老师，变成了一个处处油腻的科研工作者。①

随着大学组织与社会之间的联系逐渐广泛与深入，大学的规模逐渐扩大，大学的内部结构也在日渐复杂化，作为一种特殊社会组织形态的大学已不是世外桃源，它和企业等组织尽管在竞争方式以及强度上存在着差别，但共同遵循着"竞争逻辑"、遭遇着"绩效困境"。剑桥大学史蒂芬·科林尼在《慢·教授》一书的前言中提到："在当前的大学校园，生活变得太过匆忙，人人事务缠身，不堪其扰，我们现在可以说，那些制造出这种浮夸忙碌而狂热的过程，已经威胁到大学机构自身存在的目的"。②当然也强烈影响到大学教师的行动选择。

二 "有效大学"的拷问

博格斯认为，现代大学正在从寻求真理和知识的自主性领域走向功利主义与实用主义的价值选择中③。受社会上"能力社会""效率社会"等信息影响，大学组织必须迎接新的环境、新的节奏、新的体制，大学必须要接受"有效大学"的拷问。20世纪60年代的《科尔曼报告》即开始关注学校的有效性问题，引发了学术界对大学组织资源与大学组织绩效关系的研究，80年代后期，许多学者们开始转向对"有效学校"（Effeclive school）的研究。

今天的大学成为推动经济发展和民族振兴不可或缺的机构，大学由社会的"边缘"走向"轴心"，作为具有韦伯式的、科层属性的、理性的大学组织，也必然围绕自身组织目标进行制度设计，以便快速而高效地完成这些目标。从这个意义上讲，大学组织也具有以效率为原则的特征。国家竭力给予不同类型大学不等的"养料"，期望大学获得与之相匹配的"丰

---

① 时子鸣：《一名大学老师的自白：从教十一年，我为什么离学生越来越远了》，选自"学术志"公众号《学术志：大学老师生存镜像》系列征稿，2021年6月25日。
② ［加］玛吉·伯格、芭芭拉·西伯：《慢教授》，田雷译，广西师范大学出版社2021年版，前言第Ⅲ页（前言撰写作者为剑桥大学史蒂芬·科林尼）。
③ ［美］卡尔·博格斯：《知识分子与现代性危机》，李俊等译，江苏人民出版社2006年版，第134—135页。

收"，大学像一种"经济作物"一样，经历着"内部质量外部化的倾向，即对高等教育基本活动的质量评价让位于外部条件的测量，高等教育主体的行为及其结果，以教材、课程和名师等名义被界定为外部经济交换的对象"①。大学陷入"鱼与熊掌不可兼得"的困境：一方面，要努力调整和改变自己以求适应新形势，没有效率的组织很难获得经济投入，甚至很难保持其合理性；另一方面，大学在适应社会的同时还必须"不忘初心"，否则难以完成大学应当承载的"使命"与"理念"。

三 "内外协调"的冲突

今天的大学组织也遵循着这样的逻辑：其生存与发展必须同时处理好"内协调"（或"内适应"）和"外协调"（或"外适应"）两种关系，前者指的是协调好组织内部各成员之间的活动以维持组织正常运转；后者指的是由于大学组织的目标会受到公众压力和社会价值的影响，因此需要协调好自身与外部环境的关系。

大学自诞生以来，与社会价值的冲突时而紧张、时而缓和，但从未间断。大学是人们心目中的"知识殿堂""精神圣地"。大学不是经济组织，可以直接进行物质利益的创造和分配；大学也不是政治组织，可以占有和使用社会权力。另外，大学组织的成员（比如研究型大学教师）的所思、所想往往与社会实际状况有较大差距，具有理想化色彩，这会形成理想与现实的价值冲突。

社会公众、"顾客"等向大学施予问责，进而带来压力，大学组织需要对实现组织目标的卓越及公众和顾客的满意度进行协调与回应，这就不可避免地幻化为一系列可检测和评价的指标。发文数量、刊物级别、影响因子等"数字崇拜式"评估标准成为一种趋势，这种趋势甚至传递或渗透到教师的日常工作与生活中，不断加剧包括大学内外部的"内卷"现象，从而干扰一线教师的行为选择。与此同时，来自学生、家长、教育家、政府等不同群体对大学组织的要求各不相同，比如学生及家长更多地从未来

---

① 周作宇：《论高等教育中的经济主义倾向》，《北京师范大学学报（社会科学版）》2008年第2期。

就业的角度和职业生涯发展的角度提出要求；教育家则往往会从教育教学应遵循的基本原理和内在逻辑、大学的理念与使命来思考大学办学；政府则更多地从社会政治经济发展需要的角度要求大学。不同角色对大学的诉求在大学组织发展的实际运行中很难达成一致，大学在办学过程中必将产生难以避免的矛盾与冲突。

四 "声誉策略"的误构

全球化带来新的环境，现代大学必须适应这种变化的环境，作为理性组织的大学也将不得不根据组织目标、组织效率有选择地采取行动。一些以建设一流大学为目标的大学更是看重学校的各项指标在各种排行榜上的排名，以免由于大学在排名竞争中失利而遭遇资源竞争的失败。

当大学把提高知识生产的性能和效率作为自身立足与发展的终极追求时，影响大学声誉的各种指标堆积的排行榜等技术类话语便"顺理成章"地占据"统治地位"，其他种类的话语将受到技术类话语的侵扰。由于科研工作的现实利好（比如，可以在短期内带来排名的提升），科研在大学被看作受高度关注的关键事务，典型的表现就是"重研轻教"。[①]

> 像我们这样的研究型大学，我感觉领导们都非常希望学校能提升学校的学术影响和地位，从而跻身于高等学校排名的前列。你看我们学校新闻网站，经常有我们（学校）的排名又提升了等等这样的新闻，而且只要抓住一个排名提升的消息，不管是哪个机构做的排行榜，我们学校都会特写一番。（资料来源：U 大学文科学院一名系主任 X 教授的感慨）

同时，为了追求学位授权点的申报、重点学科的建设等，一些大学转而青睐论文发表与著作出版，或发表刊物等级和论文数量等，技术类话语的异化"误构"了教师评价体系。岗位评聘和职称评审主要倾向于便于量化的科研绩效，而对教学工作的关注集中在课时量承担情况，未能科学、

---

① 梅锦春：《回归教学：大学教育改革的必由之路》，《中国大学教学》2014 年第 7 期。

合理、系统地对教学改革参与度、教学质量提升度等予以关注，使教师从事教学的动力明显不足。最终，普世性的声誉策略"误构"了大学组织合法性的依据。

当然，现实并不都如此悲观，正如当前大学和公众都已感知到的情况，我国政府与大学已经意识到当前大学的"境遇"，正着力于全方位的教学改革和内涵式发展，并取得了明显的效果。

第二节 教学改革的"样"与"态"

一 整体感知

研究型大学教师投入本科教学改革的动力，绕不开一线教师对本科教学改革的总体感知与主观认识。研究发现，一线教师"对本科教学改革的总体看法"并不一致，为了原汁原味地呈现教师们的看法，笔者沿用了教师口中谈到的一些"本土概念"，主要概括为以下几点：

（一）"很有必要"的教学改革

在 33 位接受深度访谈的受访者中，有 29 位受访者非常明确地认为，教师参与和实施教学改革非常重要、也非常必要，另外 4 位受访者是基于对教学改革的信心不足而没有直接回答"很有必要"，但老师们均能意识到教学改革的重要意义，觉得当前的本科教学情况不是"改与不改"的问题，而是"怎么改"的问题。许多老师提到，教师是改革的主体，他们是教学改革最重要的群体，教师开展教学改革"很有必要"，教学改革是教师教学工作中的"分内之事"，是教师职业中的"应有之义"。

Q 教授在与笔者访谈一开始就提到：

> 现在不是说再去讨论要不要去做（教学改革）的事，而是需要讨论到底怎么能做好，还去讨论需不需要做的事已经没必要。比如我们现在"新工科"改革越做越好……国际上做的可借鉴的东西越来越

少，那么你这个教学研究未知的问题，甚至产生这种比较重大的教学创新性成果，这都是大学教学必须的任务，这是真正体现我们学校价值的地方（10008Q003）。

四川大学研学思教系列报道里有老师感言："信息时代背景下，大学课程教学改革势在必行。要想让学生的脑子动起来，首先需要老师行动起来，从教学理念到教学手段都应契合时代背景，才能打造出学生梦想中的大学课堂。"[①] 受访者们普遍认为，基于当前的情势，无论从哪个角度、哪个方面来看，大学的教学改革都势在必行。高校教师应当在教学中"顺势而为"，但是老师们又提到另一问题，教学改革需要具体到每个个体去执行；虽然一线教师的作用是最重要的，但也需要教学管理者、领导层、社会方面的积极配合，甚至学生的积极配合（包括学生们思想观念的转变和适应）。

（二）"低性价比"的教学改革

首先，教师职业作为一种具有较高伦理自觉的职业，教师本应具有认真教学、潜心育人等职业品质，但受当前社会大情境的影响和高校绩效考核制度的影响，科研项目、学术论文等可以给教师的职称晋升带来最直接的影响，而当前的高校职称制度又与教师的工资薪酬直接相关。相比之下，教学活动的过程复杂、需要付出很多精力去打磨教学方法，效果滞后，很难外显。大部分受访者认为，从当前许多高校对教师的评价考核现状来看，大学很难对教学工作建立一种客观、公正、有效的评价体系，相比之下，科研工作更容易被量化，而教学工作因其难以"测量"而被软化处理；教学质量、教学改革的参与情况和实施情况好坏对绩效无碍。这使得老师们认为教学改革"不讨巧"、"白费功夫"，参与教学改革，即是进入了"无底洞"。

某知名工科大学 Z 教授在一次与笔者的非正式聊天中很直白地提到：

---

① 教育思想大讨论——四川大学研学思教系列报道，2019 年 6 月 3 日，https：//www.sohu.com/a/318375073_278520。

本科教学就是个"无底洞",你说的教学改革,"性价比"太低!怎么投入都无法投满、无法投够。

还有老师提到一个有趣的现象是:

那些"科研大佬"名利双收,"教学名师"却如"寒蝉凄切"。

U 大学 L 老师反馈的事实也是大部分老师提到的现状:

现在的情况就是,我们上课讲得好与不好,投入得多与不多,没有任何差异。显然做这个事情肯定是不讨巧的,因为实话说,科研它确实量化指标很明显,教学里面确实还是很累,没什么可以去考核的东西,又累,也没有显示度。(10008L3-008)

另外,在有限的时间里,有意向探索教学改革的教师们希望自己的教学改革一帆风顺,但由于对教学改革的内涵理解不够,对教学改革过程的复杂性和任务的艰巨性认识不足,在改革中有"走样"甚至"偏离"现象,如果没有收到预期中的教学效果,或者触及教师根本利益的情况,教师们便开始对教学改革这件事情患得患失,更容易产生对教学改革得不偿失的认识,甚至对教学改革失去信心。

十余年前,大学教学改革刚刚提倡和兴起,有学者对我国近 70 所大学中的 230 名大学教学改革主体人员(主要指大学各级教学管理人员和普通教师)进行问卷调查,结果显示,4%的人对我国大学教学改革的现状表示"比较满意",而表示"不太满意"和"很不满意"的人分别为 56.2% 和 28.4%。[①]这项调查数据一定程度上反映了教师对当时大学教学改革现状的直接感觉。本书的质性研究未做精确的量化统计,从受访者提供的信息来看,十余年后的今天,教学改革取得了很大的进步,教师的满意度有了很大的提高,但大学教学改革仍然存在一些亟待解决的问题。

---

① 钟勇为:《冲突与协调——大学教学改革的基本问题探讨》,博士学位论文,华中科技大学,2009 年,第 2 页。

(三)"道阻且长"的教学改革

长期工作于研究型大学,又以本研究为契机走进研究型大学一线教师群体,笔者观察到,研究型大学组织层面完全能意识到教学改革的重要性,但在职称评定和大学排行榜等方面仍然体现出对科研产出"毫不掩饰"的关注。这种现象不难理解,一方面,研究型大学需要教师的科研"高产"来维持学校的声誉或提高学校的排名;而另一方面,一线教师则需要易外显、可观测的科研成果来获得职称的晋升,二者从不同视角无形中构建了研究型大学组织与教师个体之间心照不宣的生存模式。一定程度上加重了一些教师对教学改革"不讨巧"的认识,形成了"重科研轻教学"的行为取向。要促进广大一线教师都有动力投入教学、探索教学改革,还有许多有待探索改进之处。

还有一些老师认为,提及教学成效,大多是看获得了多少教学奖项、立项了多少项教学改革项目、建了多少门课程、出版了多少教材,这些数量上的绩效并不完全代表真正意义上的教学改革成效;一些教师用花哨的架子充当教学改革,拿教学改革"作秀",甚至是一场"闹剧"。在他们看来,由于种种原因催生了一些教师既"时髦"又"新颖"的教学模式,从形式上体现了新型教学理念,但这些高效的教学模式正在逐渐衍化为一种固化的、精确的"教学技术流程",未能将现代教学的思想与内涵落到实处,未能从根本上实现对传统教学的改革,有的甚至脱离了教学实际、违背了教学规律。

> (教学改革)部里传导到学校,学校传导到老师。如果你是一线老师,如果学校教学部门不组织教学改革研讨,你会去找教学部门讨论(教学改革)吗?(10003W005)

> 有的老师其实就是做做样子,或者摆摆花架子,或者做一些程式化的表演……不能解决实际问题,反而是浪费人力物力财力。(10712M002)

> 教学改革要以提高教学质量为目的进行实事求是的教学改革，不能为了改革而进行改革，要不忘改革初心（10007J006）。

上述表达说出了一部分老师对教学改革的认识、担忧、警惕和反思，在一定程度上反映了某些学校或某些一线教师对教学改革实际操作的"走样"。但我国高等教育在短短数十年内取得了令世界瞩目的成效，存在问题在所难免。为了促进我国高校教学改革取得更好的效果，我们更需要调动一线教师共同思考，什么样的教学才是适合当代大学生的教学，什么才是真正让当代大学生受益的课程教学。

二 实际样态

（一）形式多样的教学改革项目

调研过程中，许多教师提到，教师开展教学改革的形式多样，学校设立的教改项目渐趋丰富。由于社会大环境的变化和互联网技术的更新迭代，当前大学教学改革的形式越来越多样化，比如，最近几年兴起的 MOOCs、智课、eMOOC、异地同步直播教学、混合式教学等；近几年，由于国家大环境对本科教学的重视，许多高校设立了各种各样的教学改革项目，为教师们开展教学改革提供了平台和必要的经费支持，"学校的教学改革项目丰富"，一定程度上推动了高校教师开展教学改革探索。

> 我们学校现在多了好多教学改革项目，比如说这个青年骨干计划是名师的培养项目，而教学研究科那边的项目包括了教材项目、精品课程项目、研究型教学示范课、全英文教学示范课，最近好像又推出课程思政项目等等……我们现在有了这么些项目，我看每年不少人申报呢。（10008D013）

> 至少教学改革立了项的这些人，他还是要投入到这个教学上来，我在想，他们背后难道仅仅是热爱吗？如果从深层次挖掘，他就是在

课堂上讲课过程中发现了一些问题,想要改变自己的一些教学手段,所以他就申请一些小的课题项目。学校在教学改革项目申请这块的资助面还是比较广,给他们提供了很多渠道,也很容易通过。(10008L3-009)

(二) 被观望或被"糊弄"的教学改革

按照符号互动理论的观点,教学改革要对教师产生个人意义,并使之落实在课程教学改革实践中,才可能使教师对教学改革有所觉醒,才可能激发改革教学的意识,促进教学觉知。开展教学改革不仅对教师的时间和精力有要求,还对教师的职业操守、专业知能有要求,这需要教师正确对待自身职业价值,愿意用新思维、新观点来检视自己"视为当然"的以往的课程教学与"习焉不察"的惯常的教学经历。现实中,部分教师认为,与其费尽心思改革教学,不如继续贯彻旧的"顺手了"的教学内容或方法,这些教师成了阻碍教学改革的"卫道士"。还有一些教师的教学改革呈现出"貌合神离"的景象。比如:

就我观察到的情况来说,很多教师表面看起来很支持(教学改革),但在实际教学中依然保留了传统的教学。还有一些老师,其实他们对教学改革的认识、理解不是很到位,在教学改革实施过程中把握不够准确,他们搞的什么探究式学习、研究型教学……看起来形式上很精彩,但并没有有的放矢,这些课堂教学实际上很散乱,缺乏必要的规范与秩序。(10007W补003)

说实话,做一些教学改革探索会特别特别累,我要是按照以前周而复始地讲课,那我肯定更加顺心顺手,肯定轻松很多的。我也会听有的老师说,哎呀我怎么糊弄完这45分钟,换句话说,他在课堂上不是说充分利用这45分钟来让学生获得更多,把这45分钟发挥最大的作用,而想着怎么去把这45分钟糊弄过去。(10008W3-028)

要采取新的教学行动，确实需要教师"更费劲儿"。如果教师对教学存在路径依赖或惰性，在精力有限的情况下，他们对新的教学理论和新的授课模式难以进行自觉学习和运用，也难以照顾到学生群体个性化、多层次、多样化的需求。这些教师更愿意维持现有的教学状态，更多地依赖多年积累下来的惯有教学方式，或者依赖于上级给定的方案，这些也是教学惰性的表现。有老师谈道：

> 问题不止这一个，我们很多教授对教学改革应付啊，也不鲜见啊，教学改革多费劲啊，32学时不就是混混，即使（教学评价排名）倒数，又能怎样？（10008L3-022）

> 你没发现一个现象吗，为什么学校的支持（教学改革项目）面那么丰富，但是呢，拿到北京市和国家去申报奖项这一块儿，其实，不知道是我见的少还是怎么的，反正感觉好像有点少，有点脱节，为什么学校的支持（教学改革项目）面那么丰富，而北京市和国家级的立项和获奖不多，说明一些老师在教学和教学改革中有"糊弄"的情况。（10008X008）

大学教学活动具有一定的特性，如教学标准的模糊性、学生生源质量的不稳定性、学生特点的多样性、教学工作的非显性、教学成果的滞后性等。这些特点对教师的观念和行为产生影响：教师容易处于一种惰性的"本能自我保护"状态，一些教师产生路径依赖，安于现状；对教学改革"没心思"，不愿在教学上花太多的精力，甚至有"糊弄"和观望现象。访谈中，有教师还提到，一些教师看似参与了教学改革，但其实只是"形式上的参与"，并未做到"实质上的参与"。比如申请了教学改革项目，但由于教学改革项目缺乏过程性监督和指导，而且存在"敲锣打鼓申报""无声无息结题""立项严、结题松"的现象。

（三）碎片化、单兵作战的教学改革

马斯（Massy）曾对美国8所高校300位教师进行访谈发现，由于资源限制和评价激励机制不完善，教师在教学中处于"单兵作战"的境地。这

种分立局面和院系文化差异阻碍了教师教学的提高。① 这实际上也是当前我国许多大学的教学组织文化。在本研究中,在与教师的一对一访谈和焦点访谈中,一些教师提到,在开展教学改革与研究中,一线教师存在"独自摸索"现象,"单兵作战""单打独斗""单干户""碎片化""随意性""没感觉"等语词成为"对教学改革的真实想法"的高频词。

> 从主观方面看,虽然本人作为有着20多年教龄,一直给本科生上课,同时教学效果反响很好,但是由于学院对本科教学改革的忽视和缺乏真正的组织领导,使单纯靠个人来推动教学改革的难度很大,大部分教学改革具有很强的随意性。(10027H004)

> 学校这几年的教学改革项目倒是不少,但这些项目我们要真正做起来,说句实在话,每个项目单靠一两个老师就能做好,那是自欺欺人的话,我看身边有不少是一个人一个项目,那就是碎片化的,不成体系,你说他做的教学改革能是真正意义上的教改?真正的教学改革牵涉到很多方面。(JD.4.018)

学校层面宏大的教学改革理念与顶层设计难以转化为二级学院和系所教师自觉实施教学改革行动。一些受访者提到:

> 我们做教学改革,根本没有人去扶持,比如现在各个学院有没有人问,这位老师,你在教研方面需要我们怎么帮助你、需要哪些方面的扶持?你需要办公室吗?你需要经费吗?你需不需要给你们组个团队?将来你退休了,你这个课程改革需要哪些人来传承下去呢?……其实我很需要啊,对,我很需要,但是没有任何人会问你这件事,这件事就是一个管理的问题,教学改革搞到最后都成了个体户。其实我们现在,我感觉我们特别像个体户,有(投入教学改革)就有,没有

---

① William F. Massy, Andrea K. Wilger, "Departmental Cultures and Teaching Quality: Overcoming 'hollowed' collegiality", *Change: The Magazine of Higher Learning*, Vol. 26, No. 4. July 1994, pp. 11-20.

就算了。(10712M005)

通过焦点访谈发现，抛开组织的原因，一些老师将教学活动视为教师自己的个体活动，教师对内容设置、教学方法和进度安排有绝对的话语权和掌控权，他们习惯于随意发挥，他们成为以"自我"为中心的单干户，课程教学成了这些教师的"自留地"，导致教学改革效果甚微。美国高等教育家博克曾意识到这个问题，他提到，组织教师讨论课程设置与教学问题，并不是为了制定有利于学生的课程规定，只是为了在"各自为战"的教师之间寻求平衡[①]。

三 困难与阻力

(一)"没有喘息的机会"：工具主义的控压

教学改革涉及教学理念的灵活运用、整个教学活动方案的修改和教学手段的更新等。因此，无论是学校层面还是教师层面，如果对教学改革所蕴含的根本价值缺乏思考，那将会在教学改革具体实践中忽略"为什么要改"的初心和目标。本研究中，许多受访者提到：当前，伴随着各种考核日渐增多，大学的一线教师有一种遭遇"围攻"的感觉。为了达到规定的教学工作量，教师们需要承担并不算少的课时量；为了加速自己的职业生涯发展（职称晋升）、尽快融入专业圈子，教师需要花费许多课后时间做科学研究；与此同时，当前的一些大学的教学环境要求教师除了承担学生学业管理，更要承担学生"学习绩效"责任。研究型大学教师被越来越多的与教学无关的责任固化，多个面向的职业要求和多种因素的职业压力源使许多一线教师有一种"角色超载"（Role Overload）的体验。受访者无一例外地提到自己几乎每天都处在繁忙中。几乎很难留出必要的时间作教学和教学改革反思。教师不得不"挤占"或"盘剥"生活时间和本该有的"闲暇"时光用于"永远也忙不完"的工作，变相中延长了"影子工作时

---

① [美] 德雷克·博克：《回归大学之道：对美国大学本科教育的反思与展望》，侯定凯等译，华东师范大学出版社2012年版，第27—28页。

间"（hidden work time）①。

在时间和精力拮据的状态下，一部分研究型大学教师为了应对高强度的教学工作量、科学研究和其他繁杂事务，这种需要投入大量时间和精力的教学改革似乎成了禁锢教师的外在力量，而不是原本应该促使其生涯发展和专业发展的推动力。在如此状态下，一些教师在应对教学活动时，转而寄希望于一些高效的操作技术，甚至沦为"操作控""工具控"和"方法控"，无法在教学中体验到探索和创造带来的身心愉悦感，把教学活动变成了"苦差事"和"做苦工"，变成了"苦大仇深"的事情，每堂课带着应付之心、厌烦之意走进教室。这些情况无疑会加剧教师参与教学改革的困难和阻力。

（二）学生"不买账"：精于算计的市场文化的浸染

现代教学理念认为，教师和学生是教学活动的共同主体，教学改革活动除了教师要有"想教"的动力外，学生"想学"也是教师开展教学改革的动力源。现实情况是，教师们煞费苦心经营的课堂教学探索与创新会遭遇到学生的"不买账"。一些受访者很无奈地吐槽：

> 教育部号召"让学生忙起来"，我的改革是让学生忙起来了，但我也听见私底下有学生抱怨说，拿我这个课程的学分比较"麻烦"，耽误时间太多，绩点不高，后悔选我的课。还在私底下将我这个课程列入"挂科课程黑名单"。你看，我煞费苦心经营的课堂，并不被学生接受，学生还是愿意上那种"教师在前面讲，学生可以带一只耳朵和一只眼睛上课，另外一只眼睛和耳朵以及双手在干别的事情，考试很容易通过"的课程。（10213 匿 006）

如果教师缺少由认真教学带来学生的认可和良好的反馈，缺乏由此带来的成就感，教学改革必然会发展成教师的"内在困境"。根据陈睿的调

---

① ［美］克雷格·兰伯特：《共享经济时代如何重新定义工作?》，孟波等译，广东人民出版社 2016 年版，第 70—90 页。

查显示，来自学生的一些不良行为是影响高校教师教学投入的阻碍性因素，相较于其他因素而言，此项因素对教师教学工作投入有显著影响。①

是什么原因导致学生"不买账"？根据北京大学刘云杉团队的研究，受"内卷化"社会的影响和精于算计的市场文化的浸染，今天的一些大学生的心态发生了变化。开展本科教学改革必然带来课程学业任务、课堂旧有秩序与以往课堂的不同，这会引发师生关系、教师与组织的关系失衡。

> 教师如果得不到学生对教学改革的正向反馈，教师的教学也就没那么有劲儿了。教学改革需要循序渐进，学生多年来养成学习习惯导致改革不能顺利推进，在教学过程中如何引导学生改变固有的学习思维就显得尤为关键，学生的观念改变了，支持我的教学改革探索，积极主动，我的动力显然多一些。（10006 匿 005）

根据刘云杉团队对一个绩点高达 3.89 的学生的成绩单仔细研究发现，学生"漂亮的成绩单"巧妙地回避了几乎所有具有挑战性的课程。在学生看来，"兴趣就是被承认，如果不被承认，就说明没有胜任力，自然也就没有兴趣"②。有趣的是，学生的这句话，对于教师投入教学、投入教学改革具有同样的解释力，教师花了巨大精力实施的教学改革如果不被承认，同样也就没有了兴趣。

（三）教学能力的制约和组织关怀的缺失："谁不愿意待在实践舒适带"

教学改革需要教师在教学过程中将枯燥的文本材料转化为适应当代大学生学习的材料，这无疑是一种"教学学术"活动。精心组织课程教学内容、灵活运用多种多样的教学方法、巧妙融入现代教学理念，是一项极具创造性的学术劳动，这对一些教师的专业知能提出挑战。当一线教师在教学中遇到的问题和困难超过自身解决能力的时候，会产生不愉快、苦恼、

---

① 陈睿：《教师本科教学工作投入及其影响因素研究——以湖北省属高校为例》，博士学位论文，华中师范大学，2020 年，第 101 页。
② 徐菁菁：《顶尖高校：绩点考核下的人生突围人的囚徒困境》，《三联生活周刊》2020 年第 37 期。

甚至消极等负面情绪，可能使得教师产生不安、紧张、焦虑、甚至愤怒的情绪，这才是教师真正的教学困境。

在这样的情况下，如果一线教师在学校的整个组织中，其教学能力提升的需求被忽略，或者学校行政支持教师教学研修的平台和力度不够，以及"温情管理"的缺失，都会使得教师缺乏专业赋能的途径与机会。当专业知能的不足遭遇组织关怀的缺失，追求卓越教学、探索教学改革似乎成了一种外在力量对教师身心的禁锢，教师更容易简单按照老套的方法进行授课。久而久之，教师教学会形成一种追求平稳、看重技艺、轻视合作、得过且过地"待在实践舒适带"的文化模式。

（四）结果的不确定性：有限精力下的成本风险

一方面，教学改革也是一项集体性事件，一名教师只从事自己承担的本专业有限课程的教学与改革，很难确定哪一位教师、哪一门课程对学生发展影响的大小，学生成长成才是教师集体共同努力的结果；另一方面，由于对教师的教学质量和效果难以精确、科学地做出评价，教学改革结果呈现不确定性的特征，教师会出现"自我保护的本能"和惰性。再一方面，教学改革结果还呈现滞后性特征，其产生的作用和影响不会在课程一结束后就及时显现，有的课程教学改革可能要在学生毕业就业后才会渐渐显露。老师们对此的说法浅显易懂：

> 在我看来，单是教学倒不是什么难事，但是你说要搞好教学，探索教学改革，不一定有什么好结果。这并不是"打两杆就有枣"的效果，就算你投入了巨大的精力，也可能有时候无功而返；另外呢，教学改革还存在一定的风险，我们的教学改革有时候即使很"用心"，但结果也许对老师们来说很"扎心"。（资料来源：与U大学工科一位从教12年的副教授L老师在学校教工食堂饭桌上的谈话）

访谈中，一些教师提到，自己积极响应教学改革，却发现改革效果差强人意，甚至不尽如人意，导致改革的积极性渐渐减弱，还可能退回到以前的教学方法。这种情况和教学改革所呼唤的富有挑战性的新理念相背离，从而形成教学之路困惑于行；由于研究型大学本身的组织特点，教师参与教学改革的精力受限，教师参与热情不高似乎在"情理之中"。一些受访者提到，在研究型大学，科研压力较大，许多教师虽然受聘岗位为"教学科研岗"，也需要完成大量的教学任务，在专业学科知识权威和教学管理人员的管理规制双重压力下，工作任务重，无暇参与到教学改革活动中。

第三节 教学改革的"思"与"悟"

一 迷思与困顿

（一）组织层面的"繁荣"与教师视野下的"落差"

调研发现，当前的高校教学改革在现实中至少在某种程度上存在"组织层面的教学改革繁荣与教师视野下的名不符实"。从学校层面来看，每年上报的教学改革成果越来越多，新闻报道中也可以看到各高校在教学改革的道路上"顺利前行"。但在一些一线教师的眼中，这些却只是"看上去"的繁荣。除了对教学改革"名"与"实"的思考与认识（后文讨论），一线教师似乎更清楚了解到这个群体在教学改革上投入了多少和愿意投入多少。正如马廷奇所言："就高校的作用而言，目前的主要问题是院系层面和教师参与教改的动力不足，这与学校层面大力倡导教改形成鲜明对比"[1]。对有些教师而言，教学改革是一种"迷思"与"困顿"：思想上在纠结于学术职业发展与育人良知的不可兼得，是为"迷思"；实践上困扰于教学改革的"名"与"实"，所期望的"义"与"利"，是为"困顿"。这种迷思与困顿让一些教师无所适从。

---

[1] 马廷奇：《大学本科教学改革：目标、困境与动力》，《北京科技大学学报（社会科学版）》2016年第4期。

因为研究型大学就特别关注老师的这个科研成果呀，文章的发表啊，相应的对研究生、博士生的培养上心点，对本科生的话，反倒是比较弱啊，虽然我们每天都在大张旗鼓地，在敲锣打鼓地说这个（教学改革），这种什么课程教学啊，教授上讲台呀什么的。但是我觉得给我的感觉吧，这个东西始终处在一个敲锣打鼓的（状态）。（100027L015）

根据对一线教师的调查发现，教师层面的教学改革实施与学校层面的教学改革大趋势存在差距。在很多教师看来，各校新闻报道中的欣欣向荣的教学改革不能完全反映现实，这些新闻报道中的教学改革追求"短平快"效应，且存在"新瓶装旧酒"现象。在有些教师看来，这些工作可见性高，也容易得到领导的关注和宣传推广的机会，但真正投入教学改革的一线教师，由于其工作时效太长和"可宣传性"稍差，很可能在现实中被架空为乏人问津的实体部分，但他们对教学改革的投入要大得多，这对他们的影响是消极的。有学者曾言："在欣欣向荣的假象背后，大学（教学改革）实际笼罩在一片悲观的迷雾当中"[①]。这种论断当然有些夸张，学校层面宣传对教学文化的营造发挥了一定的作用和影响，也可以看做是鼓励教师参与教改工作的一种举措。毕竟，形成一种关注和参与教学改革的氛围，宏观上将对教学改革和人才培养有重要的积极意义。但学校层面也应当切实沟通与了解教师的看法，对现实有更全面更理性的认识。

不仅仅是一些规章制度，因为这个东西教师不参与，他不懂啊，因为没有老师是奔着教学来我们这的，他们都是从事科研，而教学这一块儿，也需要年轻老师啊，新教师一来，我能不能给你一个小册子，就告诉你有哪些项目，不仅仅是有哪些项目，我这些项目怎么去支持你，比如说我们现在有课程思政项目，有精品课程项目，好像还有研究型教学，还有一个叫什么通识课程支持项目，还有全英文示范课的项目，教材上面的项目，还有说是那个青年骨干项目，就是很多

---

① 展立新：《想象的异邦——试析利奥塔〈歧论〉中"崇高的大学"理念》，《北京大学教育评论》2011年第10期。

人他想做教学改革的话，也不知道这些项目他应该做什么事，我难道只是上好课吗，上好课，谁来挖掘我，有没有人来帮助我，现在其实教学改革跟搞科研一样的，我依靠谁，我拿什么样的项目，我应该出什么样的成果，我的目标是什么，对吧，就是年轻老师啊，咱们是研究型大学，他们搞科研肯定能行，因为他一直搞，对吧，但是他们对于教学这块儿他就茫然了，没见过，没做过，也不知道依靠谁。（10008D035）

另一种现象也值得关注，一线教师开启对新旧教学理念的转变，意味着新的教学改革会对教师业已形成的教学思维定式和教学惯性展开挑战。在研究型大学的场域下，教师不愿改变既有的教学信念、教学投入，在教学上缺少改变原有教学习惯的勇气，不愿在课程教学中自主探究。受"躺平"文化影响的老师，难以产生"改变自我的勇气"，不愿面对因改变可能带来的"迷惘"和"失败"；受"内卷"氛围影响的教师，更倾向于提升科研绩效，少有精力改变教学理念和方式，局限于重复的、技术性的和习惯性的思维和行为方式。"体现出教学改革的难为与无力和现实上的萧条景象。"

（二）教学改革目标的"虚性"和教学改革过程的"实性"

教学改革涉及"为谁改变""为什么改变""改变什么""谁来改变""如何改变"等几个基本问题。这些问题涉及教学改革的目的、要求、主体、内容、过程、目标、效果和评价等诸多方面。教学目标关系到究竟要培养出什么样的人的问题，关系到学生通过大学四年究竟会收获什么的问题，是讨论教师投入教学改革的基本条件。教学改革是为了更好达成教学目标，没有清晰的、达成共识的教学目标就不能期望理想的、明确的教学效果。但一线教师反馈，目前的教学改革逻辑往往是自上而下的行政推动，较少来自一线教师所经历的教学过程，教学的目标和改革的目标有虚化现象。

首先，尽管各种教学改革都会制定目标，但其设定存在模糊现象。表述是一种相对模糊的定性描述，往往目标显得宽泛、宏大和不易操作，教师在实施的过程中缺乏明确的指导。其次，从教学改革目标达成的路径来看，教学改革促人才培养质量发生变化的过程具有复杂性，是否达到了目标很难测定。

组织层面需要教师通过教学改革更好地达成教学目标，而具体到课程教学中，将涉及本课程通过什么样的教学内容、教学方法、教学手段去支撑。这是教学改革实践中需要教师认真思考、讨论和琢磨的事情，需要教师去落到实处。

> 学校对教学改革的方向做了整体规划，但将教学质量达到社会需求的责任留给了二级学院和系所等基层层面，院系层面又缺乏系统的组织，没人召集大家一起坐下来，大家一起来研讨一下，对于学生在知识、能力以及思维创新、实践能力等各方面缺乏清晰的表述，也就是究竟应该达到什么样的目标的问题。我看现在工程认证就很好，起码起到了督促作用。你这个学科要达到什么样的目标，通过哪些课程来支撑、实现这些目标，通过哪些环节来落实这些目标，这是要作矩阵分析的。(2018年10月新工科建设研讨会议中，与教学改革专家Y教授交流)

组织层面的教学目标往往统一而宽泛，教师缺乏对"怎样培养人"和"培养什么样的人"等涉及教育教学目标的清晰认识和研讨，教师在操作过程中容易使"应然"的"教学目标"变成"美好的愿望"，"务虚"的基础教学工作难以做实，"务实"的教学改革也容易走向"虚化"，这就是目标的虚性与教学实践之间的脱节。

> 教学目标的设计、规划和确定，那个是学校教务处和学院课程负责人的事，那些对我们来说都是虚无缥缈的东西，看不见、摸不着，太"务虚"，我们（一线教师）一接到这门课程，新学期一开学就直奔课堂教学了，再说我们对这门课已经非常熟悉，对里面的教学内容了如指掌，课堂教学，我们就直接进入"务实"的环节就好了。(10423L012)

另外，如前文曾提到的情况，一些教师虽然在思想上支持教学改革新理念，但由于理论和实际操作层面有较大的差距，教学效果不确定，难以精确地对教师的教学质量进行科学的评价。在教学过程中，如果教学目标不统一、不清晰，教师比较容易在教学改革实践中忽视一些基础性、规范性问题，在快速发展的价值多元化时代，教师容易迷失投身教学改革的初心和方向感。

（三）"教学漂移"还是"科研漂移"的纠结

伯顿·克拉克（Burton R. Clark）指出："在现代高等教育中，最基本的问题是理清教学与科研的关系。没有什么比这个问题更能引起学术界内外的误解和诟病"①。另外，约翰·泰格（John Tagg）在其著作中考察了教学与科研的关系或者说科研质量与教学质量的关系，其结论是，两者的相关性几乎为零……通常认为的研究和教学之间的相互作用只是一个历久的迷思（enduring myth）……促成卓越教学的因素和促成卓远研究的因素显然是无关的，研究和教学充其量是非常松散的相关（very loosing coupled）。② 这些结论合乎本研究观察到的现象：投身教学或教学改革与投身科研的弱相关性和利益失衡使教师们纠结于伯顿·克拉克所说的"科研漂移"还是"教学漂移"的二元选择，尤其是本研究提到的研究型大学，教学与科研这对矛盾更为突出，教学与科研孰轻孰重成为一线教师的"困顿"。

> 现在我其实有的时候也不是特别敢申请（教学改革），因为投入很多精力，确实在评职称也好啊，或者在每年的聘岗啊什么的，不太被承认，你说你做一个科研项目，他得到的经费也高，然后认可度也高，其实收益也高，这点上我觉得是问题。（10008X009）

---

① B. R. Clark, "The modern integration of research activities with teaching and learning", *The Journal of Higher Education*, Vol. 68, No. 3, May 1997, pp. 241-255.

② John Tagg, *The Instruction Myth: Why Higher Education Is Hard to Change and How to Change It*, Beaverton: Rutgers University Press, 2019, p. 28.

从教师们口中可以听到这样的情况,研究型大学总体上重视科研多过教学。在晋升职称时,科研经费和发表科研论文所占的分量远远比教学要重得多;在考核教师时,科研的考核其数量及质量一目了然,并与教师的薪酬直接相关。而对教学的考量主要看完成的课时数,对教师的教学质量并没有严格的考核方法。绝大多数从事本科教学的教师也承担科研工作,他们在"算一笔账",在强大的学术氛围和利益驱动下,教师不知所措,对于积极投身教学改革的意愿处于纠结与模糊中,教师的教学行为在"断裂处"穿行。

二 疏离与规训

福柯(Michel Foucault)认为,现代学校是一个典型的规训机构,它以知识和权力为中介,通过规训技术实现学校对教师和学生的影响。[①] 在《规训与惩罚》中,福柯考察了学校教育中的规训和惩罚技术,包括规训人员对学校场域的时间、空间、结构和机制的精心设计和规划,确保规训权力的实施及对师生的引导和惩戒作用。[②] 尽管福柯的分析并没有专门针对大学,一些观点不一定适用于本研究,但他从知识和规训角度呈现出学校对个体发展的影响,富有很强的冲击力。从本研究开展的调查来看,这些观点在研究型大学教师对教学改革行为的思考与体悟中有所体现。

(一)"我需要先保饭碗"

如果研究型大学的制度设计和学术环境倾向于科学研究而不是教学工作,这种来自学校层面出于急切想跻身大学排名前列的现实考量多少会被一线教师所感知,即便是刚入职不久的新教师也会很快发现其中的"门道":在教师的职务晋升和学术地位的确立中,科研的分量举足轻重,教学被无形"矮化"。教师们很现实地提到:如果选择把主要精力放在科研

[①] [法]福柯:《规训与惩罚》,刘北成、杨远婴译,生活·读书·新知三联书店 2012 年版,第 159—199 页。

[②] [法]福柯:《规训与惩罚》,刘北成、杨远婴译,生活·读书·新知三联书店 2012 年版,第 199—225 页。

工作上，就可以多发论文，论文多了就有更多机会成功申请到各种基金和科研项目，有了科研项目又可以做更多科研、发更多论文，这样不仅可以尽快解决职称问题，还可以提高年终收入，形成一种"良性循环"。教师仅从自身利益来看，投入到科研工作被称作是"良性循环"，而把主要精力投入到教学工作视为一种"得不偿失"。U 大学的 W 老师就谈到：

> 投入到科研工作就是一个"良性循环"，投入到教学工作上则"得不偿失"，其实这是大学教师都明白的道理，只是大多数人是"看破不说破"罢了，或许，我在上大学时，有不少"水课"就是这么来的……我不知道他们原来是否爱教学，但现在他们已经移情别恋了……（教学改革）说起来容易，做起来难，我得先保饭碗啊！对了，其实还有一些教师，也许本身不太愿意做科研，毕竟不是每个人都适合做科研，但是现实逼着你必须要做，未来还有几十年要在这继续，不做不行。

这种原本不适合做科学研究的教师出于考核需要，不得不转向科学研究工作的情况，更值得引起研究型大学有关部门关注。

时子鸣提到了当前大学教师的矛盾心态：

> 俗话说，教学与科研是不相冲突的，可俗话又说，一心不可二用。因此，对于一名刚入职的大学老师来说，平衡繁重的教学任务与科研之间的关系，既是技术活，也是良心活。上课时，是货真价实，还是放水应付？学生问问题，是耐心解答，还是回避推诿？批改作业和试卷，是仔细阅读，还是"草菅人命"？新课很多，是先下功夫备好了课，还是备个五分熟，赶紧去忙科研成果？这些都考验着大学老师的良心，在我工作四年后，我毫不犹豫地选择了后者。①

在研究型大学中科研业绩是最具显示度的指标，这对建设一流大学具

---

① 时子鸣（学术那些事）：《一名大学老师的自白：从教十一年，我为什么离学生越来越远了？》微信公众号，学术志，2021 年 11 月 30 日。

第三章 研究型大学教学改革的情境分析

有重要意义，尤其是管理部门，也深谙这个道理。这与笔者曾经参加某次教学管理干部培训会暨本科教学研讨会听到一些教务处领导提到的情况相互印证：

> 在类似 N 大学里，提教学比科研更重要其实是不现实的。N 大学是一所研究型大学，首要任务就是科研的产出，并在其中支持和鼓励创新，所以老师一定要搞科研，这个情况我是能理解的。（来自笔者在参加某市教学管理干部培训会暨本科教学研讨会茶歇期间与某研究型大学教务处处长的谈话）

组织的态度与行动选择直接影响了教师的行为，评不上职称即面临"非升即走"，因为没达到聘任条件而被迫流动，会被贴上"无能"的标签，这样的制度规训恰恰是高校教师这样的具有高自尊的知识型员工"绝对无法接受"的，这使得他们不敢轻易冒险，不得不接受隐形规训制度下的"晋升之道"。[①]教师在访谈中提到的"看破不说破"，意味着有一线教师与"认真教学"有"貌合神离"、"口是心非"的情况。更有教师公开吐露自己的心扉：

> 来了几年以后，感觉没多少时间就要面临聘期考核了，忽然好害怕，前些天有个哥们儿悄悄告诉我，别紧张，只要你科研出色，至于教学上的缺陷和短板，是可以掩盖的，是可以通融的。（资料来源：与 U 大学工科学院青年教师 Y 老师交谈）

如果选择把主要精力放在教学工作上，将会提高本科教学质量，为培养高素质人才做出贡献，但这些在教师职称评定中不是决定性因素。在一次焦点小组访谈会上，一位青年教师提到的情况引起大多数人的共鸣：

[①] 任可欣、余秀兰、王世岳：《"先生存后发展"：N 大学文科青年教师行动逻辑分析》，《高教探索》2020 年第 7 期。

> 大家就要比较，一看跟我同期来大学工作的，张三买上房子了，李四买上车子了，为什么？人家埋头发 C 刊，然后拿重大项目，（各种奖励）都有了，我就天天在教学上面，弄到最后我连职称还评不上，对吧？（JD.3.004）

（二）"到处都是无趣的人"

玛吉·伯格（Maggie Berg）和芭芭拉·西伯（Barbara K. Seeber）在《慢教授》（The Slow Professor）一书中提到："我们花时间去申请做研究的项目资金，却没有时间真正做研究；我们花时间做汇报，论证某课程教学的效果符合指导意见的要求，却没有时间思考这门课应该怎么教；我们花时间在各种委员会内听取报告，有多少课程结果达到满意标准，却没有时间和同事交流，交换（教学）意见[①]。"在本研究的焦点小组访谈中，一线教师提到：教师编制短缺，但上级部门及学校对教师的考核却日渐增多，让一线教师有一种"遭遇、围攻"之感。比如，目前仍有许多研究型大学实行"非升即走"的制度会无形中施予教师巨大的刚性压力；回到教学上，一些研究型大学实行"班导师制"等，在实际执行中要求一线教师参与到学生日常管理。同时，管理部门在实施各种考核检查时，为了管理的便利，对考核泛化为显性的、物化的成果，没有设身处地站在教师的角度考虑问题。正如有教师谈到：

> 另外一个打消老师积极性的地方在于，要求老师要有代表性的改革成果。我觉得，好多老师是难以产生有代表性的教学改革成果，无论是研究型大学还是教学型大学，非要要求老师要出一个什么成果啊，你想想，谁愿意做被套上枷锁的奴役。（资料来源：B 大学某工科学院 J 教授）

> 我感觉，我们现在许多大学的教务处经常做各种检查，主要是侧

[①] ［加］玛吉·伯格、芭芭拉·西伯：《慢教授》，田雷译，广西师范大学出版社 2021 年版，第 3 页。

重从物化方面检查，最近，自开学以来短短的几周时间，我们已经接到许多检查通知，使得我们中的多数教师一直疲于应付各种检查，我们必须更加谨小慎微、循规蹈矩了，根本没有心思去思考怎么样拿出一个合理的计划来实施教学改革了。我理解，真正的大学老师，是无需频繁考评，也会不可遏止地要去读书、写作和上课的人。每年的考核，三年一个聘期考核的制度就不说了，日常的各种所谓"过程检查"，是不相信你会做这样的老师，那当然，也会把人逼成眼里只盯着工分，今天的大学，到处都是无趣的人。（资料来源：B 大学某理科学院 W 副教授）

置身于今天的大学，教师们能感受到，"审计文化"以及与之相关的"管理主义"制造了一些苛求，教师不得不将生活压缩进一系列的表格，到处都是制造表格的人。身处其中的一些高校教师，有一种感觉或者错觉，即对教学工作的疏离不仅是个人行为，而且得到组织的默许；他们认为，相对于教学，学校和院系更倾向于鼓励教师从事科研，对"轻视教学"的行为"睁一只眼闭一只眼"。在老师们看来，一些大学对教学现象似乎有一种隐蔽、巧妙的规训意味。产生这种认识可能源于，高校出于增强其科研实力、缩小与世界大学的差距而对科研工作高度重视，大学教学管理机制的保守性，以及教学工作的个性化带来的评价困难等。

教学改革的开展与投入，不仅需要教师调整心态，更需要良好的教学管理来配套和保障。科学的、富有人情味的教学管理是一线教师更加乐于投入教学活动的基础。事实上，唤起教师对教学工作本身的热爱和教学改革价值的追寻是提高教学质量的根本之策。作为人性化的教学管理，不应使用各种"检查"、"条框"、"考核"去规制教师的教学活动，而应当着力想办法去呵护和挖掘教师对教学活动的热爱和价值追寻。

（三）不愿做"不被信任的工具人"

玛吉·伯格（Maggie Berg）等人认为，"大学公司文化所导致的工具主义观，不仅使我们把时间当做工具，而且我们彼此间也互为工具"。①"不管出于何种原因"，本研究中有受访者提到，"学校以教师评价或职称评聘、年终考核等政策性文本为固定偏好"，细化学校"双一流"等建设目标，并传递给一线教师和管理者，建立教师绩效与"双一流"目标之间的直接关系。目前，一些大学的教学管理制度日趋严格，管理者与被管理者的壁垒依然存在。管理者下达各种项目和任务，要求教师填写或撰写各种表格和总结，综合管理一线教师。一线教师疲于应付任务和考核指标，成为"知识工厂"里"标准化生产线"上的"计件工作者"，这些因素都会侵蚀教师个人对教学的热情，削弱教师教学改革与教学创新的动力。某研究型大学不愿透露真实身份的受访者提到下面的情况：

> 我感觉有些政策的制定者怀疑我们，不相信我们。就像我们在教学的过程中，我们能怀疑学生吗？我们一定是信任学生的。所以说，你如果首先是怀疑，是持一种不信任的态度，那老师的动力肯定大打折扣。
>
> ……现在很多制度啊，比如教学管理制度、财务制度等，也是一个桎梏。就比如说我们的这个学科里面，有老师不想做这个教学改革，但是学院从顶层设计上来讲，说你做吧，你做吧，学院给你拨一部分钱，你来做这个项目，但条条框框太多，钱也不好花，那老师也不想做。（资料来源：H大学一位不愿透露信息的老师）

研究型大学教师或彷徨，或纠结，M老师告诉笔者：

> 一般来说，外界的管理压力似乎很难让人主动地进行教学改革，学校、学院应该意识到教学的自主性需要得到尊重，应该是去倡导一些东西，而不是强制性的要求教师们去运用什么手段、优先选择什么教学方法（10053M006）。

---

① [加] 玛吉·伯格、芭芭拉·西伯：《慢教授》，田雷译，广西师范大学出版社2021年版，第139页。

可见，一些一线教师会为此产生压力与焦虑，甚至还有教师对教学改革价值本身产生"困惑"并伴有不同程度的教学疏离，一定程度上消解了教师对教学改革的认同度。

近年来，随着中国大学科研实力的增强，高校以人为本教学管理机制的探索，以及大学教学改革的逐步深入，这种现象有了很大的改观：对教学工作的重视越来越"落地"，教学改革的指向也越来越接近教学的价值根本。

三 成长与觉醒

尽管有上述种种对教学改革褒贬不一的认识，本研究也发现，有大量一线教师感受到通过对教学改革的探索与实践促进了教师专业知能的提升，唤醒了教师的人才培养责任感。

（一）教师在教学改革中实现自我成长

从以上的考察中可以看到，在具体的教学改革实施中，教师会面临一些价值冲突，例如，教学活动应该以自身利益为重，还是以学生利益为重？又如，教学改革是要对教学理念和教学目标的尊崇，还是对学生个人意愿的尊崇？积极投入教学改革与消极敷衍教学，从而为自己争取更多的时间做科研或自己私人事情，哪个更可取？

本研究一以贯之的宗旨是如实映照和深描研究型大学教学改革的"样"与"态"。在走进深度参与教学改革的教师群体，笔者发现，尽管一线教师可能出于多种功利性动力因素参与教学改革，但他们也坦言：通过对教学改革的探索与实践，唤醒了他们作为教师的自我意识，同时也体验到由认真教学带来的个人成长、成就感与幸福感。

> 斜对门老杨的办公室里挤满了前来告别的学生，长的着急的老杨怀抱着一堆鲜花，红光满面地挤在学生群里，高兴得合不拢嘴。老杨，这个40多岁还是老讲师的 loser，此刻一下子变成了骄傲的王者。而我的教授工作室却冷冷清清，除了出门会遇到几名毕业生礼节性的微笑和问候外，没有任何告别的感觉。近几年在学术上一直顺风顺水

的我，在学生敬而远之的那一瞬间，突然感觉到了一阵失落。

把课教好，对得起学生，这曾是我当大学老师的初心。从教十一年后，这份初心却变成了，把课教完，别耽误了学生。可我已经回不去了。倒是连续报了多年科研课题都没中的老杨意外活成了我想象中的大学老师的样子……如果时光倒流，我愿不愿意活成老杨的样子？现在，他每年到手的工资只有我的一半，但学生毕业的那几天，他比我快乐。①

一些教师也发现，通过教学改革可以提升自己的能力，教学改革与创新可以给自己的工作"锦上添花"。通常，这些老师从教学改革中受益良多，他们遵循了从教学中自我成长的逻辑，实现一种"正向循环"。M教师用详细的文字回复了笔者的访谈：

作为一名普通的大学教师，看多了各种似乎与我无关的改革名目，那些流行的词汇、动人的理念似乎都不能打动我，我最关注的还是自己任教的课程，会去思考课程的目标到底是什么？课程内容需要做哪些调整？教学上怎么能让学生更多地参与进来？教学目标这一块怎么落到平时的每一章的学习之中。这是我最关心的问题。本身备课、教学是一个探索与研究的过程，因此，只要教师认真翻阅国内外相关教材，关注这个领域的发展，对于课程内容的处理还相对好说，难在对目标的定位和教学方式、教学评价的改革，对这个的探索过程，也是一个有利于教师成长进步的过程。（10053M005）

Y教师非常热爱教学工作，这也许与她提到的下面的情况有关：

我现在的一个状态是，我觉得上课中的不断探索与创新可以锻炼我的口才、思维和逻辑能力，然后也可以让我感受到这个跟学生之间的距离在拉近，我可以更多地去了解青年学生的一些思维啊，然后就

---

① 时子鸣（学术那些事），《一名大学老师的自白：从教十一年，我为什么离学生越来越远了？》微信公众号，学术志，2021年11月30日。

是跟他们有更多的碰撞和火花，我觉得对我来讲就是一个教学相长的一个过程啊，因为学生也可以给你带来很多。(10008Y018)

事实上，在教学改革中，每一位教师不仅是教学改革的实施者，更是具体教学改革的"总设计师"。通过教学改革，教师不断提高自我认识，积极规划、设计、执行、调整、检查，并及时进行反馈与评价，及时总结自己在教学工作中的经验教训。这个过程可以不断提高教师的教学能力，甚至科学研究水平，从而促进教师不断成长。下面两位教师从另一个角度提到教学改革对其成长的影响：

我是从 2002 年进入 U 大学的，我个人很喜欢在教学上做一些新的探索和尝试，在每一次的教学改革的项目的申请上都会积极地去参与申报，并且实际上在我的教学生涯中积极去开展教学改革，在我申报并完成的三项教学改革课题过程当中，我的一个感触就是进行教学改革、进行教学研究，可以非常直接地促进我的实际教学工作。(10008J002)

我觉得就是在这个过程当中，从一个不太了解的状态到慢慢变得比较了解，然后不断地去参与，这个过程中自身各个方面能力都会得到一个不断地提升。通过教学改革探索帮助学生成长就是完成我们自身的成长。(10008L4-004)

访谈问及那些参与教学改革的教师，都不同程度提到，教书育人是教师的根本任务，参加本科教学改革能够体现出教师工作的责任心、使命感、成就感，自己也希望能够提升教学效果，毕竟站到讲台上，面对台下"如星辰般闪烁"的眼睛，教师内心并不愿意"糊弄"课堂。M 老师就是这样一位老师，他在先进教育理念指导下进行了教学改革，通过线上线下结合的方式改变了传统的教学方式。在他的教学手记上，有这样的记录：

课堂上采用的参与式、自主与交互式学习：我看到了，大学生们既是学习者，也是教授者，既是知识的受众，又是知识的传播者与创造者；……我的体会是：在我们这样的大学，投入教学改革，更有利于实现教学相长；我仔细琢磨自身的教学，能够体现出对学生的尊重和关爱，并提升学生选课的积极性，提升学生的素质和能力，增加学生的就业竞争能力；真正意义上的用心教学，可以将我的个人兴趣与生涯发展相结合，使我的价值得以体现，从而实现我和学生的双向"获得感"。（资料来源：U大学M教师的教学手记节选）

（二）大学教学改革需要强化"学生意识"

近年来，"B站"、"喜马拉雅"等网站以及"百家讲坛"等平台受到大学生、甚至社会大众的欢迎，罗翔、康震、蒙曼、王立群、易中天、于丹等大学教师通过媒体，向社会供给过滤过、符合大众口味的知识，一度在社会上引起"知识崇拜热"、"精英学术知识转化为大众民间知识可能性"的议题。这给作为知识思想传递主要阵地的大学和作为知识教学的关键群体——大学教师带来了挑战和反思，也给教师教学带来了压力和动力。

"知识经济"时代的来临，网络平台的一些教学大受追捧的现象给研究型大学教师带来了触动，如何提高大学课堂教学中知识的有效供给问题发人深省，访谈中，一些教师提到，"知识供给话语方式多样性"给老师们"下了一剂猛药"：

> 我也注意到那个罗振宇的跨年演讲里，提到的"热带雨林脑洞"、"动车组脑洞"、"比特化脑洞"等概念，对大学教师来说，算不上晦涩的理论和高深的知识……他们讲解的那些知识其实好多不乏常识，甚至有一些知识的表达是有误的，却受到大家的追捧，其中必有可取之处……值得关注的是，他们的用户主体恰恰是从高校走出的大学毕业生，这是值得大学课堂深思的。他们这种"知识供给话语方式的多样性"给我们"下了一剂猛药"，我们这些大学老师，如果还是一味埋头做一些与社会互动不多的研究，不回应学生的关切和需求，只会让大学教育逐渐贬值甚至走向边缘。（10248Z016）

在信息时代里，最不缺的就是知识信息，而最缺的恰恰是具有针对性的有效传授。"凡是能百度到的，一定不是教学的价值所在"，知识分享平台，能在知识无限供给时代，通过精准供给有效知识或能力获取到生存与发展，很重要一点就是"无时不在的用户意识"。比如深受大众喜爱的罗振宇，深受法考学生喜爱的罗翔，他们的话语方式和分享内容，就很有针对性，解决的是在竞争加速时代人们的"知识焦虑和本领恐慌"。

市场的真谛是谁能解决问题、满足内在需求，谁就会更具竞争力。信息和通信技术的进步促进了横向知识共享、加剧推动了知识获取途径的便利，对于大学而言，学生对从教师那里"get"到知识技能的需求层次也在发生变化。教学工作也要有"用户意识""学生意识"，课堂上不能只传授知识，还要设计知识转化为能力的路径，知道哪些知识学生通过互联网自学容易获取，课堂上要提供给学生需要付出很大成本才能得到的知识，体现高校课堂的"唯一性"和"不可或缺性"。否则，就会出现"教授不如讲得好的网红"，未来的教育，如果教师依然是按部就班地开展工作，就会被时代所淘汰。

（三）教学改革中教师专业知能提升的觉醒

在与一些受访者交流时，老师们会提到大学教学中的一个词："会讲故事"。起初，我认为是个贬义词，但通过对一些教师的课堂教学进行参与式观察发现，教师们开始觉醒于当前的工具理性，一些教师正在努力告诫自己不要做精于教学程序翻新的"匠人"，警醒自己不要被翻转课堂、云课堂等新技术教学手段武装自己。一位理工科研究型大学的高校教师在接受访谈时很认真地向笔者提到：

> 显而易见，罗振宇是个会讲故事的人，我看他也并没有用一些很花哨的技术，当然他讲演时的背景设置的不错（笑），大学教师们在叹服的同时，也要思考类似于这样的，他们是用什么样的方式牢牢抓住了听众注意力的（10007W 补 016）。

M 老师更是将课堂教学称之为"演戏"，但她强调，这里的"演戏"

并不是贬义,而是提倡教师要向学生开展丰富多样的教学形式,要向"导演"一样调动学生学习的积极性、挖掘学生学习的潜能。她提到:

> 对于高校教师来讲,我们一届一届面对的大学生,毕竟都是千挑万选选出来的,你像在我们学校,那一个个学生,能力强着呢,他们进你这个课堂,心气儿高着呢,如果从你这里拿不到"干货",吃不到"硬菜",学生会怎么想?那怎么办?要对胃口啊,学生不是喜欢看戏吗?当然,现在来说,你不是演员了,你要做课程学习的导演,发挥学生当演员的学习能动性,共同演好戏。我这里可不是贬义啊!(10053M011)

从这些老师们的解读中可以体会到,"会讲故事"是教师教学的一种叙事能力,需要高校老师用心去做。现在大学课堂里"手机族""睡觉族""低头族"俯拾皆是的情况,和许多大学生愿意去网络"花钱听课",愿意为"网红"们的讲授买单得现象,对大学教师站好讲台、通过知识集成提供干货的挑战性越来越大。一位在研究型大学讲坛从教20年、深受学生喜爱的某教授在其微信朋友圈感言:

> 前几天看到一则新规,课堂教学限用PPT(可惜忘了保存),我击节叫好!……前几年,我常给高校教师做讲座……PPT教学舍本逐末!本是一个简单的教辅手段,却成了一些教师的依赖,甚至偷懒的手段。……有学生告诉我:某某教师的PPT放出来,底下的日期还是去年的。某校也曾发生过临时停电,放不了PPT,教师就讲不出来的糗事。PPT,被学生戏称为"骗骗TA""泡泡糖"(无实质内容)。还有一些教师没偷懒,但他们把主要精力投放到制作PPT,什么声光电化的最新科技手段都用到PPT上。把个PPT生生搞成美国大片!学生两只眼睛,都不知道该往哪里放?把PPT设计的那么花哨,符合心理学注意力分配的原理吗?老子曰:五色令人目盲,五音令人耳聋。花样过多、内容纷繁的PPT的教学辅助效果只会适得其反。……我们扪心自问:我们听过那么多课和讲座,真正能让我们过目不忘的是PPT

吗？反正，这么多年，我没记住一张 PPT，我只能记住那些真正会讲故事的教师。

前年，我去某大法学院旁听陈 XX 教授的课。……他老人家每次课都不用 PPT，上课铃一打，他就开始板书，把这次课的提要写满几块大黑板。板书写好，就开始滔滔不绝地讲，一个个案例背后的那些法律原理脱口而出。真才实学都装在他略显浑圆的肚子里。他的段子，还有口头禅，我至今不忘。

去年，我还读了本雅明（法兰克福学派原创性思想家）的一篇经典文献，是评论俄罗斯小说家列斯科夫的，篇名就叫《讲故事的人》。……在这个信息化时代，报刊的王座又让渡给网络，智慧让位给智能，智者让位给网红，黑板让位给 PPT。本雅明在文末讲：讲故事的人加入了教师与智者的行列。所以，教师不是念 PPT 的人，他应该成为会讲故事的人。（资料来源：某师范类研究型大学 L 教授微信朋友圈的感言，引用已征得本人同意）

教师对教学的觉醒，从某种意义上来讲，是一些矛盾冲突（Contradictional Conflict）的结果，主要包括教师认识到当前教学的不满意、不适应、无效率等，前者指的是教师认识到旧的教学行为和理念使教学对外部环境变化的适应力低下，后者指的是大学现有的教学绩效水平（主要是人才培养目标的实现）与社会需求、市场竞争等之间存在差距。另外，还存在着制度冲突，包括教师与大学组织里的相关制度安排存在冲突……这些矛盾冲突对教师引入和实施教学改革行为有很大影响。

本章讨论与小结

本章主要回应了本研究提到的第一个问题：研究型大学一线教师对当前教学改革的整体认知和现状如何？

要了解教师们的行为，就要努力的进入研究对象的经验和环境世界，去了解他们如何看待、理解和解释他们的行为，并设法将研究对象潜在的，或者暗含的意蕴转化为可见的特质。本章从一线教师的视角讨论了本研究主题所关联的情境（人们在行动之前所面对的情况或场景）。任何具有意义的符号，只能在一定的情况下准确地表达其意义；同理，只有把符号放在一定的语境中去理解符号，才能真正理解它的意义。比如，教师投入教学改革，教师对教学改革的理解，在不同的背景下意义会有所不同，甚至完全相反。因此本章从个体所处的环境考察个体的行为和心理，换句话说，解释情境对于理解教师的行为十分重要。

本章的考察中，一线教师现身说法。从一线教师的视角来看，教师对研究型大学教学改革的认知，有褒义的，也有贬义的；教师对研究型大学教学改革的态度，有正向的，也有负面的；教师对研究型大学教学改革的行动，有积极的、也有消极的。本着如实呈现的原则，本章描述了研究型大学教师教学改革所处的情境、真实样态、教师对教学改革的认知与体悟；并尽力将参与式观察和访谈、座谈等所得的资料加以呈现、提炼和解读。

第四章　动力因素分析：一种二元矛盾分类

　　有学者指出，过去的大量研究"要么把学人假定为一种理想人格的存在，要么倾向于将教师视为制度结构的受动者或屈从者，往往难以顾及在真实情境中人的行动与文化、制度之间频繁互动所表现出来的多重复杂面相"[①]。在上一章内容中，笔者在描述研究型大学教师生存的内外部真实情境的基础上，考察了研究型大学一线教师对当前教学改革的整体认知图景。本研究的研究对象是研究型大学的一线教师群体，同时也被定义为教学行动者，他们在参与教学改革的背后，究竟存在着什么样的行为取向？笔者着实难以对大量数据分析结果构成的多样化教学改革动力来源进行截然不同、界限分明的分类。根据伯顿·克拉克（Burton R. Clark）对大学教师职业生涯发展首要任务的"二元选项"研究[②]，尼格尔·塔布斯（Nigel Tubbs）对教师身份的"矛盾经历"研究[③]，并受结构语言学与结构人类学的启发，本章暂且将多种教学改革动力来源化约为四种二元矛盾类型，试图回答本研究提出的第二个问题：究竟有哪些动力因素促使研究型大学一线教师参与教学改革？

---

　　① 阎光才：《大学教师行为背后的制度与文化归因——立足于偏好的研究视角》，《高等教育研究》2022年第1期。
　　② Burton R. Clark, *The academic life: Small worlds, different worlds*, Princeton, New Jersey: Carnegie Foundation for the Advancement of Teaching, 1987, pp. 69-105.
　　③ N. Tubbs, *Philosophy of the Teacher*, Oxford & Carlton: Blackwell Publishing, 2005, pp. 1-25.

第一节 "自我"与"他人"：主体主导因素

一 自我：本体性主体因素

本研究将来自教师自我（与组织、他人等无关）的动力因素称之为"本体性主体（Noumenon）因素"。根据本研究对数据编码的情况来看，主要包括教师从事教学改革的资质素养情况、教师对自己的标准要求情况、教师的个人喜好情况、教师自身的成长发展情况等方面。

（一）拥有良好的专业知能

教学改革活动需要教师有较强的执行力，这种执行力受制于每一位从事教学的教师的专业素养和教学能力水平，其包含了教师的智力水平、认知能力、人格与个性等先天禀赋。这对其教学的投入程度、是否愿意积极主动探索教学改革有重要的影响。在教学改革实践中，这种专业知能具体表现为：教师作为教学思考者，他们领悟新的教学理念、掌握新的教学手段和方法的能力；教师作为教学行动者，他们运用教育科学知识、专业知识的业务素质；教师作为教学探索者，他们结合各种教学情境灵活考虑教给学生什么、如何教给学生等的实践智慧。这些都是教师实施教学改革所需要的综合素质，是教师开展教学改革获得成功的保障，在某些学者看来，这是一种"禀赋效应"。从另一个角度来说，本研究中，一线教师身处研究型大学，他们面对的是能够进入研究型大学学习的优质生源，学生的能力素养普遍较高，这对教师的专业知能也提出了更高的要求。比如，有一线教师坦言：

> 我之前读研究生的专业背景，使我有意识地去思考怎么样上课能吸引学生，怎么上得活起来。可以说，我教学改革的动力来源于我先前学习的有关教育学的专业理论。上研究生那会儿，我也接触到许多教育学理论和一些教学改革前沿的东西。我现在在做研究型教学改

革，让学生研究性学习，强调教学时的"渗透"，考虑哪些点可以由学生自己去探究。……面对研究型大学的这样一群高素质学生，在自己的教学中只有不断提升自己的教学能力，有意识去理解和运用先进的、多样化的教学方法，认真组织课堂教学，才能符合我们面对的这群生源质量高的学生的"胃口"。（10008J005、009）

所谓"名师"或"明师"，以及"优秀教师"或"卓越教师"，他们与普通教师、平庸教师的区别，最根本的因素在于有没有较高的专业知能，这些能力在老师们研究学生特点、选择教学方法、解读教材内容、设计教学环节等多方面所发挥的作用尤为突出。能力强的教师能够灵活多变、动态生成教学过程。这种能力更加有利于教师朝着促进学生发展的方向开展教学，因此，教师专业化能力提升的过程也是提升教师教学改革动力的过程，是"自我"因素中最重要的部分。如果教师自感专业知能不足，设计的课程难以满足学生的兴趣和需要，无法"超文本"地组织教学内容，必定会阻抑教师教学改革的动力。如果教师专业知能不足，即便看似在进行教学改革，那也只是一种"换汤不换药"的形式上的教学变动。

（二）具有较高的教学校标

通过对那些主动参与教学改革的一线教师的参与式观察发现，在投身教学改革的一线教师中，绝大部分教师对教学有较高的校标，在他们眼中的好的教学标准往往高于普通教师。他们会主动适应，寻求改变，自觉对教学进行改革；他们在充满创造与挑战的教学实践中，追求"锦上添花"的教学。他们以不断提升教学质量、不断追求良好的教学效果为目标，持续实施教学改革，追求卓越教学；他们将这种状态视为教学的一种"境界"。当教师把不断探索教学改革以求自己的教学更加完善，把追求理想境界的教学作为目标，这就是一种动力。这是教师参与教学改革的诸多动力因素中影响力最持久、力度最大的动力因素之一。W老师和M老师的体会如下：

在力所能及的范围内去摸索新的教学，这种东西其实是永无止境的，对，除非我不做教学工作了。学生的思想在变，十年前的学生二十年前的学生是完全不一样的。学生在变,如果我们不变的话,他们就不用听我们讲课了,就是那么简单,他要不听,那还要大学教师做什么?研究型大学索性改成研究所得了,没什么意义对吧。也不是学生想听什么我就讲什么,但是我至少要打动他,让他跟着课堂走,这样的教学才有意义吧。(10008W-031)

实际上,多年来我总在不断地调整我的教学内容,尝试新的教学方法。推动我进行教学改革的更多是基于我对教学的理解和反思,我不想自己的课堂是枯燥乏味的。比如你今天对我的这一次对我的访谈也促使我再次去思考我的教学内容、教学方法等方面还有没有进步的空间。我是不会放过任何提升教学的机会的(笑)。(10053M008)

在现实的教学活动实践中,通过对比发现,一些老师认为,教学改革需要教师在教学理念和方法等方面适时作出调整,教师很有必要在教学过程中不断对自身教学行为进行反思和改进。而另外一些具有畏难情绪的老师则认为,教学改革是一件很难、很神秘的事情,一般的老师很难做到,因此也就不愿意去尝试了。笔者从一些在教学上卓有建树的受访者身上还观察到,这些教师们能够把教学作为他们和学生的一种发现过程来"享受",他们愿意主动追求卓越教学的境界,有良好的教学观。教师的教学观一部分来自于教师对教学过程的认知和体验。笔者通过课堂观察这些教师的教学过程发现,这些教师的教学不是过分关心是否在讲课中囊括了所有的材料,更不会将自己视为知识上绝对的权威和智者,而是常常反思自己的教学,希望一次比一次好,这就是这里所指的教学观,教师自身对教学是否有"较高的校标"。

(三)葆有教学探索的兴趣

访谈发现,许多教师谈到自己有动力参与教学改革最直接而简单的原因是"兴趣"二字,是因为他们对教学有浓厚的兴趣(Aspiration and interest)。在他们看来,教学,尤其是针对生源较好的研究型大学的学生实施教学,每一次的教学都是充满惊奇的发现之旅;同时,通过教学改革活动，不仅可以促进学生成长成才，还可以拓展自己的思维方式，防止自己的思维方式固定模式化，实现教学相长。

对于这些教师来讲，兴趣可以是教师获得最大效用的行为选择，甚至兴趣有时候可以直接等同于效用，他们对自己投入教学葆有巨大的热情，与外部条件的多寡无关。U 大学 W 教师认为：

> 因为做教学工作确实越热爱做得越好，如果你只是把它作为一个吃饭的工作的话，那肯定会出现应付的状况，对吧，我热爱它，那我会想办法去做好它（10008W018）。

B 大学的 L 教师直言：

> 教学改革要取得成功，既有"大量的工作量"的付出，又包含"高质量的质"的追求，如果不是因为志趣所在，我认为是不可能取得成功的，我们这些常年孜孜于教学的人，那确实是"真爱"（10001L009）。

可见，作为兴趣的教学改革来自教学工作本身对教师的吸引力。甚至有老师还用"痴迷""志趣""其乐无穷"这样的词语来表达自身对教学的兴趣和热爱：

> 我就是对教学特别痴迷的那种，喜欢去思考，可能有老师会说教书 30 年了，觉得没意思了。但我上课的时候会觉得，每学期每一堂课对我来说都是新东西，反正就这种感觉，因为面对不同的学生，你的这个教学方法不可能一样的，而且不同学期都会有不同的教学思路、想法，教学内容也在不断地充实、调整、更新。目前为止，我觉得首要的因素是我个人，算是激情也好、喜欢也好，就是这样子。（10008L4-012）

> 我就对教学比较喜欢，我比较喜欢学生，那也算是我个人的一个志趣吧，那你就得要投入，把你的课变得比较有意思，然后呢才能跟

学生更好的相处。现阶段啊，爱做教学的人呢，完全就是真是自发的，因为现在没有指挥棒管理指向教学，就是喜欢，你像我个人认为你看包括吴XX老师，我不知道你了解不了解，还有姚X老师等等，那他们在教学上还是比较玩命的。（10008L1-004、006）

但是我跟你说啊，就现在来说，主要是我个人的爱好使我坚持下去，如果我不爱好这个事情啊（课程改革），那这件事就黄了，就是你也没人接，也没有人继续去做这件事情，就黄了。我觉得就是一种乐趣，因为我觉得这里面真的是其乐无穷。（10335R004）

以上老师们提到的情况主要来源于教师自身对教学的兴趣、爱好和价值观念。即便学校没有良好的激励机制，即使大量的时间投入、精力投入、情感投入等，也无法改变教师认真开展教学的事实。这是一种绵长持久而深入的开展教学改革的动力。与一线教师接触过程中，笔者能感觉到，在工具理性的影响下，以志趣作为教学和教学改革的动力正在慢慢变少，值得研究者和教育教学管理者关注。

（四）怀有自我成长的诉求

根据心理学上动机理论的观点启示，研究型大学教师一般都有寻求自身发展的愿望。从某种意义上来讲，教学改革也是教师发展自我、提升自我的途径和载体，因此，这一因素也扮演了"焕发"教学改革参与动力的角色。在本研究中，有17名受访对象提到自己有很强的个人成长和发展的需要，他们投入教学、参与教学改革是基于自我成长进步的价值诉求，他们把"教好学生"作为实现自身成长进步、实现自己教育理想的机会和途径。他们不满足于现有的知识技能水平，他们非常看重所在的大学组织能否为其提供适合其发展的职业生涯道路，以更好地实现自身价值，教学探索与创新为其提供了成长发展的路径。在一次课程改革分享交流会上，一位教师提到：

通过接触课程改革，我们建立跨校教学团队，接触到一流大学高水平的老师，获得了学习提高的机会，丰富了我的教学内容；基于慕课教学翻转课程，我也感觉到我提高了教学质量和效果，提高了教学和教研的能力。

可见，教师对教学改革这件事赋予了自己的意义。另一位开展 Moocs 教学的教师谈到，自己通过这种形式的教学改革，自身教学能力得到很大提升，受益匪浅，也更加坚定了继续从事教学，投入教学改革实践的动力。教学改革对这样的教师是有"利"的，这里的"利"与后文中提到的"物质与名利"无关，是出于自身发展需要的"利"。

值得关注的是，在本研究中，一线教师还提到，他们投入教学、开展教学改革的动力实际上可以表达为一种"自然进步"（Progress），是由他们的职业生涯周期的阶段特征及不同阶段间的转变决定的。每一位教师都有自己成长的"生命周期（Life Cycle）"，一些青年教师由于面临"非升即走"的考核压力，在步入职业生涯的前几年，倾向于投入更多精力在科研上；而一些已经具有高级职称、高校教龄较长的教师，则更加愿意倾注于教学，这种周期被认为是教师在研究型大学成长发展阶段的有序演进。

的确，教学工作与科学研究各有特色。对教师而言，需要不同的能力因素，一些教师积极投身于教学改革，目的是更好地适应自己的成长发展周期，因为在他们的某个成长阶段，他们确实从教学改革中获得了自身成长的各方面进步。

二 他人：首要群体因素

在教师参与教学改革的动力问题上，教师周围的一部分人群作为教师"本体"之外的"他人"，在有意和无意中发挥了"首要群体"的作用。"首要群体（Primary Group）"是符号互动理论的一个关键概念，"主要在几个层面上，指的是那些以面对面的亲密互动和合作为特征的群体，这些群体在塑造个人的社会属性和观念方面发挥着基础和重要的作用"[1]。首要群体动力主要根据教师教学活动受到自身工作和生活场所里的"他人行

---

[1] Charles H. Cooley, *Social Organization*, Illinois: The Free Press, 1956, pp. 30–40.

为"影响分析而来。可以看出,"首要群体"之所以称之为"首要",是因为他们成为教师参与教学改革的社会性的"永久的、稳定的源泉"和"教学成长的摇篮"。本研究根据收集的资料数据进行编码发现,在研究型大学,"关键权力群体"、"教师领袖"、同事与同行、家庭与师承等作为"他人"要素中的"首要群体"因素,对教师的教学行为取向有重要影响。

(一)"关键权力群体"的支持

依据组织行为学的相关理论研究,组织成员开展某项工作的动力还离不开组织里那些掌握关键权力的群体的鼓励和支持。在本研究中,研究型大学校方主管教学的领导和二级学院、系所的相关领导者等具有教学组织和管理话语权的"他人"充当了"关键权力群体",他们对一线教师参与教学改革的鼓励和支持也是教师教学改革实施的动力因素之一。

领导能用正向态度看待教师的教学行为,以关怀、同理的心态深入了解教师教学改革中遇到的困难和问题,提供正向的支持与协助,营造一种积极的教学文化,都会对教师积极投入教学产生较大影响。反之,研究型大学教师的精力有限,如果没有领导的鼓励、支持和认可,教师尽管尽个人努力认真上课,但是相较于真正的教学改革,尚有一段距离。有着多年研究型大学教师职业生涯的 H 老师谈到:

> 由于学院对本科教学改革的忽视,缺乏真正的组织领导,使单纯靠个人来推动教学改革的难度很大,加上面临一些科研任务,也就是在心理上想进行教学改革的尝试,但是在现实却没有领导的支持,所以也就只是尽个人努力上好课而已,谈不上进行本科教学改革。如果学院能有领导牵头好好组织这个事儿(教学改革),我个人非常愿意。(10027H004)

学校或学院主管教学的领导层作为教学组织里的灵魂人物,他们通过为教师开展教学改革提供价值、方向、战略指导和支持对教师实施教学改革产生较大影响。领导层由于其岗位带来的权威、资源等可以帮助教师开展教学改革处理好各方面的关系和步骤。如果学校领导层缺少对教学改革的意义认识、推行决心,教师的教学改革较难取得较大范围的成功及经验推广。当"关键权力群体"对教师的教学改革持有支持与鼓励的态度,教师会更有动力投入教学。

(二)"教师领袖"的感召与牵引

"教师领袖"指学校里那些能带给其他教师同事教学鼓励、提供教学技术和教学知识、解决课堂教学问题并热心学习有关教学新事物的人。[①] 根据一项研究考察,在美国高校,教师领袖被赋予正式的职务或头衔,例如实践导师(mentor)、同辈教导员(peer coacher)、系所主任(department chair)、年级主任(grader leader)、教学带头人(master leader)、课程研发者、教师职业发展者等[②](参见表4-1)。他们承担了决策分享(shared decision making)和集体性实践(collective practice)等职能,牵引、带动、鼓励、示范一线教师投入教学,开展教学改革探索等也是其中重要活动之一。教师领袖的感召力成为教师群体教学能动性(initiative)的基础及实现职责目标的路径(path ways),能够激发一线教师教学的自信与希望。

表4-1　　　　　　　　　　教师领袖角色情况表

年份	教师领袖角色	职务或头衔
20世纪80年代中后期	教学领导	系主任(department chair);年级组长(grader leader);教学大师(master leader);教学导师(mentor);国家协会认证教师(National Board Certified Teacher)等
90年代	决策分享集体实践	项目促进人(program facilitator);课程研发者(curriculum developer);教师职业发展者(staff development);协调人(coordinator);指导员(coacher);咨询员(counselor)等

[①] S. J. Rosenholtz, *Teachers' Workplace: The Social Organization of Schools*, White Plains, NY: Longman, 1989, p. 208.

[②] 王绯烨、洪成文、[美]莎莉·扎帕达:《美国教师领导力的发展:内涵、价值及其应用前景》,《外国教育研究》2014年第1期。

续表

年份	教师领袖角色	职务或头衔
80年代末至今	教学领导问责制	系主任（department chair）；年级组长（grader leader）；教学大师（master leader）；教学导师（mentor）；国家协会认证教师（National Board Certified Teacher）等；项目促进人（program facilitator）；课程研发者（curriculum developer）；教师职业发展者（staff development）；协调人（coordinator）等

在本研究中，许多受访者也提到类似的角色，比如教学名师、资深教授、学科带头人、系所负责人、课程负责人等，他们在一线教师参与教学改革行为中扮演了先行者、领路人、示范者、带头大哥、"前浪"的角色。他们以自身的教学改革体验为基础分享新兴的教学理论、传递新的教学思想给身边的同行、后辈教师，甚至鼓励"后浪"积极参与教学变革，通过他们的带动，使得更多的一线教师进行课堂教学改革实践。

大量受访者坦言，相比上级指令和要求，一线教师从事教学改革探索，更多的动力还来自于与自己具有共同教学经历的教学骨干、学科带头人、教学改革先行者的引领、带动和示范。教师们更倾向于认同并模仿身边这些教学精英的教学行为。例如，一位受访者提到了作为国内研究型大学的电子科技大学近年来实施的"教学首席教授"制度，这个制度里面的"教学首席教授"就发挥了此作用。本研究通过学校官网了解到：

> 为促进教学水平和人才培养质量的提高，电子科技大学设立了本科教学首席教授岗位。学校倡议首席教授重视五个方面的问题：一是课程体系设置，反思国内外课程设置的差别；二是课程内容选择，将科研成果引入教学，与时俱进；三是授课方法，思考如何引起学生兴趣，培养他们对专业的热爱；四是学习考核，大胆改革考试方法；五是课内教育与课外教育的关系，探究如何形成课内与课外的协调统一，培养学生综合素质。该校第一批首席教授包含专业首席教授、实

验教学首席教授、核心课程首席教授三类,共22名成员。①

(资料来源:电子科技大学官方网站)

一线教师对于教师领袖带有强烈的情感,教师领袖会带动教师发挥教学潜能,起到一种精神提升的作用(morally uplifting),从而触动教师实施教学改革。一方面,这源于教师领袖具有较高的教学知能带来卓越教学的魅力(charisma);另一方面,教师领袖通常"从群众中来",因此更容易"到群众中去",他们具有能够和一线教师共情的教学感召力(inspirational motivation),会对作为同事的一线教师给予个性化关怀(individualized consideration)。比如某重点师范大学的 L 教师提到:

> 我做这些主要来自一些前辈的力量,像我们单位就有一些做得很好的教师,教学也好、教学改革探索也好……我知道国外大学教师教学培养模式,国外好多大学年轻老师新上岗的时候,都会有导师会给他提供一些教学上的指导,帮助他少走弯路,那样,老师们就有一种不怕失败的心理,有前辈带着做教学改革,效果和动力就不一样了。(100027L013)

他们能关注到一线教师个性化教学特点和个性化的需要、富有差异性的教学能力和教学愿望,从这一点讲,他们充当了一线教师教学活动的教练和顾问,引领作为同事的一线教师在应对教学改革挑战的过程中成长。U 大学的 Q 老师还提到了院士亲自带领大家开展教学改革给教师们带来了很重要的影响力和感召力:

> 院士也会来出面来做这事儿(教学改革),一般来说,院士不管本科生教学,但我们的院士管了,而且一管到底,他亲自带队做试点,因为他看得准方向和知道大趋势,再到后面,我们也都参与了这个教学改革嘛,提出一些新的设想,核心是教学这块儿我们真的要着眼于未来,因为你培养人,尤其是本科培养的人,以前说是 20 年一个

---

① 《电子科技大学骨干教学队伍建设实施办法(校人通知[2013]63号)》。

周期，现在缩短了（周期），因为材料的更替啊，这个技术的进步，知识的更新啊，这个周期都在缩短，院士带头搞，那个号召力还是挺大的，大伙儿也跟着上。（10008Q012）

另一方面，教师领袖通常会领跑于教学改革。一线教师们可以更直观地观察到那些教学领袖的教学行为，一旦发现他们的教学改革取得成功，则认为教师领袖的主张是正确的，他们所开展的教学改革工作更为可信，会对他们的教学倡导产生较高的社会认同，教师的教学改革行为动机也就更易于被教学领袖所塑造。U大学的D教师谈到：

我们学院就有好几位老师，他们的课程组呢就有领头羊，比如说我们以前那个《运营管理》课程的教学改革，就是Z教授带队；还有G老师那边做《经济管理》课程改革，另外还有一位教授，后来传给了D老师，由她接棒做牵头人，都是各个"大BOSS"牵头，大领小，教师们上手快，有干劲儿，还获得过国字头的奖。（10008D004）

可见，在教师群体中，一线教师实施教学改革有较大的动力来自于作为领头羊的角色给教师带来的影响。此时，教师领袖扮演的是传递者、促进者的角色。

（三）同行朋辈"积极性情绪"的带动

人的生活和成长离不开群体的影响；研究型大学一线教师的教学活动离不开周围同事的鼓励、示范、认可、帮助和扶持。周围榜样的示范效应同事、社群将"积极性情绪"注入一线教师的教学认知，从而影响教师开展教学改革。陈睿通过回归分析发现：从影响的范围上看，在教师所能获得的组织支持、上级支持、同事支持和教学反馈等教学工作资源中，同事支持是最主要的教学工作资源因素，其次才是上级支持和组织支持[①]。在本研究中，那些教学改革成功的每一位教师的背后，我们几乎都可以看到

[①] 陈睿：《教师本科教学工作投入及其影响因素研究——以湖北省属高校为例》，博士学位论文，华中师范大学，2020年。

第四章　动力因素分析：一种二元矛盾分类

其他同事同行的身影。

一线教师，尤其是青年教师，更倾向于观察与自己校龄接近、教龄一致、性别相同、年纪相仿、能力相近的教师同事或社会群体的职业行为，如果周围的这些人表现出积极参与教学改革的行为，他们会比较在意，一些教师产生模仿行为。根据心理学家班杜拉的研究，教师同行之间的观察学习和教师的自我调节在引发教师实施教学改革行为中发挥了重要作用。[①] 在本研究中有受访者提到，同行之间的相互学习、教学切磋为一线教师提供的不仅仅是教学专业知能，还有来自他们的"积极情绪"的带动。

> 我喜欢和同事交流，我甚至愿意去观摩别人的课，我去看别人的课就特高兴，我跑到人家的教室去看人家是怎么设计这个课，人家这样教学活动太有意思了啊，人家那个教学状态，非常积极，可以说是触动了我，于是我在想能不能运用到我的教学中，所以从这个角度，我得感谢我的同行，对我的教学改革也是一个促进。当然，人家首先得愿意哈，这些都是一种动力吧。（10008L2-021）

事实上，一线教师与同行朋辈开展教学观摩、教学改革经验交流，与学科专业背景相近的社会群体交往获得教学改革的理念、方法、技能，并按照新的方式与朋辈、社群、学生之间交往互动，实现其社会化。这个过程对新入职的研究型大学教师的教学提升有很大的推动作用。教师受其同事与社会群体的影响，在与他们的互动交往中互相受益。他们之间"有意味"地运用、诠释教学改革活动，不断调整自身角色，优化自身的教学改革实践活动。

通过观察发现，一线教师群体中也存在一种教师朋辈之间教学或科研的同伴关系；他们往往志趣相投、互相讨论，他们这种朋辈之间的观察、学习与模仿会给教师教学带来示范性力量。一线教师通过观察、观摩，带来模仿的意愿，再转化为自己尝试教学改革的动力，相互学习、相互讨

---

① ［美］阿尔伯特·班杜拉：《社会学习理论》，陈欣银、李伯黍译，中国人民大学出版社 2015 年版，第 1 页。

论、相互观摩成为教师开展教学改革的知与行的重要桥梁。

> 就我自己的课程教学和改革的探索来说吧,我的专业课教学,我的同事,包括好多从事教学的名师都有过具体的教学方法跟我们讨论,这些交流和讨论,以及他们的成功经验的确对我有一些帮助,就像有时候,可能一个人走路会走得快,但如果一群人一起走,会走得更远,是一个道理。(10007W027)

当然,这种朋辈力量带来的教学改革的动力在很大程度上受到被观察者、被模仿者教学改革行为结果的影响。通常,当教师看到自己的同伴在教学上更加投入、取得了较好的效果,教师会更有动力自己也试着实施教学创新与探索;反之,则不然。本研究将其称之为教学改革的朋辈效应,这也是推动教师参与教学改革的动力之一。

(四)"血缘"和"学缘"的"遗传印迹"

在访谈中,有部分教师还提到,他们对教学的态度,不同程度受到自己从小生长的家庭"熏陶",或者自己在受教育生涯中一些教师对他们的重大影响。可以说,这些教师自带"教师职业精神气质的遗传印迹"。一些受访者提到,他们今天能认真教学、支持并投入教学改革的态度,受到来自自己家庭环境的影响。这些受访者中,大部分提到,自己的父亲或者母亲是教师。家庭背景对一个人的成长具有综合性影响,且体现在多个方面,比如,生活习惯、思维方式、行为方式。当本研究中的一些受访者也提到教学的兴趣、教学改革的动力受家庭影响,且大部分均是教师家庭。受教师职业特点影响,教师作为家长,通常在教育子女时会"天然"地贯彻某种教育思想和理念,在教育方法上可能不同于其他家长。这种"专业"的教育印迹是教师家庭背景和非教师家庭背景在影响孩子方面的最大区别。二者的区别还体现在对子女人生志向、兴趣爱好、职业选择等等方面。生活在教师家庭中子女,多少会受到家长职业化生活潜移默化的影响,这些子女在走上工作岗位后会对教学工作更"有感觉",也更容易掌握教学的相关知识和技能。比如,有受访者提到:

第四章 动力因素分析：一种二元矛盾分类

> 我觉得第一个因素是我个人，就是说我很喜欢（教学），喜欢，其实也是受我家庭的影响较大，因为我家里面父母都是老师，然后可能是受他们的这种潜移默化的力量影响，反正我就是看他们上课长大的。（JD.1.076）

某大学优秀青年教师 L 教师身上也有类似经历，她告诉笔者：

> 我可能是受到家庭影响吧，因为我家里都是老师，我父母在教学上非常敬业，我就是看他们上课长大的。使得今天我自己也走上讲台，我提醒自己不能应付。另外，我甚至还学到一些我爸妈的教学技能和方法。（10008L4-022）

还有的受访者提到，自己作为教师，对教学"很上心"，是受到自己学生时代的老师的影响，他们或是曾经教过自己的老师、或是自己在硕士博士期间的导师，"师父"对教学的认真态度、教学方式的灵活多样等使得受访者们受到很大的教益，给受访者现在如何为人师、如何开展教学带来了较大的影响。

> 确切地说一下，我在××大学读书时，我觉得教授我课程的老师，很多老师都是北师大毕业的，他们在教授我课程时给我印象最深的是很注重教学设计、教学方法的探索，还很注重给学生以人文关怀，老师和学生一起探究，他们的教学带给我们一种共同学习、共同研究的氛围。那么，他们这种影响对我是巨大的，我现在时常想起他们当年给我们教课的情况。（10008J005）

> 我曾经博士后期间的合作导师，他在这方面我感觉就做得很好，也是给我一些积极的影响，一种鼓励吧……现在我也希望自己做好这种培养人的工作，尽量去对得起每一堂课，就像当年我的导师那样，别给学生留下成长的遗憾。（10007W019）

正如教育界已经关注到的一种现象是，一些优秀教师的成长源自于

"血缘"上长期以来潜移默化的教师职业观和教学价值观的熏陶，还来自于"学缘"上教学理念和方法上持久的传承和带动。访谈结果显示，受访者所出身的家庭成员和在求学过程中所遇到的老师对教学的态度与观点将影响到自己对教学（教学改革）的意义和行为取向。可见，教师从事这项职业、走上教学生涯、对教学的认知和态度等，受到和自己受教育密切相关的人的影响、家庭环境的熏陶。这也是老师们认为自己能够认真对待教学，积极开展教学改革的动力来源之一，这就是本研究中提到的"家庭与师承"对研究型大学教师教学改革的影响。

（五）"接受性主体"的正向反馈

任何一种教学改革的探索与实践都包含教师和学生两个要素。现代教学论的"双主体"理念提到，教师和学生均为课堂教学的主体。传统意义上的教学，教师是"主体"和"主导"的角色，忽略了教学过程中学生的主体地位和学生的主观能动性。事实上，学生虽然属于教学的"受众"，但依然处于教学过程的主体地位。本研究将学生称之为"接受性主体"。为了顺利将教师实施的新的教学改革转化为学生的成长成才，作为课堂教学活动主体的学生也有责任把教师的教学引导以积极的状态转化为自己的学识和能力。

教学改革需要通过教师和学生的"相互关系"来实现、来强化；作为"教育对象"的学生，也是教师教学发展的资源（这一点最容易被忽略），学生群体是教师教学发展的"营养基"和教学改革的动力源。教师是否很有兴致投入教学改革，来自"接受性主体"的诸方面因素会催生教师将源源不断的动力倾注于其中；反之，则成为教师投入教学改革的阻力。

在本研究中，半数以上受访者提到，来自学生对教学改革的正向反馈、积极回应，甚至是多年以后的回应等，对教师教学改革的实施动力产生影响。包括学生对教师教学的课堂应答情况、课堂参与情况、学生给教师的回信、短信，甚至多年以后来自学生微信朋友圈的感谢，这些都会给教师实施教学改革一种积极的动力。以下是来自研究者通过焦点小组访谈和参与式观察得到的一组案例：

A 教师，积极探索线上线下相结合等教学改革，但该教师提到自己的

第四章　动力因素分析：一种二元矛盾分类

教学改革遭遇滑铁卢，从此心思不再放到教学上，转而改向科研。本研究通过观察法和实物收集法注意到，这位教师实施的教学改革如下（图4-1所示）：

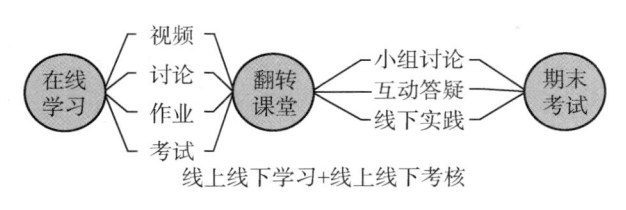

图4-1　某教师的课堂教学示意图

（资料来源：通过笔者对A教师课堂活动观察记录时收集到的A教师的课堂教学改革思路PPT）

这位老师坦言：

> 我在教学模式上尝试做一些改革，但是不被一些学生认可，感觉一些学生更愿意满堂灌，考试时更愿意采用"死记硬背"的方式，寄希望于考前的"挑灯夜战"或"临时抱佛脚"去获得高分，他们平时忙于各种社会活动，看着一副"疲惫"的样子，来上课仿佛成了他们片刻休息的好时光。说白了，学生更希望上这门课不用动脑筋，还能获得高分。唉，现在的学生更愿意去选择"性价比高"的课程。[①]（JD.2.039）

B教师，她对自己的课程教学中的学业评价进行了教学改革（参见图4-2），受到学生的欢迎，对她来说，她的课堂受到欢迎和收到的效果大大"犒赏"了对教学改革付出的努力，该教师后来成为XX市教学名师。

---

① 本研究从一些学生口中获知，他们戏称的"性价比高的课程"，不是指从该课程中学到更多的知识和能力，而是指用"更少的精力"获取"更高绩点"的课程。

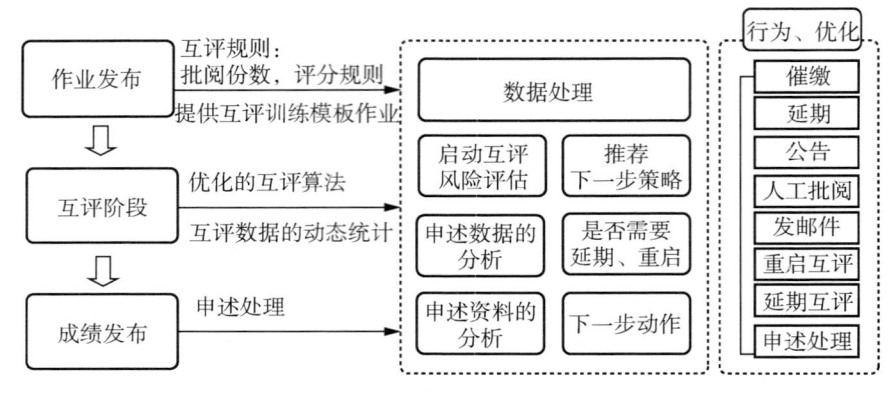

图 4-2　B 教师的学业评价方法示意图

（资料来源：通过笔者对 B 教师课堂活动观察记录时收集到的 B 教师的学业评价方法改革 PPT）

该教师在参加焦点小组访谈时分享到：

> 坦率来说，投入教学，并且下决心做一些课程改革的尝试，会花费我们教师很多的精力，但如果能得到学生良好的反馈，这个反馈不只是学生喜欢我这样的教学形式，更重要的是，他们的学习效果得到明显提升，能够得到这两方面的反馈，可以大大"犒赏"我对教学改革付出的努力，从而更加激发我继续探索教学改革的动力。（JD.1.026）

一项成功的教学改革，教师需要做充分的教学准备、需要有准确的目标定位、需要有对教学内容较好的把握，还需要有来自教学主体——学生的默契、认可与支持，接收到来自学生传递的正向反馈等。这个因素会直接影响教师在教学过程中对新的教学理念的贯彻度和教学改革动力的强劲度。正反馈会推动教师开展教学改革，负反馈则阻止教师投入教学改革。哈佛大学前校长德里克·博克（Derek Bok）认为，真正能够影响教育品质的事情是发生在大学课堂和教师与学生互动的教学情景中。[1] 另一名兢兢

---

[1] ［美］德雷克·博克：《回归大学之道：对美国大学本科教育的反思与展望》，侯定凯等译，华东师范大学出版社 2012 年版，第 19—22 页。

第四章 动力因素分析：一种二元矛盾分类

业业于教学一线多年的教师告诉分享自己的教学改革体会如下：

一名学生告诉我，他的专业课程基础知识薄弱，所以一直尝试着努力追上其他同学，学生说我的《物理学之旅》让学习物理变得更容易。确实，我的课程教学里面包含很多模块的教学改革……学生反馈更加得心应手，更有效率。另外，通过我的教学改革，整个准备过程很辛苦，但学生逐渐觉得物理实验没那么枯燥了，越学越有兴趣，越学越有动力。那我的这些投入获得了学生响应，我也更加有动力了。（教学名师 Y 老师在教学改革论坛的经验分享）

本研究从一些教师的教学改革体验分享中发现，教师创新性地教学探索与实践，如果从学生那里体验到积极的情感，其心理状态受到积极情绪的感染，会使得教师对教学改革产生教学改革的乐观和自信。教师接收到越多来自学生的正反馈，就越相信自身的教学改革能影响学生的学业、兴趣和未来的成长发展，教师会越积极地投入教学，进而积极实施教学改革。以下是本研究中受访者中一位文科教师的教学改革故事与感受：

比如我的课程，课堂上包括绘画、书法、园林、甚至服饰等很多艺术门类，开学第一周我会将目录列出来让学生选。你喜欢摄影吗？你喜欢电影吗？你选一个你最喜欢的，然后咱们进入课程群以兴趣来组队，然后他们在这一学期中就要进行这方面的实践活动。他们去观影也好，去看画展、书法展是吧。他们会先去看这个章节的知识，然后结合实践。通过这样的教学改革，学生用学的理论来指导，然后通过实践活动进一步提高来反馈回来。然后每个小组通过调研会写报告，会做 ppt 等进行课堂展示。因为是用了书上的知识，我们也在讲理论知识，同时学生的实践活动又对我的课堂也是一个很大的推动。学生们知道自己学的每一种知识都是在现实中应用的，进一步提升了课堂参与度。哇，学生觉得真的是自己通过实践去得到知识、理解知识，是和仅仅从书本上，或者仅仅是课堂讲授获得的那点不一样的，学生知道这个怎么用，我也就更有动力了。（10008W005）

比如说我会推荐书目,有的学生一看到就开始叫苦连天,有的学生是欣喜若狂的,这肯定是不同的反应。有的学生会在微信群里追着问为什么今天的书目还没有发,但有的学生会说,啊,我们的学习任务已经很多了。所以学生不同的反应,会影响你能不能好好地推进下去(新的教学探索)(还要给我们列这么多书单)。(10008W010)

通过这样一些教学活动吧,很多学生说对他形成了重大影响。因为我看有毕业的、读硕的学生发朋友圈说,在他们的读书生涯中有两个老师影响很大,第一个就是我,因为在我的课堂、我的指导下,他们进行了大量阅读与实践,他们说,虽然他是工科,但是有幸在我的课堂上收获很多。学生说:我现在最大的爱好是买书看书。我看他写这个朋友圈的时候,我真的觉得很感动。我自己觉得所有的付出会开花结果的,是真的影响了学生的人生境界、人生选择的。所以我忽然觉得,前边所有的这种组织活动,是值得的。嗯,这反过来也促使我把这个工作做得更好。(10008W014)

他们很积极,曾经有学生跟我说老师你这个课堂是我们下课后唯一想鼓掌的一个课堂。我不知道他说的真假哈,但是不管怎么样,他愿意鼓掌说明他热爱这个课堂,喜欢这个课堂。我觉得我更多地停留在这个学生反馈让我获得的感动上……这种动力其实是永无止境的,对,除非我不做教学工作了,就是那么简单。(10008W027、031)

本研究发现,学生(接受性主体)对教师教学改革的动力影响至少包括两方面,一方面,作为教学改革主体的学生对教学改革的认同度、主动意识、配合度等对教师的教学改革的顺利推进发挥着重要作用,尤其是学生对教师开展的教学改革活动的参与热情,会直接影响教师是否继续采用新的教学方法和手段去开展教学活动的动力。另一方面,教师和学生共同构建良好的师生关系是教学改革的顺利实施的重要保障,师生关系的愉悦感和由此带来的教学相长的获得感是教师教学成就感和教学改革意义的延展。教师耗费心血认真教学的态度没有得到学生的积极回应,或者学生渴

第四章　动力因素分析：一种二元矛盾分类

望得到教师"走心"的教学却发现教师对教学的应付和敷衍，这两种情况下的师生关系都会影响教学的效果，从而影响到教学改革的动力。

> 我投入教学，愿意用心去探索教学改革、用学生喜欢的教学方式，这种精神愉悦，主要来自于，我所教的学生们大部分是理工科同学，他们在课堂上，那种对人文社会学科知识的渴求，我站在讲台上，真的，同学们那一双双眼睛如星辰般闪耀，太亮了，让你觉得，哎呀，对人文知识真的特别渴求，而且你讲到什么典故啊，什么开心的地方啊，全班同学跟着你一起笑。学生这种反应是一种推动，那是什么也比不了的，每当我想放弃的时候，那些星辰般闪耀的眼睛就在 push 我继续走下去。（10008L2-013）

> 有的学生多年以后对我说，啊老师，那个您的课上得太好了，您曾经在课堂上教过我们什么什么，多年之后，我才觉得老师您那么做是对的。你知道吗，这种感觉，我仿佛和学生心心相印，我觉得我再投入教学的动力是无穷的。每当我收到这样的短信，我就觉得原来我用心教学，不时探索新的符合学生特点的教学改革，是值得的。（10286Z006）

反之，学生在课堂上的不良表现，会增加教师投入教学的负面情绪。罗伯特·博伊斯（Robert Boice）提到一些典型的结果与教师教学的付出不对等，会使教师对于花费如此多时间却没有得到回报的教学活动感到痛心，主要包括："（1）学生缺乏参与性并且不领情；（2）课堂上充斥着学生的吵闹和其他不文明行为；（3）学生对关键概念和基本事实的理解很差，而且考试结果令人失望；（4）学生对教师评价一般等。"[①]可见，教师如果从学生那里体验到消极的情感，其心理状态受到消极负面情绪的感染，会使得教师对教学产生一种悲观和挫败感，就更难以获得进一步实施教学改革的动力了。

---

① ［美］罗伯特·博伊斯：《给大学新教员的建议》，徐弢、李思凡译，北京大学出版社 2007 年版，第 15 页。

第二节 "内生"与"外促":过程主导因素

一 内生:实践性主体因素

教师教学改革的动力还来源于教学改革活动本身所具有的内在性原因,是"教学实践活动本身"的吸引力或魅力。比如教师认为自己所承担的课程适合实施教学改革、教师对教学改革政策的较高的敏感度、教学改革活动的层级管理套路、教学活动实践给予的成就体验等等。这些因素是在其他类型的活动无法获取的,在促使教师开展教学改革中发挥着一定的动力作用,是教学改革内在动力之一,笔者将其称之为实践性主体因素。

(一)"课程适合"

教学改革的实施需要多种因素综合作用,教师根据所承担课程的规模、学时、学科知识的性质、结构和特点作出预判,再综合衡量自身的专业技能,教学改革才能得以实施。赵炬明等学者认为,"课程知识的性质和结构对大学教学方法有决定性影响。"[1] 在本研究中,许多老师谈到,自己所承担的课程适合开展教学改革。反之,也有一些教师告知笔者,自己的课程不适合实施教学改革。看来,从一些一线教师的视角来看,课程的"适不适合"是他们开启教学改革的"基础条件"。

> 我从事高校教学工作超过10年了,2008年刚开始工作的时候,我有一门专业课就特别适合进行研究型教学,课程本身涉及的内容非常丰富,而且与实际应用关系密切,与高新技术结合也很密切。总能找到一些时下人们非常关注的相关研究课题或者技术热点,非常适合把这些带到教学里去。讲课时,自己的科研经历和成果,以及经我了

---

[1] 赵炬明、高筱卉:《赋能教师:大学教学学术与教师发展——美国以学生为中心本科教学改革研究之七》,《高等工程教育研究》2020年第3期。

解一些科研进展都用学生能理解的方式在课堂上给同学们展现。这种工作做了几年，到了2012年，有个机会申请学校的教学改革项目，得到了批准，以后又得到了后续的支持，做了好多教学改革工作，我还专门写了些教学论文。（10007W005）

访谈中，甚至有老师直接给出答案，他们认为，在研究型大学，一些公共课、基础课、通识教育课等在老师们眼中的"大课"很适合做教学改革，课时数占比大，而且由多名教师组成该课程的主讲教师，同时研究者还发现，担任这些课程的教师还有一个共同特点，他们中大部分教师所聘岗位类型为教学型岗位，天然地对教学更加投入，也更加积极去进行教学改革。笔者曾关注过U大学发布的首批一流课程改革建设名单，发现有60%的课程属于公共基础课程，这些课程讲台数多、授课教师多、学生人数多，比如《大学英语》、《大学物理》等课程。

（二）"敏捷的起跑者"

教学改革从政策层面释放的信号非常重要，教师对国家层面的教学改革对响应也非常重要。本研究发现，一些一线教师具有很强的社会认知（Social Cognition）能力，对教学改革动态、国家政策制度、教学中存在的问题等具有较强的敏感性和较快的反应速度，这直接影响教师教学状况，甚至影响教师开展教学改革的效果，作为连锁反应，也影响到教师教学改革的动力。那些教学改革出色教师，通常也是教学政策和问题上"敏捷的起跑者"。善于观察总结教学现象的受访者Q老师提到：

未来毕业生的能力素养更多的是反映在解决未知问题上面，自主创新这个上面，国家层面已经预见到了这一点，就往这儿发布教学改革的消息，对政策嗅觉敏感的教师他就提前看到了，他就比较关注这事儿，那可能它就动起来了，不敏感的老师可能就说哎呀那个事儿，先看看再说吧，没那么急或什么的啊，所以他就不动。（10008Q032）

在种种形势下，现在国家、政府和高校越来越重视教学了。提到对教学的重视，其实我还是比我们单位的其他同事意识到更早一些。早年，我观察到，大学教学存在好多的问题，有些老师其实换一种做法，可能学生会成长的更好。后来自己成为一个大学老师了，就想在这方面做更好，就不希望我们学生在这方面留下遗憾。(10007W011)

一些教师对教学政策和教学问题具有较高的敏感度，催生了教师教学行为的选择和教学改革行为的发生。教师对政策和教学问题的灵敏度既与他的动机、知识、个性和能力有关，也与教师的兴趣、能力和行为构成的个性类聚有关。在良好的状态下，教师凭借认知经验形成对教学呈现的困难、问题、国家政策的预见、预判以及反应，教师有对新事物、新政策有较高的敏感度，能提前想办法创造性地解决教学活动中遇到的诸多问题，这也是教学改革的动力之一。比如，下面这位老师提到：

另外一点呢，其实现在大家知道，从国家层面来讲，教育部、教指委什么的还是在做事情的。嗯，他们不断地发布教学改革讯息，国家是有一批人专门做高等教育研究的，甚至给国家提供咨询的，工程教育也好，人文社科的教育该怎么改，采取什么措施。嗯，他们是专业的，我相信他们对国家的发展，对整个全局的发展，他们的了解程度第一。教育部形成的方案都是这些专业人士拟定的。如果我们的老师关注这样的消息，我们实际上参与教学改革并不难，因为教育部发下来了就会发给教务处，教务处就会发到学院，学院发给系里，这个线是畅通的。我们老师得关注这样的事情，一定要敏感这个事儿，关注并参与进来的。有的一开始可能是被动的，但是做了以后慢慢也意识到重要性了，变成主动的行为，动力也就加强了。其实这个路子现在是通的，而且机会挺多的。(10487H009)

（三）"熟悉套路"

在访谈中，一些老师吐露，教学中存在着一些"隐秘"机制，一些潜心教学多年的"资深教学能手"提到，其实一些老师不是不愿意在教学上

第四章 动力因素分析：一种二元矛盾分类

做出突破，而是一些教师不了解教学内部体系，在他们看来，教学体系跟科研系统是一样的，有逐级上升层级连锁的体系，且形成一套环环相扣的隐秘机制。比如，单从教学改革项目的设立这件事来看，就有学院的项目、校级教研项目，有省部级的，还有国家级的。不同级别的教学改革立项资助成为一种正向激励之路。一些老师坦言：通常，要想获得校级改革立项资助，必须从学院系所"出线"，而想要申请到省部级及以上的教学改革项目，必须首先获得校级教学改革项目资助或取得相应的教学改革成果，才能获得推荐资格，如此，逐级向上。对于生活在体制内的一线教师，这些不成文规则对教师实施教学改革实践发挥了巨大的作用，但大部分入职不久的年轻老师并不了解，而这些年轻教师又是"理论上的教学改革承担者"，由于不熟悉其中的"套路"，会大大影响教师投入教学、开展教学改革的动力。

  我们单位那些个老师，他们根本不了解这个，我那天跟他们讲了一下，他们一下就有动力要转向参与教学改革。之前他们搞不清，他们以为教学这块儿呢，其实就是上几堂课。我告诉他们，其实教学这块的系统也是很严谨的，里面有套路。……就U大学，那天我跟他们总结了有不同级别的教材项目，课程项目，名师项目等，以及其中的套路，其实这些年轻老师真没搞明白，因此，还谈什么动力啊（笑）。（10008D032）

"套路"一词本是一种民间通俗的口语化表征，也是一种本土表达，本意是人们应对某种情况所采用的方式方法。使用"套路"一词，意味着对该方式方法的熟练掌握，某种程度上已经形成固定的"路数"、"惯性"，甚至"条件反射"，该词汇在民间语境中所表达的意蕴偏中性、有时略含贬义，通常用来描述具有实际经验的处事方法，从而固化为人们从事某一类行为的模式。[①] 在研究型大学教学改革的语境中，一些教师借用该词来阐明教师对教学改革隐秘体制的认知，具有一定的象征意义。虽然略带贬

[①] 该词入选《咬文嚼字》杂志社发布的"2016年十大流行语"，在网络意义上极具趣味性、幽默性和娱乐性。

义,但确实也是促进教师熟练开展教学改革的使能动力之一。受访者 D 老师提到:

> 做教学改革,也是一步一步积累、逐级向上、有路可循的。比如,我先在什么层面上开展教学改革,我的最初的影响范围辐射范围可能只是在我的课堂、我的学科课程、我的学院,慢慢扩大……我先拿什么学院项目,先做什么,再做什么,然后在此基础上,我才可能才能拿到校内的什么项目,之后,我才有基础申报省部级的项目。多少年积累后,我才可以报什么级别的奖,做什么级别的项目,一步一步地,好像在层层积累,你没有最初那些作"铺垫",你就无法拿到更上一级的东西,形成一种层级连锁,老师其实可以根据自己的实际情况去设置不同层级,作为一种动力吧,一步步向更高一级迈进。(10008D037)

D 老师提到的"套路"是由当前许多高校采用的层级管理体系带来的动力,不同的层级设置不同的目标,给老师带来实现教学改革逐级提升的目标。目标设置理论强调,以目标为导向的工作意图是组织中员工激励的主要来源。个人可以通过逐级参与更高层次的工作内容来提高目标的可接受性。[①] 目标设置理论为本研究中组织层面对一线教师开展本科教学改革动力所发挥的层级连锁作用提供了依据。高校目前的这种教学层级管理制度从正面意义上来讲,是一种引导和激励教师开展教学活动的基本制度,为教师开展教学设置了规范性情境。随着一线教师与教学改革政策的制定者及推行者(高校教务部门、不同层级的教育部门)设置的教学改革实施策略逐次逐级发生关联,一线教师也必然每一次都在重塑和调整参与教学改革的行为逻辑及动力因素。但有学者指出,"我国高校普遍采取院校两级的科层制教学组织管理体系,系、所、教研室等基层教学组织的管理职

[①] [美]斯蒂芬·P. 罗宾斯:《管理学》,李原、孙健敏、黄小勇译,中国人民大学出版社 1997 年版,第 386—403 页。

能式微"①。这种状况会导致教学组织体系自上而下推动教学改革的有效性大打折扣，难以得到教师的认同，更会引起自下而上投入教学改革的动力匮乏。

（四）"成就体验"

成就体验是当老师们在做好教学改革这件事情或者在认真开展教学探索过程中的一种愉悦或成功的心理体验。一些教师认为，教学改革能够从根本上让自己体会到自己被需要、被尊重，能体会到自己的优秀、自身的价值等，从而进一步激发他们参与和投入教学改革的愿望。根据笔者观察和访谈到的结果来看，教师教学的成就感常来源于他人的认可，包括领导的认可（比如领导表扬教学效果好、树立榜样和典型示范），同事的认可（比如获得同事的学习、观摩和赞许、教学比赛获奖），学生的认可（喜欢、信任、选课率高、课堂互动好、学生评教分数高），学校的认可（纳入职称晋升、颁发荣誉称号、予以物质奖励等），家人的认可（比如父母取得成就，为孩子树立积极向上的榜样），投入教学改革，成为他们获得成就感的恰当的载体。

在访谈中，一些教师分享了他们在教学中获得的巨大成就体验。被学生喻为"教学大神"的U大学工科学院L教师向笔者提到：

> 我的动力啊，用我的话说，用心去教学应该是一件比较有意义的事情……相比那些会议而言，我从教学投入中能体验到一种巨大的成就感，学生也喜欢我的课，然后这样子一届一届学生教出来，嗯，很多学生都做得很不错，发展得很好。（10008L1-008）

这是教师作为知识型员工在教学中获得的"比参加会议"更来得有意义的一种高层次需要的满足，当教师获得了这种峰值体验后，动机作用会进一步提高。D老师与笔者分享了一段经历：

---

① 陆国栋、孙健等：《高校最基本的教师教学共同体：基层教学组织》，《高等工程教育研究》2014年第1期。

我那天听到有个知名 985 高校教机械制图的教学名师来做讲座，他说的那种体会，我跟他的感觉是一样，你知道为什么呢？嗯，我觉得这就是我的人生。你说你真多给我多少钱，你说我们这些老师缺不缺钱，我们很缺钱，但可能有比钱更重要的事情，就是我在这个世界上的成就和价值，我通过我的教学，得到学生的喜爱和赞扬，我还受到北京市的奖励，我还被各大高校的同行们邀请去做报告……我找到了其中的价值，这一点我还是很有成就感的（10008D055）。

W 老师则分享了其学生在朋友圈赞扬老师的教学给学生带来的影响，W 教师由此得到精神上的动力：

前些天，我看到一位曾经上过我的课、已经毕业多年的学生，在朋友圈感言在我的课上受到的教益让他记忆犹新，甚至产生了重要影响，嗯，我真的觉得蛮有成就感的。这是从我的精神的角度来说，嗯，大概不能落到现实中说你得到什么，但精神层面的动力可能是最大的动力（10008W023）。

教师投入教学带来的"高峰体验"、教学新境界带来的欣喜以及教学得到的认可，均可以给教师带来成就感，会大大促进教师卓越教学的愿望。换而言之，教师积极致力于教学改革实践与研究，越会获得教学成就感，教师的高层次需要也会随之不断调整与更新，形成有效、充分、持久地调动教师参与教学改革的良性机制。一个在教学中毫无成就体验的教师，不可能积极的、创造性的从事教学改革活动。在访谈中，有的老师还提到：

其实吧，好多老师还是挺羡慕我的，那天，我的一名同事和我聊天，说她心里空落落的，我问怎么回事，那位老师告诉我，这些年，她迷恋于各种科研项目的申报和文章的发表，每天像个机械的人，没意思；而我，在教学方面，学校还是很认可我的，毕竟大学的本职工作是教学，我还被经常邀请去做一些讲座和报告，在同行中有一定的

影响力，而且越发来劲儿。这个时候，我感觉所有的付出都值了，我的选择没错。(10004T015)

教师热爱教学的基本因素固然在于教师具备大学教学的基本素养、专业技能与教育品格等，但教师通过教学改革实践获得尊重与自尊、发挥自己的潜能等高层次需要，尤其是获得领导、同事、同行和学生的认可所带来的成就感，给予了教师巨大的动力。可见，这种由他人认可带来的成就动力推动着教师基于自我实现去反思、内化和调节教学实践活动，从而固化了将教学改革持续下去的动力。

教学活动充满了人际间知识、思想和情感的交流与互动，这个过程可以给教师带来内心深处的愉悦与成就感等精神回报。心理学研究发现，完成某事带来的成就感能够帮助个体摆脱挑战新任务遇到困难和阻力而出现的焦虑感，可以推动个体努力做某事，这是一种自身愿望与现实达成平衡的特殊且美好的心理感受。对于研究型大学教师而言，当他们从教学改革中获得成就体验，教师们会觉得自己参与教学改革的意义，教学改革需要"成就体验"来完成教师个体精神上的多次"升华"，进而形成一种动力。

二 外促：普遍化他者因素

教师开展教学改革实践活动的外促因素主要来自于教师自己之外的那些"非个体人为"影响，主要包括"组织层面"影响。借用符号互动理论的阐释，本研究将其称之为外促的"普遍化他者（The Generalized Other）"动力因素。

（一）政策制度驱动

本研究结合扎根理论的情况发现，研究型大学教师开展本科教学改革的动力还来自于国家和学校战略所需而制定的政策制度，这一结论解释了教师开展本科教学改革的动力来源之一。近年来，作为一种建设思路和导向，国家在教学改革方面提出的"双一流"建设方案、"六卓越一拔尖计划2.0"、"双万计划"等，以及在高校教师发展方面提出的《中共中央国务院关于全面深化新时代教师队伍建设的意见》和《教育部关于实施卓越教师培养计划 2.0 的意见》从政策层面为高校教师参与教育教学改革提供了支持。研究型大学教学改革借助政策推动拥有了更加便利的条件。通过政策的调整、补充、修正和迭代，推动高校一线教师可持续地开展教学改革。有教师提到：本科教学改革是"国家发展战略"之一，是"大势所趋"，从与教师们的访谈可知，这里的"势"特指政府和高校的政策制度。从某种意义上讲，在研究型大学，一线教师投入教学、开展教学改革的行为，政策引领和驱动扮演了一种"驱动力"或者"拉力"，甚至是一种"暗示与传递"。有受访者提到：

  其实这种国家政策导向性的措施会反过来推动了很多原来科研做得比较好的人，不管是从表面上也好，还是真正的热爱也好，这些人开始关注教学改革这一块，国家大的政策好像是起到非常大的一个作用，影响还是挺大的。（10008L3-006）

  对啊，一切都是政策制度导向，跟老师关系不大。教师搞不搞教学改革，教师的行为趋向肯定受到国家也好、学校也好这些个政策制度的引导和带动。我们有点理工常识的人都知道，对教学利好的政策就像磁场，一堆铁屑，立的少，趴的多，你给个定向磁场，不就全立起来了？不言自明，这个定向磁场不就是政策制度吗？（匿 2-003）

  国家的教学改革政策制度内嵌于研究型大学的教学文化结构中，为研究型大学、二级学院、学科系所和教师个人提供教学行为选择机会和教学行为环境。从这个意义上讲，政府和大学关于教学改革的政策与制度从实质上规范和引导了教师教学行为的选择，形成教师是否愿意参与教学改革的制度背景。因此，外部政策制度的影响越来越成为教师教学行为取向的动机与力量。

  政策驱动下的教学改革从宏观上促进了学校和教师投入教学、开展教学改革。但与此同时，政策驱动属于一种"外力"，教师仅依靠政策和制度开展教学改革，他们通常是跟着政策风向标去干。但如果教师不认可这项制度或政策，一些教师会根据政策制度规避难度高、不确定性大、周期性长和失败风险高的教学改革工作，或者勉强"应付"教学改革。

> 我们是做了一些有利于老师、认可老师投入教学和做教学改革的制度调整，我们感觉，如果学校不认可或者难以认可，那我们学院内部还是有空间做这方面的政策倾斜。我们学院开始实施，老师只要开展教学改革，拿到学校的教改项目，学院再额外奖励 2000，我算了一下，我们一年要拿出至少 20 万来鼓励，这对学院来说不是一笔小数字。之前我们只要申请自然基金，不管中不中都额外再给 2000 块钱，那么现在我们教改也是同等对待了，老师的积极性大大增加，起码老师觉得学院的政策制度对此认可了。(10008L1-016)

> 其实这个（教学改革）的必要性，我觉得这一点没必要讨论，这是确认无疑的。关键是怎么做，在做的过程里边儿怎么样给你一个政策与制度的支持。今天我们的大学的教师，你不用管他他也肯定会做科研，嗯，……你真的得需要从政策制度上考虑一下教学这方面怎么样能够吸引一批教师，吸引一批有水平的教师，把相当的精力投入到教学里边儿来。(10007J052)

国内外大部分关于高校教师激励的文献提到，阻碍大学教师积极投入教学的重要原因之一是评价考核制度中的"重科研轻教学"倾向，"教学如果处于次要地位，就不能指望教师们会把主要时间和精力投入教学中。"① 国外的一些高校也有类似现象，任玥对印第安纳大学的一线教授进行访谈时，有教授坦言，"我确实认为现在的年轻教师不像我们年轻时那么轻松，教学不再是一种享受，而是一种负担。因为他们难以凭借卓越的教学工作去获得终身教职。②

> 教学吸引不住这些老师啊，科研多有吸引力呀，因为在我们这边

---

① 赵炬明：《失衡的天平：大学教师评价中"重研究轻教学"问题的制度研究——美国以学生为中心本科教学改革研究之七》，《高等工程教育研究》2020 年第 6 期。
② 任玥：《21 世纪初美国公立大学的组织文化观——以印第安纳大学为例》，《高等教育研究》2015 年第 9 期。

啊，到提职称的时候，那到时候评的时候一定是那个科研弱的人被砍掉而不是教学弱的被砍掉，几乎都是这样。那这时候我们的年轻教师怎么做啊？他想做教学，愿意做一些探索，因为年轻教师思路也比较活跃，做教学改革也比较上路，但他敢全身心地做吗？做科研的，真是利滚利，做好了，职称上了，当博士生导师了，他有博士生，博士生写的论文，学生第一作者，教师当通讯作者，这也算教师的工作量。如果是真是让我们老师亲自去写才算的话，研究生写的都不算，我估计好多老师根本就不合格啊；教学不一样，教学改革的东西，学生能帮着做吗？学生能帮着写教学改革论文吗？那都是要有亲自实践体会的，那你到现在你还是这样的政策，那这时候哪个教师敢全身心投入？（10003W009）

根据上面教师所描述的那样，教师的职称晋升和工资薪酬的取得主要取决于科研论文的数量、项目和著作的多寡，一线教师不得不面对"现实"，这种情况在一定程度上助长了一线教师急功近利的短期行为，削弱了大学教师"传道、授业、解惑"的职业初心。但如果教师的职称晋升和工资薪酬的取得也考虑到教师对教学的投入和效果，这种薪酬制度和职称晋升制度必然会驱动教师参与教学改革。有老师提到：

这个老师教得好，投入了大量精力做教学改革，如果都是按你人事处那个工作量算法和职称评定制度的公式来算，这个合适吗？真正的制度，应该给那些获得国家级精品课程什么的乘上个1.2、1.5、2.0的系数，对不好的课程你为什么不敢给他只乘0.8呀？这就是制度的作为啊。所以，一个专业有那么三四个教师喜欢这些事情，在教学方面带着大伙儿往正确的方向发展，而且不断地改进，保持它的生命力，说严重点来讲，就是专业生命还能不能活下去。当然我们更希望它活的生龙活虎、蓬勃向上的，但你制度上至少要保证不要办的半死不活了，热爱教学的人对这个是有感觉，为什么不采取措施保护和激发他的动力？（10008Q045）

第四章 动力因素分析：一种二元矛盾分类

道格拉斯·诺思在《制度、制度变迁与经济绩效》一书中指出："制度是一个社会的博弈规则，或者更规范地说，它们是一些人为设计的、型塑人们互动关系的约束"①。一般而言，制度中包含物质利益和精神利益的激励和违规惩罚，并有与之相应的执行机制，一线教师会权衡投入教学活动的利弊之后，再做出理性选择。研究型大学里涉及对教学工作认定的相关规则关系到教师如何看待教学在诸如职称评定、年度考核、聘期考核等方面的价值与贡献，在涉及教师生存与发展的这些教师尤其关注的规则中，如果体现了教学改革这一元素，教师会感受到来自组织方面的支持，这种组织支持不仅可以影响到已经投入教学改革的教师，同时也会对观望中打算参与教学改革的教师产生影响。

> 大学教师实现自尊，内部的比较就是在于职称、各种头衔，但有头衔的毕竟是少数，对大多数老师来说，更重要是职称，暗含了教师地位高低，对吧？一个老师职称的高低受制于职称晋升时的标准，如果在这个时候，你真正能做到把教学改革工作和科研创新工作的重要性平等对应起来，这才是一个最重要的一个激励机制。……一个教学项目和同级别的科研项目如果能够互相替代，一篇重要期刊上发表教学论文和重要的 SCI 期刊发表科研论文，如果他们互相替代的话，如果真正能做到这一点，你发现我们的教学工作会开得要顺利得多。我们老师也会在教学改革精力上的投入多一些。（10007W050、051）

教师参与教学改革尽管有自我的"本体性因素"的能动性，但有关的制度安排通常也会型构教师的教学或科研行为。比如，与教学改革有关的管理制度与规则通过形塑教师教学行为的不同取向对一线教师的教学改革动力有一定影响。研究型大学教师参与教学改革的动力受到一系列体制机制、文件政策、规章制度的引导和形塑，好的制度应该是驱动教师开展教学改革这件"好事"，也应该对教师自身也是"好事"；好的教学改革激励制度不仅应当驱动教师选择对个人有利的行为，而且也有利于推动一线教

---

① ［美］道格拉斯·C. 诺思：《制度、制度变迁与经济绩效》，杭行译，格致出版社 & 上海三联书店 & 上海人民出版社 2008 年版，第 1—10 页。

师开展有价值的教学创新。反之,则可能伤害到教师对教学的感情。有教师提到:

> 你知道我们的那个教学的特等奖吗?这个特等奖,且不说前期下了多少工夫,花了多少精力,几年来我们花了好长时间去探索,单就边改革、边总结凝练就很辛苦,我们调整了十几种思路,那阵子我天天晚上不睡觉,我家里还有小孩,又有老人要管,唉,不提了,太心酸了,好多人不理解,这个还是要从政策制度上扭转一下,让大家愿意去做真正为学生好的教学改革尝试。(10008D047)

(二) 任务要求发动

大多数情况下,人们可见的显性教学改革路线是自上而下的一条路线,比如,我国教育教学改革的设计与推行遵循着教育部发动、相关管理部门响应、高校和教师予以配合的行动路线。在研究型大学,教师所处的语境是科学研究更重要。一些教师将科学研究视为首要而利好的工作,对教学改革的认识不够,认为教学改革会带来更多的教学任务,影响自己投入科研的时间和精力;但一线教师作为大学组织内的成员,他们对于学校组织形成一种依顺关系,也有一种组织忠诚感。这种关系的长期积累,使得一些一线教师虽然缺乏教学改革和教学创新的意识,但如果上级要求(Mandate)要开展教学改革,教师们权衡利弊以后,也会做出自己的选择。有的老师提到:

> 它(教学)不如做科研的收获那么大,性价比太低,更多的老师开展教改也是在学校、学院的这个要求下进行,因为学校有要求啊,如果学院领导也要求,那我就弄呗。甚至学院说,XXX,咱们学院得有一些人来做教学改革,要不你来吧……这就成了一种任务。老师们会觉得,上头颁布什么文件,我们就执行什么文件,上级制定的教学改革方案有他的道理,我们照此执行不就行了吗。(10008X012)

第四章 动力因素分析：一种二元矛盾分类

我觉得教育部近几年提出了很多教学改革的架构，比如新工科新文科或者什么的，他（教育部）在提，这就要求学校也动起来，学校呢，就要求教师也加入到这些教育教学改革中，那我们教师就得动起来，就得去做（改革）啊。（10008Q补005）

一些教师在教学改革实践中的情绪不高，有学者指出，国内一些高校教师正在被培养为"忠诚的执行者"，根据上级指示机械地完成工作。[①] 这样的教学改革是一种惯习的"被动行为"，缺乏"走心"的思考，没有自己的主见，教师仅服从上级任务，容易成为教学改革的仆人，导致在教学改革中忘记"为什么要改革"的根本。教师的这种消极应付往往需要更好的组织氛围、组织支持和组织文化，如果学校内部缺乏协调，也未能从组织的角度激发教师的教学改革动力，加上研究型大学教师工作压力大，他们就更加"无暇"或"无心"投入教学改革，即便参与了教学改革，也只是"进了庙"去"念念经"罢了。比如，Q老师所在的国家级团队，因为有一定的组织支持，尽管是被动的任务型的教学改革要求，但是没有影响到实施教学改革的动力。

我们系里在80年代曾经拿过一个排名第一的教学成果奖，所以了有了国家级重点实验室，同时因为1987年我们学科评比是第一，当时的话你评比第一，上面就说要我们建立一批重点实验室，同时继续开展教学改革，你们排第一，你们干不干？如果你们排第一的不干，那上面就交给排第二名的去干了啊。所以国家把这个重点实验室建在我们这儿的，这块牌子在这里了，我们必须去做教学改革，包括一些实验教学改革啊。（10008Q026）

你说的这个教学改革啊，我看对好多老师来说，他无所谓，他也没啥动力，但是如果学校或上级有要求说，你搞一下吧，那他就搞一下。就像前段时间，学校提出要搞"规范课程"的认定和淘汰"水课"建设"金课"，我忘了具体名称了，既然学校这么要求了，那老

---

① 毛玥、卢旭：《教师主体性发展的困境及其突破》，《中国教育学刊》2016年第8期。

师们就重视一下呗。(10008D 补 022)

教学改革作为一种战略任务既有来自国家层面的，也有来自教师个体所在的组织层面的，因而，理解"教学改革是由谁发起的？"这个问题，也是理解教学改革动力来源的基础之一。事实上，无论是国家（政府）层面、大学组织层面，还是一线教师层面，大学是一个"松散耦合"系统，这种任务要求的教学改革是一种组织忠诚意义上的教学改革。对教师而言，教学首先是"吃饭的工作"。尽管从内心的认可度以及自身的时间精力等诸方面的衡量，部分教师并不是特别情愿自发开展教学改革，但作为"经济人"和"理性人"的研究型大学一线教师，又容易与组织要求以及社会情境"和解"，遵循一种矛盾的逻辑，进而参与到教学改革中。

（三）学科发展需要

学科不仅给予一线教师学术研究和教学活动一种归属感，它甚至以组织建制的形式给予教师们一种秩序感和安全感。在今天的研究型大学，一线教师以学科载体作为生存形式与发展模式已经不仅是知识分化逻辑演绎的结果，更是其确立教学和研究合法性、专业话语权、工作稳定性、人生价值皈依的基础。有学者研究表明，那些把学科发展视为自动的、分离的教师，对教学的方式更倾向于以教师中心的知识信息的传递；而那些认可学科交叉融合的教师，他们的教学倾向于以学生中心的概念变革。[1] 换句话说，更倾向于积极探索教学改革。

在开展本研究的调查访谈中，笔者也发现，一些教师在系主任或学科带头人等的统一安排下，出于学科和专业发展需要而参与到教学改革创新中，从而始终保持着学科沿袭下教学改革探索的传统，这是一种以学科发展为动力的教学改革。在这个过程中，一线教师提升了教学理论层次和应对教学实践的能力，通过撷取不断发展的教学理论成果来丰富和拓展学科建设内容，提升所在的学科办学水准，这也是一种本科教学改革动力。比

---

[1] M. Prosser、E. Martin、K. Trigwell、P. Ramsden and G. Lueckenhausen, "Academics experiences of understanding of their subject matter and the relationship of this to their experiences of teaching and learning", *Instructional Science*, Vol. 33, No. 2, March 2005, pp. 137-157.

第四章 动力因素分析：一种二元矛盾分类

如 Q 老师就谈到：

> 那这个材料学科是自从我们学校成立的那一天就有，在历史上从来就没有怎么衰败过，到今天还是蒸蒸日上，这种情况，主要得益于这个专业的这些教师在不断地探索教学改革，不断地在创新，不断地去追求进步形成的，这里一直都有这种教学改革探索习惯的，是不断地在新陈代谢的。(10008Q005)

> 这都是几个简单例子，因为我待的时间比较长了，所以，我个人认为啊，这种不断创新或者什么的话，他不同的时期它的表现形式和它的内容或任务不太一样。但是我们这个专业从 52 年建设到今天，仍旧一直是长盛不衰，这里边儿很重要的一点就是我们的先生们这么一代一代的大家都在不断地去添砖加瓦，在不断地创新，这样的话，它（专业）才能保持住全国领先水平。(10008Q 补 009)

> 这个事情（教学改革），我觉得是这样，实际上和学科专业发展是相辅相成的。我们肯定会发现这样的事情，如果这个专业里的教师不去做教学改革，不去找新的东西，长期这样下去，这个学科、专业一定不会有良好的发展，甚至会灭亡，这跟企业都是一样的。反过来说，这些具有有限精力的大学教师也正是通过学科和专业发展来获得其作为高校教师职业人和社会人存在的意义。(10027L015)

教师通过自己的学科背景和从事的教学活动皈依于所在的学科和专业，反过来，学科对于内部的所有教师而言，其意义非常重要。学科于教师个体的情感不言自明，这种嵌入的关系使得学科的命运与教师的发展息息相关，一个学科要取得长足的发展和兴盛，需要不断进行教学探索，培养的学生质量高，学科的口碑才会更好，基于此，一位富有感召力的学科带头人总能认清形势，带动教师做教学探索。访谈发现，凡是在学科评估中名列前茅的学科，通常都已形成了多年持续不断的教学改革传统，年轻教师将继续沿着前辈探索的路薪火相传下去。

学科的存在意味着大学教师的存在，如果教师不能与时俱进，培养社会所需的人才，自己所依存的学科将面临存亡的选择，当学科遭遇"被砍掉"的危险，大学教师也将随之失去"饭碗"。因此，当学科发展需要教师探索教学改革时，教师也将"没有商量余地"地搞好教学工作，以达到专业培养方案里提到的培养目标。

（四）团队平台支撑

奥尔德弗（Alderfe）的 ERG 需求理论提到，组织里的相互关系（Relatedness）是团队成员在团体工作中的协作程度，是对所在团队氛围的主观感受，团队成员在一个良好的团队氛围中所体现出来的协作程度越高，表明他们的工作关系需要满足程度越高，工作动力也会更高。[1] 通过对一线教师的调研发现，学校如果能够为教师教学改革与研究提供一定的平台和载体，有给予教师强烈归属感的团队和教学共同体，则教师投入教学、实施教学改革的动力会得到强化。基于访谈资料整理，本研究发现，这些平台与载体至少但不限于以下几种类型："教学研究会""教师发展中心""教师学习共同体""教学督导组"等。根据本研究调查结果，一些老师在回答自己遇到的教学改革阻力和困难时曾提到，具有共同的教学愿景的团队和教学交流平台在帮助教师解决教学改革过程中遇到这些问题时发挥着重要的作用，从而增强他们参与教学改革的动力。在访谈 D 老师时，他多次向笔者提到 U 大学的某个教学团队在助力教师参与教学改革中所发挥的重要作用：

> 他们成立了一个团队，他们现在为什么拿了四次全国一等奖，就是说他们循环的好，他们一群同事一起，你看为什么他们能做的好呢？他们感觉这个教学改革不是教务处的事儿，他们的老师传帮带带的好，有助于青年老师成长，我觉得他们老师成长很快的，我感觉每回我们的青年名师的竞选，PK 不过人家，人家确实讲得好，又得到很多的奖励，

---

[1] C. P. Alderfer, "Organization Development", *Annual Review of Psychology*, Vol. 28, No. 7, 2003, pp. 197-223.

他们互相扶持,有计划地把每一个老师都扶持起来了,那大家都有积极性,那个动力确实杠杠的,这你没法比吧。(10008D016)

学校如果提供了更多的交流平台、相关系所学科组建了相关团队,他们将发挥一种"教学改革共同体"的作用,会有效推动教师对教学改革的认识和投入。"教学共同体包含了具有共同愿景、合作与参与、相互依赖、关注个体和少数意见、有意义的关系五个要素"[1],是所有有助于教师提升教学能力、共同促进教师教学改革的所有组织的总称。是建立在教师相互学习基础上的形成的形式多样、因地制宜组织的校内教学合作学习的平台。这样的教学改革共同体强调"生态取向"的教学发展,旨在构建高水平、重质量、及时反应性的教学改革合作文化。在本研究开展过程中,根据一线教师的反馈,教学共同体既可以引导教师将教学改革形成自觉行为,还会"因材设计",进行个性化教学指引,以研带教、协作共进,这也是推动教学改革顺利开展的动力源之一。以下是几位受访者分享的情况:

我就说说我自己的感觉哈,我这十来年,好多人反映没人告诉他们怎么去做这件事儿。我感觉,特别是偏教学的单位,如果有一个教学共同体,大家一块儿琢磨,一块儿进步,那每个人做教学改革探索就会更有动力,效果也更好。现在可能学校也意识到这一点了,学校成立了教师发展中心,各个学院也纷纷成立院级的教师发展中心或青年教师领航工作站,这样一种教学共同体的氛围就起来了。(10008D038)

我们就是互相帮衬,做得非常好,我们这个"共同体"会平衡得特别好,我们对每个人是有设计的,有句话叫"因材施教",我们这个叫"因材设计",我们根据老师的特长,根据他的从业背景、专业

---

[1] Joel Westheimer, "Communities and Consequences: An Inquiry into Ideology and Practice in Teachers' Professional Work", *Educational Administration Quarterly*, Vol. 35, No. 1, February 1999, pp. 71-105.

能力、教学素养等方面的表现，帮助他设计适合他的教学改革着眼点。（10008L1-013）

  有一群志同道合的人在一起，你会觉得这个是有这个引路人的，我是在往前走的，不是在黑暗当中瞎摸索这种感觉。所以我觉得这种共同体营造的气氛啊或者是这些专家、这种方式也是给了我动力和帮助。（10008L4-015）

上述载体与平台发挥了教学共同体的作用，他们既能帮助教师解决课堂教学中遇到的具体问题，又能营造具有学科特点的教学文化，还能为一线教师提供教学改革交流的平台，在教师参与教学改革的力度与广度上，由每位教师这个"点"延伸至学科、系所、学院这条"线"，再覆盖到全校的"面"，扩大参与面，提升教学质量；能提供教师教学技能培训的机会，还能提升教师教学研究的能力。教师成长的关键期就是在教学改革探索阶段，除了依靠他们自我提升外，教学共同体的帮扶也是一种有效的途径，更是一种动力。

在研究型大学，有的学院有不同的教学团队和梯队，在这些"团队"和"梯队"中，会形成自己的教学文化或者科研文化；有的学院或学科则没有这样的团队，教师教学改革只能自己"单打独斗"。大量的访谈资料表明，团队或梯队的教学文化会对一线教师参与教学改革产生潜移默化的影响。U大学的D教师进一步谈道：

  比如我们学校××学院，他们好像就有一种教学文化。他自己就有一个教学团队，大家跟着一起，有不明白的，大家一起解决，其实教学改革里面有一些隐性知识，而那些显性的知识，就是那些文件材料。隐性的知识是你跟着这个团队的成长过程中你才知道教学改革里面的道道儿，他们那个团队有个校督导组的副组长，他们肯定经常聊教学的事儿，他们经常讨论怎么上好课。同时，他们有规划，比如说，这个团队里的××，你可以先走这一步，然后下一步做什么什么，这些是通过交流得到的感悟、体会、经验，文件上是不会告诉你这个怎么做,下面一步步要做什么,应该达到什么要求,学校出文件不会出台这个东西。这个需要什么呢?团队传帮带,言传身教。教学改革其实跟科研是一样的,这个需要去研究,需要深入这个东西,团队正好是捷径,它可以推动你。(10008D039)

我所在的这个系所呢,有自己专门的教改课程,这个课呢,是几位老师一起来做的,所以他们是在我来(入职)之前吧就已经组成了一个团队,形成一种文化了。我自己本人的这个研究呢,跟这个教学团队的方向离得比较远,所以也没有被吸纳到这个团队里面,所以一直也没有真正地参与过特别大型的这样一个教学改革中。反之,如果我在这个团队中,在这样一个教学文化氛围中,可能我还真有教学改革的动力。(100027L002)

另外,许多受访者提到,学校、学院和行业内举办的各种类型的教学改革研讨会在教师参与教学改革的过程中发挥着极其重要的作用,这些交流会探讨教师开展教学改革的经验、体会、困难和问题等,对于关注、分享、促进教师个体的教学改革行为,为广大教师搭建开展教学研究、改进教学方法的交流与互动平台,切实提升了教师的教学水平,为进一步推动和深化我国高等教育教学改革、提高大学人才培养质量具有深刻的意义。有受访者提到一线教师对参加这类教学交流会的渴望:

确实,现在的教学需要打破旧格局,大胆创新,跟上时代进步的潮流。我希望我们学校多组织点教学方面的交流,你看科研项目、学术成果的交流很多,这个不用多说了。其实教师,尤其是刚入职不久的年轻教师,他们并非所有的都来自师范学校,并非天生就会当老师,并非都会讲课,像咱们这种研究型大学的教师,大家进来的时候,学术水平应该是不用怀疑,但是你说要让他上讲台讲课,那未必和他的学术水平匹配。学校组织的也好,其他机构组织的也好,反正对我来说,我还是比较愿意去看看人家是怎么教学的,在这样的会上,总能学习到人家是怎么开展课程教学的,人家做了哪些改革与创

新。(JD.4.038)

比如你也知道的，咱们北京市前几年每年都有教学交流会，对，好像你也参加过吧，那个分组研讨环节挺有收获的，各专业的授课教师及教学管理人员根据各自的议题在小组召集人的主持下进行讨论，大家各抒己见，讨论热烈，每次都有意犹未尽之感，各高校的老师促进了彼此间教学上的沟通交流。(JD.4.039)

可以看到，这样的教学研讨会可以加大高校之间、各个课程教学团队之间分享经验、总结不足，同时提出改进的办法，甚至可以为学校全面推进教学改革向纵深发展理清思路、指明方向，努力使学生成为教学改革的最大受益者。许多教师提到，教学改革是一个不断完善的过程，教学交流会是教师学习到同行老师多年丰富的教学经验，并提出创新教学、激励教学的良策。

我觉得在我们学院我所在的学科，我手底下就有这么几个老师，我们能够在一起，我们这个教学改革在一块儿做，经常就是几个人，比较固定的，这些老师，首先他们也比较愿意做这个，应该往大里说，就是在我的领导下吧，老王，小李……就是我们还是对教学改革、工程教育改革都挺感兴趣的，然后呢，我也带着他们做，然后他们也感兴趣，开展教学改革，也得有人支撑啊，不可能都是我一个人做对吧？有的老师，我提个教学理念和框架，大家一点两点几小点地弄好，然后有人去落实，大概都是这种模式。包括撰写教学改革文章、包括我们在一起出教材，包括在一起指导学生科技创新项目，还包括一块儿带着×老师，去参加那个工程教育的培训，我回头带上他，然后我让他牵头在做全校的这种工程教育建设项目、工程教育认证的制度建设，他是负责人，就类似这种啊，就说我们有这么一个以学科为单位的团队的支持，大家动力还是比较足的，也干出了一些名堂，反过来又促进了他们继续做好教学改革。(10008L1-009)

可见，在受访者提到的学院的这门学科中，已经形成了一个氛围良好的团队。改革的倡导者往往会意识到教学改革的重要性和教学改革可能遇到的阻力，会有意识建立课程团队，并在潜移默化中形成教学团队常态化、周期化的交流、研讨机制。这既可以避免教师单打独斗开展教学改革活动带来的阻力。另一方面，由于学科教学团队集思广益，还可以更好地理解与认同教学改革的内涵和各方面要求，最大限度地减弱了阻力，增强了教师从事教学改革的动力。T老师直接表达了对团队的认同：

> 这些其实都源于我有一个好的平台和一个好的团队，同时呢，我得到的奖项和同行的认可，以及学生反馈，正好也使得我更加觉得做这个事情有价值，所以我的动力就更加足了。（10004T012）

群体动力理论认为，人的行为选择会因为自身的需要和外部环境的影响而改变，团队就是一个整体，群体中各种各样的因素都能通过影响群体行为来激发成员的潜力，从而推动教学团队的发展。基于群体动力理论，一些教师开展教学改革，动力来源于团队的影响，教学团队目标、教学团队文化、教学团队结构等因素对教师投入教学产生较大的影响。D老师甚至提到：

> 我现在就发现我们有点问题，我也不妨多说一点，在我们学院，我就发现有些课程呢，如果你不去新增这个团队、不新增这个组织，教学改革必然落后，你让老师们做点教学上的事情，还希望他做出点名堂，（如果没有团队）老师们根本"找不着北"。（10008D020）

> 在本科教学改革中，一个呢，就是科研中有这种"梯队制"，那如果在科研的梯队中，也把教学改革这一块儿突出出来，这才是真正实现"梯队制"，那么一个梯队里，有一些人其实是适合做科学研究，然后呢，我们在教学中啊，把他的成果联系起来、应用起来；还有一些人可能就适合做教学，所以我觉得这些管理方面如果真的能够做到，其实团队去完成这些教学改革工作，各自发挥特长，各自都有动

力，非常有利的啊。(10008X011)

从上述 X 老师提到的情况可以看出，团队（梯队）的意义还在于，可以为教师提供分类管理和发展机制，一些团队会结合团队成员的特点和优势为不同类型教师设计不同的生涯发展规划和利益获取路径供教师选择。

（五）项目孵化促进

与一线教师的交流发现，学校或政府设立的这些教学改革项目除了能够给予教师开展教学活动提供必要的经济物资保障，更重要的是发挥着"引导""孵化""驱动""倒逼""督促"教师开展教学改革，进行新的教学尝试、教学探索、教学研究，这对教师来说也是一种动力。

在 U 大学，因为我拿了一些教学改革项目，我发现，这些东西对我的引导非常大，依托这些项目，督导组老师那是真在孵化我啊。……一开始是最普通的教改项目，然后是重点项目，这里面有非常好的地方，比如很多青年老师在自己单位里面，你要想做点事需要有人扶持，如果学校有这种项目，通过项目建设、中期评审、结项评审，能见得到有经验的老师、得到一些名师帮你做一些指点……你拿这个项目，一来，你可以通过这个项目接触到同样在做教学改革的其他课程的老师，你去看看别人怎么做，吸收到很多经验，而且还有督导组老先生给你指导；二来，有了项目，你就有压力，有压力你就有了动力，因为项目需要你一两年，你可以思考教改论文，思考你在课堂中怎么样去设计……其实我们人都是懒惰的，我们把教研项目作为自己的一个推进器。……教研项目要求拿出东西来结题，虽然钱不多，但会给你一个推进器。(10008D012、014、033)

从我自身来讲，我是希望不断有教改项目支持，其实这个教改项目，从侧面来讲是在倒逼老师去（投入教学），因为你申请下来这个项目，你不可能说不达到你当初设定的目标，你就去进行项目的结题，这是不可能的，你可以通过申请教改项目，然后又有这个（结题）期限，那就倒逼自己必须去对这个思考改革，然后渗入到教学过程当中啊，就是尽管精力不是特别够，但有这样一个压力，也逼着你分配一些精力在教学当中。（10008Y015）

比如我们现在做的这个研究型教学示范课啊等等这个项目，通过这个项目吸引我们大批的老师参与，这种项目设计式的，推动教师教学改革大面积铺开，可能起初更像是一种形式上的，因为我们好多老师刚一参与这种教学改革的时候，他也就是抱着试试看的动机，改革的动力未必发自内心，也没那么强烈，而且实际脑子里边儿也不清楚真正改革的是什么，但这些项目，让大家对传统的课堂做一些改动、调整，这还真是一种促进。（10008Q036）

近年来，国家从政策层面推出了各种以教学项目为激励方式的教学改革培育计划，这与科研项目设置的发布与实施类似。这种项目的设置在引导教师走上教学改革之路上发挥了作用，至少从形式上促进教师参与教学改革，通过教学改革项目的引入和孵化，一方面给开展教学改革一定的资金资助，另一方面通过项目制实施过程检查，督促教师注重教学改革的过程质量和实施效果。

不同于行政指令性授权，"项目制"是通过相对科学化、规范化、专业化的治理方式去实现一种非科层化的竞争性授权[1]。调研了解到，一段时间以来，国家层面、大学组织层面对教学改革的规划、管理主要通过"项目制"进行。今天的几乎所有高校，均设有各种各样的教学改革项目，同样，在研究型大学，开展教学改革往往与教学改革项目连接在一起。项目制对老师的作用，不仅是必要的经济支持，更重要的是一个推动和促进，是"双向促进"。

项目制具有一定的体制机制意义。实际情况是，一些教师如果没有项目资助、孵化、推动以及一些结题的基本要求，可能部分教师未必开展教学改革，或者说，教师的参与面上可能有打折扣的现象。从这个意义上来

---

[1] 渠敬东：《项目制：一种新的国家治理体制》，《中国社会科学》2012年第5期。

讲，项目孵化成为教师参与教学改革的动力来源之一也是在情理之中。

> 我是从 2014 年来到咱们学校，主要是跟着团队组长（×教授）做教学工作。先是他在学校立项了一个教改项目，对课程做一个短学时的教学改革，在这个过程当中，在项目的推动下呢，我慢慢地学习啊，并且了解了教学改革如何执行。那在此基础上再辅助这个团队组长完成一些教学探索工作呀，我深度参与其中，我感觉我做得好，也是这个项目结题需要完成的，所以我们按照新的理念，结合学生新的需求，开始教改探索，项目顺利结题，我也获得了不错的教学改革体验，效果还不错，后来我自己又接续开始投入这门课的教学改革，我自己的项目也得到了学校的资助。（10008Y003）

> 还有一点，就是学校教学改革项目的推动吧，它是一个双向的，首先，我如果没有前期的积累，我也不敢报这个项目啊，完不成啊，对吧？但反过来，这个项目又督促我进一步的思考和完善，甚至产生新的教学思路，取得新的教学效果，从这一点来说，项目孵化我开展教学改革，教学改革的项目和我们教师开展教学改革是双向促进的。（10008L2-017）

另一方面，对于一线教师而言，学校、上级部门作为项目发布方承担了"委托方"的角色，而开展教学改革的一线教师则承担了"承包方"的角色，当前的"教学改革项目制"的实施容易引发"委托方"与"承包方"二者的博弈，项目的"收益"成为博弈的性质和走向的直接影响因素。由于教学改革在教师绩效考核评价体系中倾向于"边缘地位"，这对教师作为"委托方"而言容易变成"应付任务"的属性。正如一位受访者提到的情况：

> 你要问我开展教学改革的动力，我就跟你聊个实话吧，我们学院有一个国家重点实验室的建设任务在这里，学校项目建设上，我们也挂了号，我们不得不"接招"，我们得结项、得交差啊，这算不算动力？（某 985 高校工科专业教授）

但有一点值得关注的是,"项目制"与常规制度安排不同,具有不确定性和间断性。① 当有项目获得批准立项时,项目的执行过程包含设计、启动、中期检查、结题验收等环节,通常学校会委派教学督导组跟进这个项目的推进,但如果教学改革项目一旦停止或者结题,教师的教学改革也有可能会面临终止,这就会产生"因项目而教学改革"的现象。此外,但根据笔者的观察,教学改革项目制在某种程度上催生了一些只注重教学改革的显性成果而忽略了一些难以衡量的根本价值维度,甚至由于项目符号化带来的放大化利益而扭曲了教师日常教学行为,造成教学的正常节奏被打乱,这些现实问题值得关注。

第三节 "功利"与"初心":目标主导因素

一 功利:以物化因素为结果

行为的动力来源于人的需要,它是人的行为取向的支撑点。不可否认,并不具有其他经济来源和额外收入的投入教学的大学教师,为了自身的生存和发展,必须寻求物质支持。在复杂多变的现实面前,在高级知识分子云集的研究型大学,也存在着利用规则精巧计算有利于自身需要的功利因素,实施教学改革成为一些教师"抓住机会"以便能在同行竞争中获取一定位置的途径。本研究无意损毁大学教师的形象,长期以来,我们对大学教师的道德和责任感毫无异议,但本研究通过参与式观察和一线教师的"吐槽"了解到,大学场域里一线教师的行为也带有某种政治、经济逻辑,也有被一些名利资源所裹挟的现象发生。

(一)名利资源驱使

对于研究型大学教师而言,必要的物质奖励、名利激励也是促进教师开展教学改革的动力因素之一。一线教师的教学工作条件和物质支持与奖

---

① 周雪光:《项目制:一个"控制权"理论视角》,《开放时代》2015年第3期。

励、实现成就动机的名利认可是教师安心工作的物质保证和精神鼓励，也是教师投入教学的价值体现。尤其是在教学改革中，教师们的付出与回报相符合，是对教师工作能力的肯定，同时还是稳定教师队伍投入教学的需要，是教师保有持续教学动力的根基。

> 那些每年承担大量教学课时的老师们太累了，这还不包括课外答疑、作业批改等，有的老师致力于把课教好，算是教学改革探索吧，各种付出，这种情况下，低工资，高强度，让人心累，总是日复一日年复一年，老师们哪有动力，能把基本的课程教学完成就不错了。老师们在高消费的大都市要生活，教学工作本来就辛苦，一定要有物质奖励！（10001L012）

> 对老师的激励，相比之下，应该比科研的更多些，比如说，老师科研上多出一个什么东西来，或者说他从外面一下就搞个2000万，你教学，你也需要刺激刺激，你能给他2000万？你哪怕给他200万，没有搞不定的啊，他一定能把教学搞得特别好。科研那边的投入太多了，教学这边怎么投入？一点点物质利益是带不动的，那哪来的动力？对老师保持这个教学改革热情的培养，你要问我可行性的措施的话，可能很重要的一点就是对经费资助再加强，别搞个8千、1万、2万的，太少了，你要出版教材，出版费都不够，你让教师搞教学改革，你整个100万往那儿一拍，你看有没有人愿意干，我觉得这老师一定会非常有热情地去做，你再加上100万，你看看能不能再给写几本好教材？当然，我可能说得太物质、太直白，但我陈述的确实也是事实。（10007J021-022）

通过访谈也发现，教师的教学行为多少会受到经费的影响，这为教师进行教学改革提供必要的经济资本，特别是教学项目的资助和教学成果的奖励，促使了教师教学惯习和教学规范的养成，客观上促进了研究型大学教学文化的形成，增加了教师投入教学改革的动力，这种方式得到了教师们的普遍肯定和认同。项目经费是研究型大学为投入教学、开展教学改革的一线教师提供的基本经费支持，一些研究型大学开始把投入教学、参与教学改革与教师的岗位聘任、职称职务、工作量计算、工作业绩考核等建立关联，开始借鉴在体系化的科研绩效体制，开始设定不同层次和水平标准的教学改革对应的奖励。功利性因素和资本性功用也成为教师参与教学改革的动力之一。

> 另外补充一点啊，就比如说这个物质动力吧，你像为什么我感觉老师们还是喜欢做科研？对于教学，大家觉得能达到要求就可以，主要是教学创新从经济上、哪个方面来说，都比科研要差，奖励机制就差太多啊，唯一能拿到手就是课时费和这个教改项目，还特别的少，所以，大家都计算着，基本上很多老师都选择满足基本教学量就可以。（10008Y017）

曾有学者担忧当前高等学校学术研究的符号化问题，认为问题的关键并不在于符号的表意是否准确符合现实，而是在当前的教师考核评价体系中高校与学者严重依附于符号价值，被符号控制了[1]。其实，在教学中也存在类似于学术研究中的这种现象，即将教学改革作为追求最大化物质与名利的符号消费等异化现象。

通过与受访者的互动了解到，这种现象发轫于"审计文化以及相关的管理主义总在制造许多的苛求……破坏力十足"[2] 的现象。在本研究中，笔者听到许多一线教师对于教学改革符号化的担忧，教学改革不再是用来"享受"（enjoy），而是用来"统计"（measured）的。有的老师提到，现在的教学改革，所包含的东西不再是单一的教学改革本身，还可能意味着一个绩点（Grade point average，GPA）、一个指标（Index）、一项资本(Qualifications)、一个门槛值、一个帽子需要、一个头衔的入场券，也是荣誉、职称等所需的象征资本，甚至成了个人身份的象征性资源。教学改

---

[1] 昌成明、熊和平：《符号、控制与学术秩序：学者头衔的反思》，《大学教育科学》2020年第6期。

[2] ［加］玛吉·伯格、芭芭拉·西伯：《慢教授》，田雷译，广西师范大学出版社2021年版，前言。

革也正在一定程度上成为大学场域中的符号消费。

根据一项"教师对教学投入回报的认知情况"的调查表明，教师"教学投入获得了相应的报酬"、教师"教学投入获得了他人的认可"，以及"教学投入促进了教学技能的提升"三个题项回答"完全认可"的比例低到几乎可以忽略不计（参见表4-2）[①]。这说明，在一线教师看来，教学投入确实是一项"高投入、低回报"的行为活动。

表4-2　　　　教师对教学投入回报的认知情况调查统计表

调查题项		完全不符合	不符合	一般	符合	完全符合
教学投入获得了相应的薪酬报酬	人数	102	156	158	41	9
	比例（%）	22.03	33.47	33.90	8.90	1.69
教学投入获得了他人的认可	人数	45	74	240	97	10
	比例（%）	9.75	15.68	51.69	20.76	2.12
教学投入获得了教学技能的提升	人数	34	83	227	114	8
	比例（%）	7.20	17.8	48.73	24.58	1.69

在本研究中，访谈发现，部分一线教师把开展教学改革作为获取经费的来源之一，作为自己"被承认""刷存在感"的证明，也确实存在一些教师投入教学改革夹杂着自利性的动力，掺杂以利益（profit）为目的的形式多样的动力因素促使一些教师在此方面有较大投入。一些教师提到：

> 我这么讲吧，对于一些"科研绩效惨淡"的教师或者文科学院的教师而言，能在教学改革项目上拿到点经费，也不失为一种"收益"，至少可以报销点交通费或者差旅费啥的（笑）。比如，咱们学校对于这个给的钱还是不少的，有一些功利性，两方面促使做这个事情吧。(U大学文科学院系主任X教授)

> 总的来说……各个层面的这个奖励也都在扩大，你像我们学校的

[①] 郭丽君：《高校教师教学行为选择的制度逻辑与作用机制——基于教学管理制度类型分析》，《大学教育科学》2021年第2期。

话，一次 5 万，两次再给 5 万，最后甚至给到 10 万，那么这个动力就更足了。(10004T017)

他们（教学管理部门）把老师想得很幼稚，老师也是人啊，起码是个社会人吧？别说是知识分子、高级知识分子，起码他是个社会人，所以说（教学改革项目经费）还是要达到高一点的金额支持度，否则，老师能有动力吗？3 万 5 万都太轻了。(10007J023)

本研究调研过程中许多一线教师提到，无论哪一级对科学研究的奖励都对老师们的激励作用十分明显，还一定程度给予老师们经济实惠，缓解了教师的经济压力。同样的道理，教学改革经费资助与奖励制度，弥补教师在执行教学活动与教学创新过程的经费不足，补偿教学探索与实践过程中的成本支出，就具有一定的必然性。可以说，对于一部分教学型教师，尤其是文科专业的教学型教师，给自己带来一定的利益成为他们参与教学改革的物化因素，尤其是在经济方面的利益。而教师以功利为目的的教学改革参与动力，一部分源于当前处在高物价和高消费的大城市环境中一些青年教师生活困窘的尴尬。一名教师很坦率地讲到：

另外，教学改革，我是有外界和物质因素的，我就是需要经费。我漏了一句话，那就是深层次原因，其实很简单，无利不起早，大部分趴着的铁屑（磁场）就是无利不起早，少部分自我约束好的，就立起来了，大部分跟高尚、伟大不沾边，写宣传稿才这么写。这里的利，指的是经费、工资、年终收入、头衔、职称、奖励……归结为一点：钱。(10008LJ009、025)

有些老师呢，为了拿点项目资助，有的老师呢，为了奖金或者什么的，甚至是说再充点水，比如，一篇论文拆成两篇写，一个教学改革换汤不换药地做，因为学校那个年轻教师负担在那摆着呢，那一篇论文学校能奖励一些钱，那也是个不小的解决生活实际困难的途径，这更好促进教学改革工作，从某种意义上也是正面的促进作用啊。(10335R006)

经费收益确实是一线教师通过自身劳动得到的一种外在的物质回报,一线教师会将教学投入与自身期望值、实际需要以及与周边类似情况的社会标准进行比较后形成一种心理感知。如一些受访者所述:

> 有时候学校层面我也有申报教学改革机会,但主管教学副院长把这当作自己的垄断资源和利益交换,把机会或奖励送给与自己有利益交往的同伙。(匿 H002)

> 我想揭露一个现象哈,我们的好多教学改革,都以项目的形式立项,所谓的各种教学改革项目,多数以研究报告或论文的形式结项,其中研究的成分多一些,实践的成分可能少很多,研究者可能满足于结项本身,而对于教学改革的初衷,也就是切实地研究教学问题,切实地拿出改革方案并进行教学实践,这是教学改革的一个基本要求吧,但在实际实践中却打了折扣。这里不排除一些教师结合自己任教的某门课程真的进行某种改革和尝试。结题时,即使有专家鉴定意见、有相关学校的使用证明、有研究者个人言之凿凿的自我确证,但更多是一种熟人间的相互帮忙或是自我证明,因此,各种热热闹闹的教学改革有多少能真地让学生受益,真的是不好评估,倒是成了一部分教师投机钻营、用来证明"教学实力"、显得有"高级感"的证明。(10053 匿 004)

可见,一系列教学奖励制度以及设立的教学改革项目,成为满足教师教学改革的基本需要和经济条件改善的工具,这种操作方式催生了数量增多的教学改革项目,在一定程度上提升了教师参与教学改革的意愿,但只重数量不重过程的管理机制也必然导致项目立项中机会主义的产生,进而导致教学改革流于形式,忘记了实施教学改革的"初心"。正如郭淑芬等人提到,教师能否普遍参与并持续推行教学模式改革面临着逐利倾向的挑战。[1]

---

[1] 郭淑芬、高功步:《高校教学模式改革:动力、挑战与路径——基于教师自主推进的视角》,《扬州大学学报(高教研究版)》2018 年第 4 期。

在国内某"高等教育理论与实践研究"微信群里,针对"育人本身是否具有功利性"的问题引发了学者们的一系列思考:如果育人有功利,那教学一定是功利的吗?什么是教学功利?教学从何时开始功利?教学为什么要功利?教学不功利难道不行吗?难道没有教学的不功利?

一些一线教师认为:教学行为、教学改革行为的功利性是十分现实的问题,这个场域决定了教师教学改革行为自身的阈限,"聪明的教师"早已洞悉到这一层。可以肯定,教学是有功利存在,但更多的是不功利的。教学是育人的一种形式,Z大学A老师认为,许多时候需要利用功利性来调动激发人的积极性,单纯依靠教师的思想觉悟并不是一定就行。深入一线教师群体,这样的诉求还比较普遍。某高水平行业特色研究型大学T老师提到:

> 功利确实是绕不开的话题,尺度也很难拿捏。这里面(教学)其实也是有一定的利益的,这个利益也算一种动力吧,比如说我们学院,有的老师可能一次都没申请到(教学改革),但是有些"大佬"可能就已经做过N轮(教学改革)了,他现在申请什么教改项目都容易,因为有前面已经申报过教学改革项目作为厚实的基础,他现在只要申请教学改革,一般都会批下来,而且大佬们得到的奖励经费也多,现在已经通过教学名扬国内了,可以说通过教学改革实现了这位老师功成名就。(10004T006)

> 现在的教学改革效果不好,你得赶紧找原因,你得有动作是吧?教师也是要有利益来刺激的呀,那些一流专业负责人或者教学改革骨干教师,只要人家对教学的创新动起来了,你是不是该给他好一点的岗位待遇啊?你得给点大家看得见摸得着的东西呀,嗯,落后的专业的那个专业负责人,你是不是该给他点待遇下调来触动触动?(10712M007)

(二) 符号绩点消费

根据米德的符号理论和布迪厄等人符号权力的概念,本研究认为,一线教师提到的教学改革在研究型大学教学体系的建构中具有明显的符号象征意义。从宏观视角来讲，教学改革的推行、实施和成效构成了社会、教育界、政府对高水平大学的共同认知。一流的大学一定有一流的教学，而一流教学通过高水平的教学改革来体现。无论是在官方的还是民间的话语中，均有可能受到这一逻辑的支配。也就是说，对于大学组织而言，它可能是"牛校""名校""一流大学"等称号的一种符号。

从微观层面来讲，受竞争与压力、绩效与问责等产业逻辑的影响，许多大学教师（特别是研究型大学的教师）将教学工作逐渐演化为教学改革项目的申报、发表论文、评优授奖等行为。如前文对教师身处的社会环境的考察发现，由于社会企业的绩效逻辑已然在大学教师的工作考核、职称评聘中开始渗透，相较于平淡无奇的教学活动，参与并实施教学改革对教师的知名度和职业发展会有一定影响，教学改革也逐渐被作为一种符号绩点消费。具体到每一位研究型大学的一线教师，它可能是"优秀教师""教学名师""特级教师"等身份的一种符号，是一种高级感的象征。比如笔者在收集到的一些研究型大学管理制度文本中发现，大部分研究型大学关于"教学名师"等的申报和评选都包含"教学改革"这个"符号"。

> 现在的职称改革也好，很多人才称号的评审也好，对教学越来越关注，怎么说呢，这个教学改革符号化了。有个兄弟高校的教学管理部门领导就跟我讲，他说他也看到评审一些人才称号材料里，特别是教育部主导的材料，去年开始教学这一块占的份额明显增大。跟你讲这个是什么意思呢？一方面呈现出了国家对教学方面的政策倾斜，高校目前也在开始在重视这个事情。但是他（前面提到的那位领导）觉得这样做也不好，反过来，这个给那些真正做教学改革的老师带来很大冲击，为什么？因为那些过来抢占教学资源平台的人都是科研做得比较好的学术大佬，现在回过头来抢教学资源，他们是为了拿到那个称号"不得不"开展教学改革，实际上又并没有花太多心思在教学上，这就造成踏踏实实做教学的老师的教学改革动力受到打压，这些普通老师真的在做教学探索，却拿不到什么，这不是好现象。我也遇到这类似的事儿，上一次，我不讲是谁了，他本来要报一个科研类的

第四章 动力因素分析：一种二元矛盾分类

大奖，但是申报材料表格里让填写是不是参加过教学改革、课程建设，或者编没编写过教材啊什么的，他没有，那怎么办？他就想了很多办法，原来我们有个国家级的课程改革建设项目，他来找我们把他的名字增添进去，硬要说他是那个团队里的人，其实他就上了一次课，就一个学时吧，他说他也参加了，非要这个指标，也算是国家级的。所以我说，这个教学改革成了一种绩点，有了这个，好像材料就整齐了。（10008L2-004、005）

单位评职称的时候有个可选项，就是关于教学改革工作的一个选项，教学项目和文章。既然这种选项，就说明越来越被重视，我个人的经历这方面来说，既然有这种要求，就需要去申请一些项目，写一些教学的文章作为教学改革的成果。……至少在文本方面，这些年在逐渐靠近逐渐增加教学改革这块的比重，包括项目也好，教学论文、教学成果也好，一些获奖指标，包括教学成果奖等等指标，这方面会都有所侧重。（10007W013、035）

我看就有这种情况，一些要准备去申请"帽子"或者"头衔"的，他们发现那些表格里需要填写教学经历和教学改革情况以及教学成果，这下傻眼了吧，得做啊，那就赶快吧，叫下面的人写个本子，自己牵头申请个教学改革项目，齐活儿，表格有的可填了，申请"帽子"的指标也都齐全了。至于做的怎么样，大家心知肚明，就那么回事儿。（10213匿006）

研究过程中，笔者也同样发现，近年来，一些管理部门重金聘请专业人员打造庞大细致的数据指标系统，建立起看似颇具说服力的严密的数字化考核制度。而一些研究型大学为了彰显学校对教学工作的重视，在职称评定中，对教学改革实行"一票否决"，这个措施意味着，如果在该标准中没有达标，其余的业绩也随之一笔抹去，今后的升迁也将会受到影响，这大大刺激了教师申报教学改革项目，实质性的教学改革异化为看得见的项目。一线教师之间的竞争不自觉地卷入教学改革项目的竞争，也为自己多了一分"胜算的筹码"。教师们如是说：

  可能是受审核评估、专业认证的驱动，高校开始强调教学的重要性，连带着开始大力扶持教学改革项目，随着各种级别、多种名目的教学改革、课程建设项目日益增多，且在评估中影响学校积分，高校开始培育教学项目，从中选优申报省部级项目，可以说是竞争非常的激烈，从政府主管部门的政策导向（重视教学、重视教学改革和课程建设，并配之于各种级别的项目）、到高校主动迎合（积极申报，为学校、学院和教师发展谋取经费、声誉、积分等）这一趋势，似乎给人一种重视教学、注重教学研究、教学改革与实践的感觉，是否从实质上重视、真正促进了教学质量提升，这个打个问号。（10053M002）

  我们做的那个大学生创新创业课程教学改革获得的那个教学改革成果奖，特别有用，我们学院的本科教学评估，还有报博士点申报，博士后点申报，都填上去了，学院说，你这个太有用了。他们全用上了。（10008D043）

从今天的一些大学的现实情况来看，一些可以量化显现的数字指标被用来描述学校教学改革成绩，本科教学改革成为大学学科评估、专业发展的"填表需要"；也成为一线教师职业生涯发展的"业绩"体现，成为教师职称评审表里"更加好看""增加胜算"的必需品。从一定程度上讲，上述现象成为教学改革"异化"的推手。这种逻辑已被种植在一些教师的头脑里，值得引起重视的是，这种逻辑正在将这些"聪明的教师"实施的本科教学改革置于危险的境地。

当然，本研究中提到的"符号"一词还蕴含着，教师希望通过教学改革这一符号来获取他人对自己角色的感知，从而得到"镜像自我"（Looking Glass Self）的印象，确定自身自带"高级感"的角色，表现出与之相匹配的"被期望"教学行为。

（三）提供秀场载体

深入一线教师群体调研发现，在信息传播途径多元化的时代，教学改革为一些一线教师充分展示自身教学潜能和引起他人关注提供了载体。根据一部分教师的反馈，对于一部分教师而言，受当前一些功利性的价值观影响，不免有将教学改革巧妙地投机为为其提供秀场的载体，他们的教学改革带有一种"引起关注""表演"的色彩，因为他们选择"把有限的时间用在正确的事情上"。

"表演"意味着绩效、活动和演示。"作为表演作秀的教学改革"这样的表达来自于一些教师口中的本土概念。调研发现，在老师们的视角下，作为表演与作秀的教学改革主要指一些老师通过各种形式的教学改革获得做课、露脸、出名的机会。有老师坦言，一些老师所谓的教学改革，其实实际上是将备课、上课、说课、观课、评课和写课等程式化、符号化，这种教学改革追求一种"观赏性"，注重一种"花架子"，在有的老师眼里是"自编自导自演的闹剧"；伴随着一些教学改革的"表演"（Performance）和"作秀"（Show）功能不断增强，教学改革的应付现象愈演愈烈，导致教学效果收效甚微、教学质量减退。在一些老师看来，有的老师甚至担心自己被淹没在普通的默默无闻的教师群体里，还会通过教学改革"刷存在感"，这是另一种形式的跟风作秀。

> 教学改革的实效性太难考量，我为啥要那么卖命，不过是做做样子罢了，傻子才对这种不确定性的教学改革投入那么大的精力。（匿2补019）

> 某一个现象的存在，有的时候是外表现象，有的人看的是实质，有的就是拿着教学改革作秀，但我们不能否认这样的"秀"，因为如果没有外表现象，就没办法去号召很多的人去关注这个事儿。（10008Q034）

> 另一个问题就是教学工作本身和科研工作本身的区别，就在我从一本书上看到的80-20规则，做一件事情，80%的效果，只用20%的努力就能取得，偏偏教学工作就是这一类的，要想取得形式上的效果、上面要的效果、指标上的效果，比如各种各样的看起来花哨的东

西，那比做科研好应付得多，也许"聪明"的老师看穿了这一点，于是拿教学改革作为一个载体，一个对自己优先适度的载体，作秀罢了。（10423L010）

像教学方法、新媒体的应用等更多是教师个人自由选择。定期举行的教学技能比赛也鼓励对新媒体、新技术的应用，不过，大多数老师似乎并不关心这些事情，认为都是花架子，更为固守一种教师主导的教学方式。而我就属于大多数中的一员。（10053M007）

华中科技大学王晓升教授曾警醒当前学术研究活动形式化的问题，称"学界'影帝'太多，表演之风盛行"，这种现象使得学术研究变成了无意义话语的自我生产和编织，学术研究变成了"圈子构建"和"整体剧院"，这种情况必将使学术走向衰退。[①] 北京大学陈洪捷教授也提到学术研讨的功能异化问题，认为当前的一些学术研讨会出现了"偷梁换柱"现象，做了与学术研讨无关的事情。[②] 研讨会发言演变成宣读、展示、表演、听讲、围观会。在本研究中，受访者反映的教学改革也存在这种情况。在过去较长的一段时间，教学改革的汇报和展示具有较强的表演性质；衡量和评价教学改革的标准也有注重形式的现象。在这种导向下，教学改革实施中也就更侧重概念和形式的创新，对内容和实效的重视程度不够。教学改革对诸如"厘清了哪些教学问题"、"哪些问题尚未解决"、"教学质量得到了哪些方面的提升"、"学生发生了怎样的变化"等问题，关注不够。这也间接导致了教师在教学改革中追逐"热点"和"形式"的现象。为了容易结题，为了能快速出成果，一些教师会倾向于什么"火"就做什么改革，缺乏下沉思考教学的耐心和定力。当然，客观上讲，对这些关乎实质的问题，衡量和评价难度较大，所需时间也更长。可喜的是，在近几年的教学改革中，这种盲目跟风现象有了可见的改观。

我做个网上的 MOOC，我感觉像是在作秀，还有"点击率"，我

[①] 王晓升：《学术表演的形式和特征》，《江海学刊》2016 年第 2 期。
[②] 陈洪捷：《学术研讨会还在研讨学术吗？》，来源：博士生培养公众号。

还上镜了呢，然后我在朋友圈再分享一下，感觉受到好多人关注，还是有点虚荣心在那儿摆着。（10053 匿 011）

你提到开展教学改革有没有得到什么好处，说句老实话，通过这个吧，我觉得自己在这个学校里面还是有存在感的，每一次探索教学改革、得到认可、推广，我感觉就仿佛"刷了一次存在感"……可能这方面促进了我进一步地搞好教学工作。（10614Y020）

有老师还提到一种现象：当前，大学内外存在一些非正规的教师教育和教师培训形式和教育教学会议等，这些培训无原则地迎合教师的操作需要，聚焦或落脚于"方法层面的培训"，这些培训倾向于告诉老师如何讨好学生，以便能在评教中获得高分，如何"短平快"地发表教学论文（甚至"购买"论文）和申报教学项目，如何（通过非正常途径）获得教学奖项。此类培训关注教学的"套路"，关注"方法的新奇"，关注教学改革申报奖项的"隐秘机制"，其目的也是直接指向教师如何做好"教学表演"。这些培训较少关注教师职业道德、专业知能的提升，对现代教学理念的理解出现严重偏差，对教师的职业精神和价值观带来不良影响。

还有，比如说各个学校、各个省市不是都在评各种东西吗，有名师、优秀教材课件、优质课程，我就是为了做而做，评的那些东西多少也能起到一定的刺激作用。我知道，我的这个想法好像不那么高大上，可能会受到抨击，但我就是这样想的，我还可以负责任地说，我身边这种想法的还真不少，只是不愿意说出来罢了。（10213 匿 011-013）

另外，我感觉教学改革好多东西就是一种"程式化"的东西，我看好多教学基本功大赛获奖的那些课堂教学，教学的一招一式、一问一答，就像一场秀场，为了吸人眼球。我原来以为这个现象仅出现在中小学课堂，没想到我看那些获奖的名牌高校教师课程教学比赛，也都是那样了。（100614022）

这样的现象显现出一种无孔不入的工具理性和市场原则，必然会剥夺从事大学教学的一线教师的判断力与反思能力，也将导致一些教师深陷技术主义的漩涡，难以辨别何种教学条件与方法适合何种学生，或者何类学生适用这一教学方法，那种大学课堂本该展示的人文魅力也会逐渐消失。老师们实施的是花样不断翻新的教学（改革），学生们生活在熙熙攘攘的知识集市，这无异于听到教师们在知识摊位间卖力的叫卖声，而不是在教学过程中享受精神上的愉悦。

> 我发现他们做的教学工作特别容易交差，给我的感觉是这样的，比如提出一些花哨的概念，做了一些新奇的玩法，教学效果怎么样？其实是经不起实践的检验的，至少在我看来是这样。比如现在经常提到那种形象化的教学改革。那次，学院从国外请来了一个人，讲了一个在我看来在中学阶段就非常好理解的一个例子，就是一个铁环儿、受热，内环的半径增加了还是减少了。当然有很多人会答错，但是仔细想想容易想通，也就是说从物理的角度讲，这不难，稍微一动脑，一谨慎就不会答错。让我吐槽的是这位老师分享他怎么教学这段内容：让十几个人拉起手来演示。我觉得这种方式对大学生来说有些低幼化，尽管看上去有形式上、花样上的改变，但这种教学改革有点哗众取宠的味道。这种问题，对大学教学来说，完全可以引导学生自己一步步去思考。这反映的是教师角色的界定问题，你的教学改革指向哪里？是学生的成长？还是上面的认可？我是认同学生的成长的，但现在很多的教改纯粹是为了一种"观赏性"。（10007W020-021）

关于将教学改革作为"秀场"，教师或许为了一种教学的"观赏性"，或许为了"出名"，从而投入教学改革中来。确实，在本研究的参与式观察中发现，通过教学改革实践，一些教师深谙评选优质课程（有的学校称"金课"）的制度规则，会基于自身的利益考量，在教学中选择具有辨识度的教学改革作为符号（就算是"水课"也难以在教学管理上对其甄别）"演给管理者看"，以此换取组织的认可。但对此行为逻辑，教师们虽不认同，但有的老师持一种理解的态度，比如有教师提到：

某一个现象的存在，有的时候是外表现象，有的人看的是实质，有的就是拿着教学改革作秀，但我们不能否认这样的"秀"，因为如果没有外表现象，就没办法去号召很多的人去关注这个事儿。（10008Q034）

二 初心：以责任因素为目标

大学教师职业是具有高度伦理自觉的一种职业。习近平总书记强调："教师应当执着于教书育人，有热爱教育的定力"[①]。教师的教学改革活动是完成教育使命、实现教育理想和信念的载体与平台。作为研究型大学的教师，把教育教学作为一种职业初心、一种职业责任、一种职业使命（mission），将一种工作（job）转化为职业（career），再上升到志业（calling），具有独特的意义。

（一）忠于职业操守

在调研中发现，许多教师参与教学改革的动力来自他们的职业操守（responsibility）。这种职业操守蕴含了教师高尚的人生观、价值观和正确的教育观、学生观，蕴含了教师忠于教育事业的责任感、义务感和奉献精神等。这种职业操守强化了教师面对教学活动能做到淡化利益驱动，关乎教师的教学工作投入，也影响着教师的教学改革意愿，也是推进教师参与教学改革的动力源之一。

本研究60%以上的资料节点提到"教学是教师的天职"、"做好教学改革是高校教师的职业操守"，"不好好组织这个课堂，我自己都觉得过意不去"。可见，本研究中的大部分研究型大学教师对自己的角色认知清晰，也在尽力做到"理智上的诚实"，从思想上能将课堂教学的探索与创新纳入到高校教师的教学责任体系中来。在本研究中多次接受访谈的D教师反复提到自己对教学的热爱和教师的"初心"：

[①] 《习近平：坚持中国特色社会主义教育发展道路培养德智体美劳全面发展的社会主义建设者和接班人》，新华网，2018年9月10日。

> 我投入教学改革，就是个热爱，我做这件事做了很长时间，我热爱着这件事，我觉得这件事就是我人生价值的体现，还有我的工作的初心就是来教学，我觉得我能把这件事做得更好，我热爱的事情。（10008D054）

用什么样的信念和态度对待教师职业，用什么样的理念和方法从事教学，如何在本科教学中最大限度地提高学生的素质，是一名好教师需要思考的问题。如果教师站在讲台上讲课是为了谋生，教学中遵循随遇而安、得过且过，只考虑尽快把书本知识灌输给学生，完成课堂的50分钟实践，那这样的教师只是把教学当作一种任务。在本研究中，那些愿意参与教学改革的大部分教师显现出这样的特点：将可以通过教学活动培养人才上升为一种"职业忠诚"的境界，主动以实际情况为基础来调整教学思路和方法；积极进行创造性的教学活动（教学改革探索）去实现自己的价值。这些教师们极大地尊崇教学价值。对于真正意义上的大学教师而言，这些特点是他们实施教学改革第一位的动力。一位受访者提到：

> 一个课堂你要想做得比较好，就得投入更多的时间，你要不断教学改革、去探索，如果你想省劲儿，就是一个平庸的课堂，我不能说是一个差的课堂，但顶多也就是一个合格的课堂，这不是我的追求，也不是我理想状态下的教学，我希望它是个特出彩的课堂，那是我愿意把大学教师这个行当作为一种终身追求的志业，"志向"的"志"（笑）。（10008W031）

研究发现，教学中积极的变化主要源于对教师先前信念、态度和经验的关注[①]。美国加州大学洛杉矶分校对全美392所高校的478位教师的调查显示，尽管在教学与科研时间的分配上存在矛盾，但把成为一名优秀教

[①] M. T. Tatto, "The Influence of Teacher Education on Teachers Beliefs and Purpose of education, Roles and Practical", *Journal of Teacher Education*, Vol. 49, No. 1, 1998, pp. 66-77.

师作为职业发展目标的教师仍然高达98%①。如果教师树立了正确的职业信念、教学信念,就会以积极的态度对待教学,愿意花更多的精力提高教学水平,并在教学工作中不断探索教学改革措施,最大化提升人才培养的质量。如果把理想状态的教学当作"100里路"来走,那么教师通过专业知识、教学技能和教学方法等可以走完"前50里路",而把教学做好、主动探索教学改革却是需要用一种职业操守去完成"后50里路"。

如果他们把教学探索与创新看作是一种责任与使命,出于对职业的高度认同感,教师对教学具有自主意识,通过自主探索教学改革,把教学工作做得更好来实现职业忠诚。有教师坦言:

> 结合我个人的经历,我知道这个阶段,如果学生留下遗憾了,会对他一生的影响特别大。会影响学生发展的高度,甚至会影响学生将来的生活幸福指数。回到教学动力这个问题,正因为大学阶段对学生的成长特别重要,我作为教师,我能做主的主要就在教学上,教学工作做得不好,我对不起我这个职业啊。当年我博士后出站选择进高校,而没有选择留在研究所,就是想把教学摆在第一位。当时找工作的时候,我没有去一个中科院的研究所,因为我是从那种单位过来的,那种环境不适合育人。重视教育工作,参与一些教学改革,这就是育人职责的具体体现,这是我个人第一方面的原因。(10007W009)

正如有学者提到,"一名真正承担起教学责任的大学教师将会把教学看成自己生命中不可或缺的组成部分,并为理想的教学而不懈努力"。② 将教学改革作为使命与信念的老师会常常反思教学,会认可教学过程原本就应该是一个不断改革和探索的过程,并有意识去学习新的理念,时刻想着如何才能提高教学质量。即使遇到困难和挑战,教师也能持之以恒地投入教学和教学改革。一些教师讲到:

---

① C. J. Mooney, "Professors feel conflict between roles in teaching and research, say students are badly prepared", *Chronicle of Higher Education*, Vol. 37, No. 15, 1991, p. 34.
② 常丽丽:《大学教师教学责任研究》,《中国农业教育》2012年第1期。

> 你要问我的动力,我这么跟你讲吧,我选择教师职业主要初衷是将育人作为自己的一种信念吧,我尽可能在教学中因材施教,我曾公开宣布过我的教学信条:无论在我手里是什么样的学生,我都会通过我的教学,使他们将来能够获得更高生活质量的能力,那我这个教师就没有白当。激励机制肯定是需要的,但我个人的情况是靠个人的你要说是理想也好,信念也好,但我这种情况肯定不能推广到大多数,也不能要求大多数老师都像我这样,这不合适的。(10007W045)

在调研一线教师投入教学改革的行为中,笔者能强烈地感受到,一个身处现时代的研究型大学的教师,需要摒弃世俗的价值观,将做好教学内化为教师的责任心和奉献精神;需要很大的勇气将理智与激情、责任与信念、认识与决断很多相互矛盾的东西有机地融合起来。许多一线教师凭借默默地付出,做到了真正意义上对教育使命的承担。在功利主义开始侵蚀大学领地的今天,更需要倡导教师们源自于内心深处对职业操守的忠诚,从而形成稳定正向的教育价值观与教学改革行为。

(二) 促进学生成长

另外,教师和学生之间通过教学活动建构了"教书"与"育人"多重意义的互动交往,在这个过程中,教师和学生不仅有对于知识(课程教学内容)的理解,更有一种双方互动的情感体验。师生之间除了建立"知识传承"和"信息传递"的关系,还构建了一种"价值濡染""能力培养""意志塑造"等多层面和多境界的关系。教学改革即是通过这种认知性和情感性的教学互动实践使教师感知并确证自己的职业价值,终极目的是为了更好地促进学生成长成才。

访谈中,大量的老师提到,教学活动主要面向学生,一堂课的质量好坏,直接影响到学生对知识的理解、对学科的兴趣、对专业的认同、对学校的口碑,更影响到学生知识和能力的进步与发展。学生终将接受社会与市场的检验,教师教学如果不指向学生发展,那么从这里走出去的学生就是"水货"。这也是一种促进教师实施教学改革的动力来源。T教师说:

第四章 动力因素分析：一种二元矛盾分类

要说这个教学改革呀，它分为两种，在我看来一种是政策规定的教学改革，这种是属于从上到下的，另一种，你比如说你也不给我支持，或者认为我的这个教学改革，也在学院的整个大盘子当中好像没什么贡献，但是我觉得我做这个事情对学生的发展有好处，所以通过自己的做一些教学改革、以这样的模式让学生受益，然后教师自发在做，只是没有去申报这个项目，没有得到官方的认可而已，但我自己问心无愧。(10004T022)

本科的 4 年是学生最重要的成长阶段。这 4 年中教师给他的指导，重点还是在课堂上。所以，就算是为了学生的成长，我们也是需要在教学上下一些功夫的。……其实每一位老师都应该有这个意识，要思考学生在你这个课堂上有没有成长，所以说探索教学改革很有意义。……你说的动力，我投入教学开展教学改革就是想助力学生成长，这应该说是我唯一的动机、终极动机。其他方面的讨论，至少在我个人来讲，都是围绕着这个来的，是在为了这个动机，把这个事情做好，其他的，包括教学项目也好、教学的文章也好，甚至说以后要评什么教学奖励也好，都是副产品，是自然而然的一些副产品。(10007W004、026)

以"为学生的成长和发展"为动力的教学改革，教师将把有机整合学生的需求与经验视为教学活动的头等大事，不断调整教育教学的模式方法，关注学生学习时的状态和学习效果。H 教师结合自己的生活际遇提到：

我来自农村，看到很多学生在人生的关键期因为缺乏教师的正确引导，延误学生一生的情况，我很痛心，如今我当了大学老师，我希望我的学生来我的课堂之后，有一种感觉就是没有虚度光阴，没有白来一趟。(10027H 补 003)

可见，许多教师主动探索教学改革是因为他们希望通过自己的教学使学生得到最充分的发展，教师投入教学的目的是让学生"不虚此行"，这种行为方式强调教学责任、教学情感、教学活动的人文性与终极关怀，是一种以学生发展为动力的教学和教学改革，反映了教师无条件的内在价值的自觉信仰，是价值理性的体现，这与"以学生为中心"大学使命和愿景相一致。

如果教师对自己所承担的教学活动以应付的方式完成，以个人"独白"的方式占据整个教学过程，采用"灌授"与"控制"的教学方法，这种情绪会"直接"传递给学生，引发学生也采取"被动"的学习态度，失去自我潜能激发的机会。这种教学环境忽略了学生掌握知识的过程和方法，忽略了学生的情感态度和价值观塑造，这样的教学活动使学生失去学习的兴趣和动力，学生难以成长为堪当民族复兴大任的知识分子，当然也失去了教学的真谛。从与受访者的谈话中发现，一些教师对于教学改革的动力正是基于他们充分认识到了上述情况的内在道理。一些教师提到：

> 要从值不值的角度，我觉得如果从对学生的人格影响、未来发展的角度来说，这个事情（教学探索与创新）很值。因为你能通过这样一个生动的课堂深切影响他，让他很多年后记得这样一门课，让他意识到，我在这课上获得了什么，我觉得从这个角度上说是值得的。……其实我也要养家糊口，但是我认为做好教学和养家糊口不矛盾，我付诸教学的努力与我的工资可能不成正比，但我觉得有更有意义的事就是通过我用心教学，看到学生更健康更好的成长，成为更有用的人，让学生觉得我在这个学校受到了良好的教育，可以应对后面面临的不仅是职场的发展，我觉得这个更重要。对于我个人而言，投入教学的收入与投入科研的收入无非就是我这顿饭吃5块钱的还是吃10块钱的，影响不大，但对学生的影响可能不是5元与10元的差别了。（10008W020、030）

（三）适应社会需求

大量的受访者提到，教师投入教学改革，是因为认识到教学必须符合社会对人才培养的需要，外界需求的压力影响着教师教学改革动力。归纳老师们的看法，在新时期，大学的人才培养呈现出以下几个新的特点。一是，处在知识快速更新、知识获取更加便捷的信息时代，研究型大学的教学必须树立"授渔"的教学新理念，把学生学习能力和获取知识能力的培养放在比知识学习更重要的位置。二是，基于国家发展战略需要，以往的批量生产式教学模式必须做出改变，要采取有利于培育学生创新精神和实践能力的多元教学模式。三是，突如其来的新冠疫情等不可抗因素，使得"疫情时期"和"后疫情时期"的教学模式发生巨大变化，教师需要掌握"互联网+"情况下的教学方法和教学能力，需要培养学生在"互联网+"环境下的学习能力，适应新的教学改革，培养学生的互联网思维。

研究过程中，许多老师不无感慨地提到，身处今天的时代，知识的折旧与老化非常快，学生接受新知识的渠道也丰富而便利。而在我国社会快速转型过程中，市场急需具有合作意识、创新能力、能解决复杂问题的复合型人才，社会向大学教学发出挑战，社会要求高校教师具有新型人才观念，教师必须在教学实践中将其落实，否则会出现人才培养与社会需求不适应的情况。为了适应社会和市场对高校人才培养的要求，教师所承担的课程教学必须进行教学改革，教学改革已成为燎原之势。

更有一些教师直言，与其在社会大变革的洪流中犹豫和纠结要不要开始教学改革这个问题的举棋不定，还不如行动起来，在教学改革中不断历练教学能力，以规避在等待与彷徨中带来的情绪焦虑。下面两位受访者分别来自文科和工科，但都分别谈到社会需求对教学改革的必要性：

> 另外我觉得还是有社会需求这个因素，自从我参加工作以来，那个英语课本一直在变，不说年年变吧，两三年就变一次，我们也亲自参与教材编写，那过程中发现，哎呀这个时代变得好快呀，然后刚刚觉得这个东西是先进的，然后没过两三年，之前用的东西完全就落伍了，所以就激发你必须去做一个改革，不能一成不变啊，所以这个英语教学改革的浪潮也是一浪接一浪，我觉得也是对自己的一种压力，也是一种动力吧。(10008L4-015)

> 我们高校给企业和社会提供人才，一定得把持续强化教学改革这个观念牢牢树立，作为老师呢，你不去告诉学生怎么去解决未知的问题，

去解决比较难的问题，那确实对学生、对学校这个专业发展是不好的，不合格的。你的人才必须有那种创新的人才，你五年毕业能达到工程师的基本标准了吗？能够独立地承担工程项目了吗？与同层次的人比较，同年龄人比较，你这个学校毕业的毕业生要经得起检验，要让人家说你这儿毕业的学生很有潜力。有的学校的学生可能暂时能胜任这个工作，但是很快就没有余力了。但是我们的学生，除了可以轻松胜任，他还有很大的余力，还有很大的潜力，特别是在解决复杂工程更问题需要用到的综合能力、跨学科的能力的时候，能够解决未知问题的时候，我们的学生有他的思路和解决办法，他处理问题的思路很清晰，办法也有，基础也够，因为我们不断在做教学改革探索，跟别的学校有区别，我们通过工程教育教学改革做到了这一点。（10008Q017）

可见，大量研究型大学教师对教学改革的认识以及其投入教学改革是超脱个体的需求，认为当前的大学教学确实存在一些问题、面临一些困境或是面临机遇、挑战，尤其是今天的社会"倒逼"教师"必须改"。拿工科学生的培养来说，社会发展和国家的富强需要更多的"能够解决复杂工程问题"的综合型人才，这些社会需求"倒逼"学校思考工程人才的培养问题，也要求教师们思考如何教会学生用跨学科的知识去解决问题，开展以学生为中心的工程教育教学改革。对这样的教师而言，开展教学改革动力，除了提升组织的效益、促进自身未来发展、有利于学生成长发展等，也与社会大需求的推动密切相关。

（四）提升组织声誉

从管理学角度来看，教学改革实践涉及提高人才培养质量、提升学校声誉等教师面临的组织战略任务。教学质量分布在每个教师个体身上，教师承担了为组织的长远发展而进行改革的责任。教师追求理想状态的教学改革动力不仅是来源于教师个人，也来源于对学科、对大学组织的理想状态的追求，来源于他们认为提升教学质量是提升组织声誉的最佳办法。有老师提到：

第四章 动力因素分析：一种二元矛盾分类

谈到教学改革的动力，我们本身就定位为研究型大学，培养出来的学生肯定是要有研究能力的，要与我们学校的声誉相一致，对吧。那你课堂教学就得往这方面做探索教学改革（10008L2-001）。

另有老师则提到，搞好教学、持续改革，是为了使自己所在的专业处于一种理想的状态、稳居一流水平。他们做好教学工作的目的是为了提升自身所属组织的社会声誉。许多教师将教学上升到学校发展定位和组织使命的高度，在他们看来，从一个学校的定位来说，本科教学就是根本，学生对母校的情感主要来源于学生在课程教学中对教师和教师开展的教学的印象以及从中受到的影响。从这个角度来说，学生在学校最大的收获莫过于在广大教师的教学中有收获，这不仅仅是对学生有益，对学校、对国家也有贡献，学生毕业后对母校有很高的"口碑"。这种动力来自于一线教师对归属组织的忠诚度、对学校的热爱，甚至蕴含了一线教师对学校、对学生、对社会、对国家发展的责任与担当。比如有老师提到：

一个课堂你要想做的比较好，就得投入更多的时间，如果你省劲儿的话，他就是一个平庸的课堂，我不能说他是一个差的课程，也就是一个合格的课堂，这不是我的追求，我希望它是个特出彩的课堂。因为确实从某个角度来说，尽量通过个人的一种努力吧，希望学生热爱自己的学校，别离开我们学校的时候说，哎呀，那老师讲课瞎凑合是吧，这就影响了他对母校的热爱。从更大的角度来说，我真的是觉得，我们的未来我们的国家就是靠我们的年轻人，那我们大学教师通过用心教学为我们年轻的人做得更多，就意味着这些人以后在社会上发挥更积极的作用，更正面的作用，如果他们都这样做，那我们就有一个更自豪有一个更强的祖国，我可能更多地从这些因素出发去做好教学改革。(10008W 补 003)

许多教师投入教学改革是基于他们对教学改革意义的认知，在他们看来，追求好的教学对学校、对学生、对国家、对社会都有重要意义，是"一本万利"的帐，这是教师积极开展教学改革的意义所在。

第四节 "稳定"与"偶发":场景主导因素

一 稳定:自然存在的恒久因素

在影响研究型大学教师教学改革动力的诸多因素中,有一些相对稳定存在的因素发挥了重要作用,这些因素与教师教学联系紧密、对教师教学改革的态度、信念、习惯、价值观念以及行为规范产生直接或潜移默化的影响,其作用也相对更加恒久。根据数据收集整理分析的结果,主要包括:教师所处的组织与社会文化熏陶、教师视教学改革作为立身之本或生存之道、教师称谓的应有之义、教学活动必备等因素。

(一)文化熏陶

教学文化是大学整体文化的核心部分,在本研究中是研究型大学一线教师对教学改革遵循的价值体系与行为规范的综合,教学文化的倡导主要来自于一线教师所处的大学组织对教学环境的营造与教学制度的创建,学校教学改革舆论及教学改革风气。教学文化氛围和教学风气是教学改革所处的"客体与文化"的一部分,具有稳定地激发教师参与教学改革动力的作用。

教学改革是一项富有创造性的活动,研究型大学要积极营造浓厚的教学改革氛围,倡导追求卓越教学的文化价值观,这会激发一线教师以更高的职业修养与教学能力参与到教学改革中,甚至会触动那些原来"被动"的教师变得更加"主动"和"能动"。如果高校着力营造宽松愉悦的人际氛围,在放松的心情中,教师探索教育教学改革的思维既活跃又开放,这将给教师带来更加充分的教学改革动力,对促进教学改革产生积极影响。反之,则是另一种效果。比如以下两位受访者提到:

我们学校支持教学改革的风气还是很好的,我是刚参加工作前几年里不感兴趣的,因为学校在倡导,我自己试了一下呢,第一次也失败了,我想我还要不要教学改革,后来发现咱们学校还是很支持年轻

第四章 动力因素分析：一种二元矛盾分类

老师的，会看你在教学中有没有新的好的想法，（学校）不会就看你这个职称，嗯，学校很支持你去做教学探索。（10008L4-014）

有的教师甚至还谈到了校训对自己潜移默化的影响：

> 我们曾经的校训是学风严谨，崇尚实践，现在改成了求实鼎新，我琢磨，这是有道理的啊。那年头理论水平还不够，模型什么的，这个东西可用的很少，所以我们要踏踏实实地去干，去埋头干，去通过实践来检验设想的东西，对不对？但是今天的话，这个理论模型什么的越来越多，那这个时候如果我们还是用这种传统观念，什么都依赖模型的话，那我们的工作效率就上不去了，甚至人家说你的思想都落后了，那就得创新，就得教学改革（10008Q014）。

从反面的例子也可以看到学校持久倡导教学文化对于教师开展教学改革的重要性。北师大刘水云老师曾对本科教学评估进行研究，在该研究中，有受访者称"在准备本科教学评估期间，教学仅仅被强调了大约一年，此后，人们对它的关注逐渐减少"。[1] 在本研究中，有老师提到教学改革也有类似"不推不动"的现象。事实上，高校教学改革应当是一个连续不断的过程，营造持续推进教师积极主动地参与、开展本科教学改革的教学文化尤为重要。比如一位老师担忧到：

> 举个最简单的例子，我们学院有个老师，他过两年退休了，嗯，他拿了一个国家级的混合型精品在线课程。但是我跟你说，他退休了的话我们学院就没有这个了，因为就他一个人做。也没有领导去问过他，你需要不需要有人跟你一起合作做，你要不要找个老师，你是否需要团队支持。但好像没人管这个，也没人说你需要传承下去，这还是没有形成教学文化的问题。（10335R005）

---

[1] Liu Shuiyun, "Higher Education Quality Assessment in China: An Impact Study", *Higher Education Policy*, Vol. 28, No. 2, 2015, p. 185.

（二）生存之道

研究型大学教师开展教学改革，不仅有教师基于学科属性的知识建构过程，其参与教学改革也有教师基于特定现实境遇做出的一种生存策略，至少在当下情境中，这种生存策略是必要的。奥尔德弗在其 ERG 理论里提到，成长（growth）是一个多维度的概念。[①] 在本研究中，既包括教师职称评聘、职务晋升，也包括教师结合自己的专业知识、能力素养以及工作经验等职业能力去选择更为适合自己的发展路径，还包括教师会根据自己的教龄、年龄情况和所在组织的制度规则等诸多情况安排自己的工作与生活。

本研究中的一些受访者的情况是，当他们发现自己难以在科研活动中取得成绩、实现突破时，会开始调整自己的"生存之道"，选择生涯发展的"转型"，转而投入教学，通过教学实现自己的价值，获得成就感。尽管在当前的研究型大学语境中，教学成果与科研成就并不具有可比性和对等地位，但作为拥有较强自尊的知识型员工，研究型大学教师通常不会允许自己"得过且过"，他们能说服自己"适合的就是最好的"，通过教学改革在教学上"干出点名堂"也"不失为一种选择"。L 教授带领的团队里的两位教师的经历与这种情况相符，L 教授谈到：

> 还有一些人，比如说像杨XX、包括崔XX这两个人都是我带着，你看，他俩都评上教授了，这样的话我就跟他说，我说你行了，科研也就那样了，我说你（科研）也干不了啥事儿了，嗯，你们对教学的感觉不错，然后咱们就往教学上发展，做点教学改革吧，这也是一种发展选择吧。（10008L1-011）

教师入职后每个阶段所表现出来的主要特征不同，一些教师将教学作为自身在大学里生存和发展的择优选择。这与于贝尔曼（Huberman）提出的"教师职业周期论"相符合。当一线教师入职后，经过几年的摸索，教

[①] C. P. Alderfer, "Organization Development", *Annual Review of Psychology*, Vol. 28, No. 7, 2003, p. 197—223.

师可能对自己有课更加深入的认知和发现，此时，他们更容易结合自身的个性和专业能力特点等作出判断，引发一线教师思考，自己职业发展的契机和切入口、突破口究竟在哪里。U 大学的 L 老师分享了自己的情况：

> 还有一个因素，我们常说，失之东隅，收之桑榆嘛！嗯，为什么呢？因为在 U 大学这样的工科院校，我们是边缘人，而我的专业更是边缘化，所以呢，从在学校的发展这块来看，说句不好听的，我觉得没有希望，而且咱也不是拳头专业，我就是在这样一种环境中，我觉得教学是我的特长，之所以对教学改革投入很多，也是我自己一个职业发展的一个契机和切入口。对教师来说，你的职业生涯，就是说，人家材料专业啊，他们的切入口可能是科研，我的职业规划就是结合自身优势，结合所处的学院学校的一种环境，做出客观理性的发展选择吧。我搞科研，我也搞不过人家材料冶金的。我这种文科的处境，那我就选择在教学上做出点名堂来。（10008L2-012）

教师参与教学改革是受教师职业发展周期的阶段特征及不同阶段间的转变所影响。从访谈结果来看，确实存在这样的情况，对于单个的一线教师来说，投入教学改革，是教师基于个人的特点在绩点考核下的人生突围，他们通过教学改革，在提供教学服务的能力可以比其他教师更有效率，这也成为一种竞争力。

菲尔维塞（Fair Weather）根据美国 1992—1993 年全国大学教师调查的数据（样本为 817 所学校的 25000 多名教师）得出结论：能够同时在教学和科研两方面保持高产的教师比例仅有 22%。[1] 本研究观察发现，教师们经过理性分析后，一旦决定以教学作为"生存之道"，那么他们投入教学、开展教学改革的动力更强大、更持久。U 大学的 L 教授提到：

> 每个人的发展路径也不是特别相同，我这个人也不太会做科研，那我总要选择一样，作为我的职业发展吧，所以说就在教学上多投入

---

[1] ［美］伯顿·克拉克：《我的学术生涯（下）》，赵炬明译，《现代大学教育》2003 年第 1 期。

一些也应该是正常的，当然我科研也不是特别差，就是说这个也马马虎虎，大概就是这个意思吧。(10008L1-005)

笔者在一次教学研讨会上也听到一位年长的资深教授提到：

> 科研我是干不动年轻人了，我这个年龄，在高校也差不多算老人了吧，也积累了一些教学的经验，比较适合做一些教学改革实践尝试，我对科研已经没太大信心，但是在教学上，我还能做出点名堂来，学生也挺喜欢，我还挺快乐的。

这位教授的说法与本研究对受访者的资料整理情况相一致：往往年龄相对较大、处于大学教师职业晚期的一线教师，更愿意利用其长期以来积累的丰富的教学和教学改革与研究经验，和自己教学方面得到学生的正向反馈等优势，转而投入教学，甚至主动参与培养和帮扶年轻教师的教学成长。

本研究还发现教学和科研要想做好，所需要的工作技巧也不相同这为部分教师提供了一种选择。有教师提到：

> 在科研工作中有一个现象，那些潜心研究的，不一定能得到经费支持，但那些忙于跑关系拉项目的，却个个是经费大户，这在科研中是没有放到明面上说但却很显然的事，但教学改革几乎没有这种现象，只要你投入教学，一般来说，在校内都能立项。

纽曼曾在《大学的理想》中提到："发现和教学是两种不同的职能，需要两种不同的禀赋和能力，同时具备这两种禀赋的人并不多见"[1]。另外，教师在"科研漂移"和"教学漂移"的取舍中往往具有教师个体自身发展的内部逻辑，其对教师是否参与教学改革起到重要作用。

在本研究中，还有教师提到，教师投入教学、参与教学改革被认为是

---

[1] ［英］约翰·亨利·纽曼：《大学的理想》，徐辉等译，浙江教育出版社2001年版，第4页。

教师职业生涯发展阶段的有序演进，从教师进入研究型大学开始，一般会经历职业初期、职业中期（职业成长与发展期）到职业后期（职业成熟期），教师对自己的职业规划具有符合自己特点的内部逻辑与程序，其对教师是否投入教学和教学改革探索、何时投入教学及探索起到较大的影响作用。换句话说，教师投入教学变革是一种自然进步，是由教师职业生涯轨迹的阶段特征及不同阶段间的转变决定的。

值得引起关注的是，近年来，教育部等六部门陆续颁布了《关于加强新时代高校教师队伍建设改革的指导意见（教师〔2020〕10号）》和《关于深化高等学校教师职称制度改革的指导意见》（人社部发〔2020〕100号），这些制度为教师将教学作为"生存之道"带来契机。当前，许多高校在职称晋升上开始提倡"破五唯"，并尝试为"长于教学，乐于教学"的教师提供等同于副教授的"高级讲师"职称路径，这些举措为研究型大学教师投入教学，开展教学改革带来动力。

（三）教师本分

"师者，传道授业解惑也"，这是中国传统文化对教师身份的精辟论述。教学活动对于教师行为的正当性不言而喻。无论是在代表组织层面的文件、制度、方案等文本中，还是大学内部相关管理人员在各种场合的话语体系中，以及社会、家长等对教师角色的期待中，教学工作就是教师身份的一种概念化表达。

在本研究中，许多已经参与教学改革的教师提到，教学是教师这个概念的应有内涵，与时俱进地开展教学改革，那也是大学教师的"天职"、"理所当然"、"应该的"、"理应如此"。这是一种"身份的规定"或职业的内涵所在。

> 对教学上心，做教学改革探索，不一定非要什么激励。感觉这是一个教师该做的，作为大学教师，不就应该是这个样子吗？从事的教学工作会是几十年的事情，需要形成自己的特色和风格，也许是对自己最大的激励。（10423L008）

有的教师甚至认为，不投入教学的老师不是好老师，教学改革成了教师教学身份概念化的过程。

　　有一些比较个人的原因，在我看来，你作为大学教师，你就是干这个的，你要对得起你这份职业，不要说这个教学是不是你拿工资时必须要做好的"差事"，至少你在讲台上时，教室里坐着的学生不是一件件家具摆件，你要想想，你对得起教师这个称谓吗？难道大学课堂不应该与时俱进不断改革吗？不做教学探索，那还叫大学老师吗？（10008W006）

老师们很用心地将知识、能力、看待事物的价值观等传授给学生，因为他们心里认同教学是老师的本分。

　　谈到动力，其实也谈不上，用我的话说大学教师嘛，搞好教学这是本分嘛。虽然大学的这四大功能包括教书育人也好，科学研究、服务社会、文化传承等，但是严格意义上讲，我觉得这个教书还是第一位的，就是这个老师必须要做的事儿，而且要教好书。动力就是你是个老师你就应该干好这个事儿。（10008L1-002）

根据现象学与社会建构主义理论，一线教师用心地将知识、能力、看待事物的价值观等传授给学生，因为他们心里认同教学是老师的本分，教师们将这个意义投射到自己的行为中，自觉做好教学改革，是教师主体学习与建构的结果。[1]

上述受访者提到的情况与林小英教授等对北京大学教师的调查发现相一致。林小英教授调查发现，教师首先认同自己是一名教师，而不是一个科研工作者的比例是55%，并且认为"教学与科研之间是不冲突的"的比例约为58%。[2] 在研究型大学，教师常常通过解读大学使命的形式来理解

---

[1] 社会建构主义的代表人物为肯尼思·J·格根，本段来自于格根夫妇来华在北师大做的学术报告的主要观点。

[2] 林小英、宋鑫：《促进大学教师的"卓越教学"：从行为主义走向反思性认可》，《北京大学教育评论》2014年第2期。

自己的教师身份，教学是大学完成自身使命必不可少的要素，教学和教学改革也是教师身份的概念化。在教师与社会的互动中，教师和自己常常协商的中心是自己作为教师身份的意义。在实践中，一些教师会厘清对自身来说最为首要的目标，会综合"权衡利弊""审时度势"。当我们考虑教师这个概念的根本内涵时，关于教师教学改革动力问题便具有特别的意义。在很多教师眼里，无论大学组织的使命有什么不同，教师的教学工作都是作为"教师"的应有之义，也是教师为一所大学完成其目标的必不可少的组织忠诚要素。

（四）教学标配

一对一访谈中，33位受访者里有18位受访者不假思索地提到，大学的本位是人才培养，上好课是教师的"本分"，实施教学改革是大学教师适应社会发展的一种"本能"，是一件"理所当然"的事情，是"自然而然"的事情，大学课堂"就应该这样"，甚至是当代大学教师的"标配活动"，T教师强调：

> 对于大部分老师，他只要是在任课，那么它（教学）的各个环节其实都要涉及教学改革，感觉这个东西是大学课堂里的教学标配。（10004T019）

H教师也对此有同样的感触，他从信息社会要求教学要与时俱进的角度提到教学改革是标配活动：

> 大学的本科教学改革是个常态化的工作，对于我们这种电子信息类专业，随着信息技术的飞速发展，内容的更新，教学上需要进行与时俱进的改革。（10487H001）

教学改革应当成为一种"常态化"，不进行教学改革就是"死路一条"。一位入职多年的教师谈道：

> 我确实在做一些本科教学的改革，我从我自己来说呢，我自己对

教学是有蛮高的要求的，就是在这个过程中，我会不断去调整自己，去改变自己，去提升自己，我也很享受这个教学探索的过程。我会不断地去试一试一些新的教学 idea，我可能会时不时地发现，哦，原来这个问题用这种方式教给学生，学生更喜欢，我也很享受啊，很开心啊！……我觉得，学生是带着对大学的憧憬来的，如果作为一个大学老师，你在讲台上都站不住脚的话，学生会很失望的，你的科研工作做得再好，我觉得也不能称为一个大学老师。（10008X03）

大学课堂教给学生的绝不应该只是一些死记硬背的知识，这与现代教学理念提到的"成才"与"成人"相关联。理想的大学教师教学就应该在课堂教学中不断努力探索，就应该让学生在有限的时间里获得最多，这就是大学教学的标配。Y教授提到一种现象：

我们发现，特别是现在的学生，进来的程度都比较高，电子科技大学在四川省内的招生分数线特别高，有些专业比四川大学都要高很多，对于学生来说，他们实际上对传统的大学教学从总体趋势上来看还是比较反感的。比如说，你如果是采用传统的那种一言堂，以老师为中心这种教学方式，学生实际上认真静下来听的不是很多，就吸不住学生，到课率很低，所以这个方面促使我们层次比较高的这些研究型大学一线老师要做一些改革，要做一些适应新的形势的教学改革（10614Y004）。

可见，与我们日常听到的情况略有不同的是，一些老师参与教学改革的动因是一种自然而然的行为选择。

因为现在这些学学生，网络资讯很发达，你要是讲不出什么，你在这哗哗的，真的学生肯定是不爱听的，理论上讲，因为有的东西可以百度到，有在线的课程，各种资源，对吧？人家一看，网上比你讲的好，那当然看网上的了，对吧？所以一个老师必须得要把你的课堂变得比较有趣，比较生动。（10008L1 补006）

教师们普遍意识到，教学活动如果不及时改革，那就很难适应迅猛发展的时代，基于这样的认识，教学改革的确应该成为今天研究型大学课堂教学的"标配"。

二 偶发：事件激发的偶然因素

在与教师的沟通交流中发现，在他们的从教生涯中出现过一些重要事件或偶发事件激发了他们实施教学改革。这些事件或宏观，或微观，或大，或小，他们在推动教师开展教学改革这件事情上发挥了"意想不到"的作用，这些"事件""点燃"了教师教学改革的决心，本研究将其称之为"事件激发"教学改革的动力。虽然这些"事件"只是一个"点"，但可能会在某个时空中与教师开展具体的教学活动产生关联，通过"事件化"的方式激活、衍发成新的力量，转化成教师开始琢磨教学、甚至投入教学改革的动力。

（一）"顺势而为"随大流

我国高等教育已经从大众化走向普及化阶段，这意味着高等教育在规模和数量增加的同时，还将包括高等教育理念、高校教学课程、学生教育经历、学生入学和选拔、高校内部治理等方面的质变，这些都在不同层面上以"迅速而叠加"的方式引起本科教学体系发生变化，教师需要对不适应普及化阶段的本科教学进行改革；又比如，新冠疫情大流行以来，很多工作的性质、场所和劳动力都会发生变化，社会需要的不仅是"解决问题的人"，还有"发现问题的人"，要成为终身学习者[1]。库马尔指出"技能的半衰期不断缩短"[2]，意思是不管你今天拥有什么技能，未来被淘汰的速度都会越来越快，这给研究型大学教学带来了巨大的冲击，也给教师实施教学改革带来动力。

---

[1] ［美］托马斯·弗里德曼：《（新冠）大流行后，迎接一场教育和工作革命》，新华社北京 2020 年 10 月 24 日新媒体专电，转自美国《纽约时报》网站。

[2] ［美］托马斯·弗里德曼：《大流行后，迎接一场教育和工作革命》，https：//en-club.com/covid-education-work/，2020 年 10 月 22 日。

受访者提到，飞速发展的社会需要教学改革，政府和高校在推行教学改革，周围的同事们作为大主流开始行动起来实施教学改革，一些教师也会顺势而为随大流跟着加入教学改革的队伍中。"人是被时代劫持的"①，具体到生活在研究型大学的一些一线教师对待教学改革这件事情，这是一种"身不由己"地"跟随大主流"趋势实施教学改革的动力。T老师用了一个比较形象的比喻来讲他的理解：

> 就像买房，以前对买房就是这样的观念，就是都要买一个属于自己的房子而不租房；教学改革也是一样，以前教学改革只是一小部分人的事情，一小部分老师在做，现在呢就是，大部分都在做，就是越来越多的老师参与到这个其中，所以说，他成了一个大气候，就是就跟租房子似的了，那大家都觉得也很认可这个租房子的，那肯定就都去做，所以说还不光是内因的问题，有的老师做这个教学改革啊，实际上它就是一个随大流、一种顺势而为吧（10004T018）。

老师们认为，大家都参与进来了，这是大主流、大趋势，自己如果不动起来，就没有参与感、方向感和存在感。虽然由于这种原因参与教学改革的动力值得商榷，但是确实也属于推动教师教学改革的一种力量。

还有一些教师的想法更有意思。访谈中，有一个有趣的"本土比喻"发人深思，有的老师把加入教学改革这个过程形象地表达为"进庙、打坐、念经"。Q老师提到他观察到的一个有趣的现象：

> 打个比方，就像我们的老师们被要求要进"一座庙"，那进庙里面去干嘛呢？庙里有和尚，和尚他们干嘛的？他们是念经的，他们念了什么经呢？念的佛经。大家知道啊，有这些寺庙，那就找到这儿了，也没说来干嘛，就是念念经，那就念一念，或者到那里边儿走一走，听一听，人家念，你也跟着念，有的老师认为，你看，我来过这个庙了，我在这里烧过香念过经了，仅此而已。（10008Q037）

---

① 艾伟：《人及其时代意志》，《山花》2005年第3期。

第四章 动力因素分析：一种二元矛盾分类

实施真正意义上的教学改革意味着对惯常的教学理念、教学方式、教学内容等的更新，对自己"舒适"的教学习惯进行调整，对于长期形成的教师教学文化进行革新。上面受访者提到的这种"进庙—打坐—念经"的参与逻辑无疑是一种虚构的教学改革。对于这部分老师来讲，是否领会到教学改革的"真经要义"、是否"拜到了真佛"，并不重要，也无从考量。这种行为取向的教学改革并未具体落实到教学的每个环节，只是"打打坐、念念经"，会有"无所谓"的心态，并不从心，不走心，会应付，得过且过，只是一种作为存在（Be or Existence）的教学改革。

（二）"反面教材"的刺激

通过与一线教师的深入交流，研究还发现了部分一线教师的亲历或亲闻的负面事件给教师教学改革的参与态度带来较大影响，在一定意义上促进教师在教学上"采取行动"，有的教师直接将其称为"反面教材"。Y 教授提到：

> 你看我们学校这么大，学校又好，有一次，一位特别牛的海归博士来我们学校应聘，好像都没被录取。我还目睹我的同事好像是因为教学平平，学生评价也不好，被"处理"了，后来转岗了，反正就是降级降岗了，他就不能教学了。这个事情对老师们的触动还是很大的，至少对我的刺激还是比较大的，可见，要到我们XXXX大学来当一位老师的话，那是非常的不容易，需要经过层层的关卡，要教学评定、科研也很牛，还要通过学校专家组最终讨论确定，所以进来也很难，……所以我想我在教学上也不敢怠慢，我需要常常用心去做一些教学改革探索了。（10614Y014）

上面提到的一些发生在教师日常生活中的"事件"，包括"牛人被拒"、同事降级转岗、教学问题凸显等等，对教师的教学行为产生巨大影响。受访者提到的事例，可能是学校的某种办学行为，可能是教师独特的个人经历，这些都成为促进教师反思教学、实施教学改革的"反面教材"。

(三)"关键事件"的触动

根据受访者提供的素材,一些关键事件的发生触动教师开展教学改革,这种事件激发有很多种,比如,有某个重要人物的影响,有某件事情的刺激和触动,有机会进入某个团队的影响,有某一次某个人在某种场合的语言行为激发,或者国家政策(比如实施专业认证这个国家大事件)的激发等。换句话说,从影响因素来看,除了前文中讨论到的各种影响因素之外,一些偶发性事件无法归类到前述各种因素中,但这些事件因素也不可忽略,笔者借用一些受访者提到的"关键事件"这一词汇来概括这些在促进教师投入教学中发挥了"催化剂"作用的偶发事件。比如有教师提到:

> 有个事情对我投入教学的影响挺大的,就是我进入这个大学没多久,我就遇到了一个特别好的机会,也算是偶然吧,K先生(院士)把我拉到那个大材料改革那个堆里去了,我就有机会接触这些大师,一开始可能不是主动的,但是你有了这次机会,遇到了这样的人啊,很幸运接受这样的任务,参与到了这个队伍,这是很重要的因素,对吧?(10008Q021)

> 有一次,我在楼道里听到几位学生在议论纷纷,吐槽XX教师上课太糟糕,我心里很不是滋味。我站到讲台上,和学生在一起,要脸啊,没有老师的样子,我抬不起头,说好听,就是职责所在,说心里话,就是脸皮薄,受不了被学生指责,被学生小看,这就跟自己花钱买正装参加会议一样,这就是没人要求,我就是要脸,要讲究。(匿011)

一些教师开展教学改革是经由一些"事件化"的"点",与其他因素产生一种共变关系的"线",受社会机制影响连带出来一个"面",这个"点"在教师或组织萌发用心教学、实施教学改革这件事情上起到了某种"事件化"的激发作用。还有一些受访者提到:

你看我做这个教学、投入教学改革吧,最主要是受到过刺激,就是在上次学科评估时,我们的教学这边基本是空白的,那时候因为我是刚上来(担任教学副院长),那些成果什么的就没有,当时的打击挺大的,然后我当时就说了,我说咱们得改一改这种局面,所以说这就开始引导教师投入教学、做教学改革探索。(10008L1-017)

可见,上面提到的一些发生在教师职业生涯的"事件",包括恰当的时机(遇到了对的人、对的时候,做对的事)、学生对教师教学的吐槽等,使得教师下决心在教学上"有所动作"。

本章讨论与小结

本章主要回应了本研究提出的第二个问题:究竟哪些动力因素促使研究型大学一线教师参与教学改革?

如何去发现教师作为一个真实的人参与教学改革多样化的动力?通过对多种方式收集的数据分析表明,研究型大学教师教学改革体现出不同的行为取向以及多种行为取向的组合与交织,通过扎根理论的编码规范,本研究初步提炼出32种不同的动力因素。在提炼概括动力因素时,一方面,考虑一线教师"原生态"话语,大多数概念均源于本土概念,以期能原汁原味还原一线教师的真实表达。另一方面,也来自于根据数据分析提取的开放式编码的类属概念,这些概念尽可能对接已有的学术语言和分类体系。

如何结合研究型大学教师角色的特殊性从多元的动力因素中去理解教师教学改革动力,这是本研究的一个难点。一方面,本研究遵循如实描述多种多样动力因素的原则;另一方面,如何将多种不同动力全景式呈现,但又不显得琐碎?从哲学上讲,事物总是由矛盾运动推动发展的,动力源自于事物的矛盾;"和的天才"(Genius of the "And")的理念认为,人们可以同时追求看上去相互矛盾的目标(Two seem-to-be contradictory things)。这些理论给本研究如何呈现的动力分类带来启示,由此，本章对不同的来源总结为四种二元矛盾分类：一是，"自我"因素主动采取的教学改革行为与"他人"影响与带动的教学改革行为；二是蕴藏在教学改革本身过程中的"内在因素"影响的教学改革行为与"外在"因素促进教学改革行为；三是，由目标结果因素决定的"物化功利"因素与发轫于"责任初心"的教学改革行为；四是，一些恒常发挥作用的"稳定因素"促使的教学改革行为与"事件刺激"的偶发因素带来的教学改革行为。

需要说明的是，本章提到的"二元矛盾"分类并不是截然"对立"的关系，所包含的内涵和意义也并非成正反两方面的意义。比如"内生"与"外促"，后者往往侧重教学改革的"发展"取向，前者侧重于教学改革实践本身带来的动力，往往侧重教学改革的"发生"取向。因此，本章中这种二元矛盾分类分析仅作为我们理解促进教师参与教学改革的各种因素的初步分类基础。

第五章 动力机制的构建

在上一章内容中,笔者将多种形态的动力来源化约为几组二元矛盾类型。对形形色色、多种多样的动力来源进行初步分类的基础上,本章侧重于将静态的研究转化为动态的分析,发现动力类型之间的联系,并以一种关系逻辑揭示各种动力在促进教师教学改革行为中所承担的角色和所发挥的作用,以回答本研究提出的第三个问题:这些动力如何发挥作用形成了教师进行教学改革行为的动力机制?

本章根据扎根理论研究结果,结合符号互动理论的主要概念、动力理论等已有的学术语言和分类体系,将其划分为:主体因素动力——使能(Enabling)动力;过程因素动力——触发(Precipitating)动力;目标因素动力——保障(Ensurance)动力;场景因素动力——情境(Context)动力。[1] 促进研究型大学教师参与教学改革这一行为不是某个单因素偶发的结果,而是多因素相互作用形成合力的结果;在这个动力系统中,各种动力因素发挥各自不同的作用,它们产生于教师本体、教学活动主体、他人、学校和社会等多个动力子系统;这些子系统相互之间以及与各场域之间不是独立的,而是相互作用、互相调和的。

---

[1] 本书中提到的上述概念主要来自于管理学理论中关于动力的经典论述,并结合本项研究实际情况而提出。主要借鉴了 Greenwood 和 Hinings 所提出的前因动力概念及其英文提法。参考文献为 Greenwood, R., Hinings, C. R.. Understanding Radical Organizational Change: Bringing Together the Old and the New Institutionalism. Academy of Management Review, Vol. 21, No. 4, 1996, pp. 1022-1054. 后文不再注释。

第一节 不同动力类型的作用发挥

一 主体因素：使能动力

教师参与教学改革的动力按照不同的身份来源可以归纳为不同的动力主体因素。这些动力主体因素包括自我和他人因素两大类。包括来自教师本体"能够""愿意""乐于"参与教学改革的动力；也包括来自教师之外的"首要群体"鼓励支持、牵引带动、影响反馈教师"能够""愿意""乐于"参与教学改革的动力。动力主体因素在研究型大学教师参与教学改革的整个动力机制中发挥着使能（Enabling）的作用，是最根本的动力。

符号互动理论的创始人米德提到的"自我（Self）"这一核心概念包括了"主我"（I）和"客我"（Me）两个子概念，这是理解米德理论的关键点[①]。在米德看来，自我形成于社会关系互动之中，并且始终处于一个动态的变化过程中。研究型大学教师存在于一定的社会关系之中，审视教师的教学改革动力，也需要一种关系结构来考察，这种关系结构包括教师本体与教师以外的他人等。本研究基于"自我"（"主我"：I）概念产生的"本体性主体"和基于"他人"（"客我"：Me）概念产生的"普遍化他者"二元分类。也就是说，可以将教师参与教学改革的行为方式以教师在教学改革实践中来自自身因素与他人因素的各种关系的处置为表征，外化为教师参与教学改革的各种动力因素样态。

自我因素源自于教师自身具备的教学基本能力、高层次需求和自身行为态度。根据对本研究所搜集资料整理编码的结果，教师参与教学改革的自我因素包括：良好的专业知能、忠于高校教师职业操守、追求卓越教学的境界、葆有强烈的志趣爱好、自我成长发展诉求。自我因素表现出教师的基本情感需要（志趣、热爱），归属需要（自身成长发展、组织使命）

[①] H. Blumer, *George Herbert Mead and Human Conduct*, New York: Altamira Press, 2004, p. 75.

和理想需要（追求卓越教学、当好老师的职业操守）等。

他人因素来自于教师周围的人群，教师通过与这些人群进行互动产生对教学改革的认识和意义建构。根据对本研究所搜集资料整理编码的结果，主要包括：领导鼓励支持、教师领袖牵引、同事朋辈带动、家庭师承影响、学生正向反馈等。按照符号互动理论的解释，这些因素扮演着"首要群体（Primary Group）"的作用，所谓首要群体"是指那些以面对面的亲密互动和合作为特征的群体，在几个层面上是首要的，主要在于它们在塑造个人的社会属性和观念方面发挥着基础和重要的作用"[1]。符号互动理论提出"首要群体"有"共同精神"（Common Spirit），正是这种"共同精神"赋予了个体以行为动力。可以看出，"首要群体"之所以称之为"首要"，是因为他们成为个人的社会性的"永久的源泉"和"自我成长的摇篮"。在研究型大学，对教师认真教学产生影响的教师所在家庭父母亲属、受教育过程中曾经的教过自己的老师、导师等，这些人是本研究中提到的"首要群体"的重要组成部分，是教师参加教学改革的重要"启蒙者"，对教师的教学行为取向有重要影响。在教师参与教学改革的动力问题上，这些人在有意和无意中发挥了"首要群体"的作用。

本研究通过受访者提到的情况还发现，由于高校教师群体有其自身特点，在教师从事教学改革这件事情上，相较于领导对其的影响，同行、同辈、家庭成员、师承因素等对于教师从事教学改革的影响更大。名师或专家等教师领袖是教师实施教学改革学习者；同事、周围的社会群体是教师实施教学改革的促进者；家庭与自己曾经的老师（导师）是教师实施教学改革的启蒙者；作为教育对象的学生是具有主观能动性和创造性的个体，在师生的交互作用过程中，学生对教学改革的不同反应会带给教师不同的教学反应，学生积极的合作态度和正面反馈有助于激发教师的教学改革热情，提升教师投入教学改革的成就动机，增强教师对自己实施的教学改革实践效果的信心。

这里的"使能"蕴含着教师对教学改革的一种行为态度，教师愿意教学，想把教学做好，才可能有好的教法。正如有学者的研究指出，专任教

---

[1] Charles H. Cooley, *Social Organization*, Illinois: The Free Press, 1956, p. 23.

师的行为态度是影响教学改革成败的关键①。自我因素的动力是一线教师具备自身的素质和能力、对教育教学改革的观念表示认同和接受，主动创造新的教学情境，采用新的教学内容和教学策略，而不是照搬或复制传统的教学套路，是一种推动教师积极参与教学改革的内在驱动力。

上面提到的"他者"因素承担的多重角色的影响，使得教师迅速调整角色，顺利地展开教学改革活动，也是促进教学改革的使能动力。值得关注的是，"他者"因素并不总是给教师群体开展教学改革带来正义、忠诚等积极正向的价值影响，有时也会带来利己、自私倾向等负面因素，存在价值观念、个人信念等冲突与分歧。

总之，教学改革是一项集体性的活动，为了清晰表达各个因素所发挥的作用，本研究将动力主体各个因素及其所发挥的作用表示如下表5-1：

表 5-1　　　　　　　　动力主体主导因素作用机制表

序号	动力分类	动力类型源	促进参与的因素	动力归类	发挥的作用
1	自我因素	具有良好的专业知能	能够参与		
2		具有较高的教学校标	自愿参与		
4		葆有强烈的志趣爱好	自愿参与		
5		怀有自我成长诉求	自愿参与		
6	他人因素	"关键权力群体"支持	支持者	主体因素	使能动力
7		"教师领袖"牵引	牵引者		
8		同事朋辈的"积极性情绪带动"	带动者		
9		"血缘"和"血缘"的遗传印迹	启蒙者		
10		"接受性主体"的正向反馈	反馈者		

资料来源：笔者根据收集到的一手访谈数据自制。

---

① 钟勇为、于萍：《我国大学教学改革的利益生态调查研究》，《国家教育行政学院学报》2013年第11期。

二 过程因素：触发动力

以教学改革过程为主导的影响因素包括"内生"因素和"外促"因素两种。前者主要是指教学改革活动本身带来的动力，是教学改革实践活动本身内在具有的，在其他类型的活动中无法获取的动力。后者是教师在所归属的组织的任务要求、发展需要、团队平台帮扶、项目孵化等情况下参与教学改革的外力，是教师可能在思想上不一定完全认同和接受教学改革要求的情形下发生的一种不一定完全情愿的教学改革。

以"内生"动力中的一些教师深谙"教学层级管理套路"为例，从教学管理组织层面来讲，教学改革有内在的层级连锁体系，涉及教师参与教学改革的强度、高度和深度。如果组织层面针对不同层级采取富有针对性和有效性的管理机制和激励机制，在教学管理上能够在敏感点上制定明确的、具有挑战性、又可以达到的目标，这会形成教师投入教学改革的组织体系管理动力，从而将教师们的个体教学动力和大学组织的目标追求相融合。教学有关的管理制度及教学管理部门要坚决避免保守的本性，正如迈克·富兰提到他观察到的"保守的教育系统"，教师的培训方式、学校的组织形式、教育层级的运作方式以及政治决策者对待教育的方式都容易导致维持现状、难以变革的制度。[1]

以"外促"动力中的团队平台支撑为例，通过观察发现，在今天的研究型大学，教师们（尤其是理工科教师们）在一些学科带头人的引导下，在科学研究或教学兴趣相对一致的情况下，在近似的知识操作规范下，共同分享着属于这个群体的学科和组织文化，形成了一线教师的价值认同和情感归属。这些平台通过共同愿景、专业知能、教学改革理念认同和深度互动，达到了教学实践共享、教学资源互惠、教学文化共创的局面。构建了教师群体所属的"普遍化他者"，在教师参与教学改革的过程中发挥着要求、规范、关注、督促教师个体教学改革行为的作用。

---

[1] [加]迈克·富兰：《变革的力量：透视教育改革》，中央教育科学研究所、加拿大多伦多国际学院译，教育科学出版社 2000 年版，第 11 页。

表 5-2　　　　　　　　　过程主导因素作用机制表

序号	动力分类	动力类型源	促使教学改革的因素	动力归类	发挥的作用
1	内在因素	承担的课程适合	适合改革	过程因素	触发动力
2		对教学改革政策有较高敏感度	愿意改革		
3		熟悉教学体系层级管理套路	便于改革		
4		享受教学改革成就体验	乐于改革		
5	外在因素	政策制度驱动	回应参与	过程因素	触发动力
6		任务要求发动	被要求参与		
7		学科发展需要	被需要参与		
8		团队平台支撑	被支持参与		
9		项目孵化促进	便于参与		

资料来源：笔者根据收集到的一手访谈数据自制。

三　目标因素：保障动力

毋庸置疑，当前的研究型大学依然有一批具有理想人格与纯粹精神的"师者"，他们怀着以教书育人为初心使命的教学改革出发点，体现出一种以内在价值为目标的行动。但是，在多元价值观侵扰的社会情境中，坚守内心价值而完全绝缘于环境干扰的教学改革动力，无疑是一种幻象。教师究竟以什么样的目标和结果去参与教学改革？依据这种标准分类，这些动力因素主要包括以某种物化功利因素为动力和教师出于对教学的责任初心因素为动力。为了实现物化功利目标，或者为了唤起教师的责任初心，目标结果因素的达成更需要组织层面来完成，因此在研究型大学教师参与教学改革的整个动力机制中发挥着保障动力的（Ensurance）作用。

无论如何掩饰，人类社会在现实生活中很难存在经典经济学理论的"理性人"假设，人们的社会行动都很难回避一定程度的政治逻辑和经济逻辑。教学改革作为研究型大学组织里一种教师群体行为，也难以逃逸和无法彻底绝缘于这种带有政治逻辑、经济逻辑的名与利的动力。确实，由于人才成长的复杂性和教学效果的滞后性决定了在教学管理制度上难以建

第五章 动力机制的构建

立针对教学改革普适性共识的具有因果联系的物化因素，导致教学改革活动缺乏呈现于外的标的物，在经济利益上也很难准确体现。但近年来，随着各方对教学改革的重视程度加大，教学改革得到的外在经济投入也在加大；主持与参与教学改革逐渐成为某种帽子、名声获得的入场券。这种情况给教学改革异化为各种符号带来可能，但不可否认，从促进教师开展教学改革这件事情上来看，这也是促进一些一线教师将此作为一种目标或者结果而参与教学改革的动力。

以物化功利因素作为教学改革动力的情况需要组织为其提供保障动力，这是一种有目的的干预性行为。教师投入教学改革的发生，是因为组织层面认识到对教学改革的需要，从而促进教师参与教学改革以实现特定目的。在这个过程中，组织会通过制度、政策的制定以及物质与名利的给予、各级各类不同层面的管理来实现教师对教学改革需要的认识以及其对变革的推动。这种动力来源与教师自身的利益密切相关，教师希望通过参与教学改革，获取个人利益（资源、经费、奖励、职务与职称晋升、各种头衔的门槛值等），但这些利益最终由组织层面完成，因此被划分到保障动力这一类里。

制度环境理论强调，组织所制定的规章制度和要求规则等，会对组织成员的行为动力产生较大影响。访谈发现，教师参与教学改革的动力与教师所在组织（学院和学校）所提供的政策与制度环境密切相关。换句话说，当前，我国研究型大学的教学改革制度和环境是否鼓励教师教学改革活动，对高校教师职业压力及其对教学改革动力有较大的影响。一个典型的表现是，在评价标准上是否体现和认可了教师教学改革的参与情况和实施业绩。

在访谈资料编码中，笔者发现"影响教师开展教学改革的阻力和困难因素有哪些"中，大量的材料节点提到"完善评价标准，将教学改革的参与和成果作为教师职称评审的重要条件""突出教学能力、效果和业绩""提高教学研究在评审中的比重"等。制度与规则对一线教师的影响，从宏观上来讲，作为一种文化与符号植入学校和学院教学组织结构，浸润到教学管理等日常运行之中；在微观上，政策与制度设计诱发或抑制一线教师参与教学改革的动力。这是制度与规则，也是作为一种满足教师以"功利"为目标的保障动力，成为"内卷"时代老师们参与教学改革最大的动力之一。

另一方面，也有一些具有职业忠诚度、时代紧迫感和社会责任感的一线老师意识到自身作为教师在人才培养上承担的责任，意识到社会及民众对研究型大学人才培养提出的更高要求和期待，会积极回应民众对大学教学的诉求和对人才培养的需求。这些教师会认识到投入教学、探索新的教学方法、改革新的教学模式等发挥的重要意义，并将其化为教学动力，主动开展教学改革探索。这种动力主要来源于教师的"责任和初心"。

表 5-3　　　　　　　　　目标结果主导因素作用机制表

序号	动力分类	动力类型源	促使教学改革的因素	动力归类	发挥的作用
1	物化功利因素	名利资源驱使	为名利	目标因素	保障动力
2		符号绩点消费	为名利		
3		提供秀场载体	为名利		
4	责任初心因素	忠于教师职业操守	愿意参与		
5		促进学生成长成才	愿意参与		
6		适应社会发展需要	应该参与		
7		提升所属组织声誉	应该参与		

资料来源：笔者根据收集到的一手访谈数据自制。

四　场景因素：情境动力

场景因素包括稳定的和偶发的两类动力，在整个动力机制中发挥着情境动力的作用。

一方面，场景因素中，教学情境营造、教学文化塑造、教师生涯发展的择优选择、教师身份概念化的强化、教学改革是教学的应有之义的价值认同等方面构成相对"稳定"的动力因素，这些稳定的场景因素作为一种客体与文化使得教师赋予教学改革以意义，这种意义会促进教师开展教学改革。在影响教师追求卓越教学、尝试教学改革的动力的作用发挥上会促进教师将教学改革作为一种恒常。在研究型大学这样一个特殊场域，一定会有某种"底蕴"给教师群体带来从事教学改革活动的规范效应，也会不间断地与新社会环境和制度条件相互融合、发展，产生相对稳定的动力，场景因素包括了这些恒常的存在。

以当前的情境为例，身处多变的时代和多元化的社会，大学也在通过持续地倡导开展教学改革文化以提高人才培养质量。教师与当前教学所处的包括制度环境、社会环境、校园环境、课堂环境在内的教学文化之间良好地互动是教学改革动力的助推力量，也是相对稳定的力量；好的教学环境，会让一线教师身心舒畅，更加积极地投入教学事业，投身教学改革。以将教学作为"生存之道"为例，对于一线教师来说，为了获得更好的岗位绩效，当科研已经成为一种压力，作为科研无突破的一线教师，转而寻求教学的突破，教学改革被一线教师视为职业发展的契机和切入口，投入教学成为教师生涯发展的择优选择，教师参与教学改革的动力也会受这一因素影响变得更加稳定。

此外，在访谈资料编码中，笔者发现，当问到受访者"影响教师开展教学改革的动力有哪些"这个问题时，一些受访者提到的场景因素，包括，周围不断变化的新形势、一些教师教学能力和效果不佳带来的负面效应、一些教师教学敷衍带来的后果、一个特殊的机会、一位重要人物的引领、一件特殊事件的影响等方面构成了"偶发"的教学改革动力因素。这些偶发的场景因素给教师带来较大的冲击，起到了"点燃"和"催化"的作用。

表5-4　　　　　　　　场景因素主导作用机制表

序号	动力归类	动力类型源	促使教学改革的因素	动力归类	发挥的作用
1	稳定因素	社会情境和校园教学文化氛围	恒常	场景因素	情境动力
2		把教学作为生存之道	稳定		
3		教师身份的应有之义	恒常		
4	偶发因素	教学活动标配	稳定		
5		顺势而为随大流	突发		
6		"反面教材"教材的刺激	偶发、突发		
7		关键事件的触动	突发、偶发		

资料来源：笔者根据收集到的一手访谈数据自制。

第二节　研究型大学教师教学改革动力机制构建

扎根理论研究生成的理论分两种，一种是具有普适性的形式理论（Formal theory），一种是适用于特定时空的实质理论（Substantive theory）。本研究中涉及的概念或范畴主要来源于以下途径：一是直接来源于收集到的原始数据，甚至是一些本土话语；二是参考现有的理论与概念，采用已有的文献和理论中的概念或范畴来对原始数据进行编码提炼。二者相结合建构适用于研究型大学教师参与教学改革动力的实质理论。经过扎根理论的过程分析，本研究发现了研究型大学教师教学改革的动力类型（参见表5-5）及相互作用的动力机制（参见图5-1和图5-2）。

一　开放的动力框架

本研究通过扎根理论归纳出研究型大学教师教学改革动力的四种类型，包括主体动力、过程动力、目标动力和场景动力。从发挥作用的情况来看，与此相对应的作用发挥情况包括使能（Enabling）动力、触发（Precipitating）动力、保障（Ensurance）动力和情境（Context）动力。不同动力类型发挥着不同的作用，如下表（表5-5）所示。

表5-5　　　　　　研究型大学教师教学改革动力类型表

动力类型	简称	作用发挥
动力主体主导因素的"自我"和"他者"	主体动力	包括来自教师本体"能够""愿意""乐于"参与教学改革的动力；也包括来自教师之外的"首要群体"鼓励支持、牵引带动、影响反馈教师"能够""愿意""乐于"参与教学改革的动力，是基本动力源。发挥着使能（Enabling）动力的作用

续表

动力类型	简称	作用发挥
过程主导因素的"内生"和"外促"	过程动力	包括教学改革活动本身带来的内生动力和教师在所归属的组织的发起的任务要求、发展需要、团队平台帮扶、项目孵化等情况下参与教学改革的外促动力。与教学改革执行的具体行动有关，是促成新的教学状态取代现行教学状态的动力。发挥着触发（Precipitating）动力的作用
目标结果主导因素的"功利"和"初心"	目标动力	包括以某种物化功利因素为动力的工具理性因素和教师出于对教学的责任初心为动力的价值理性因素。为了实现物化功利目标，或者为了唤起教师葆有责任初心，目标结果因素都需要组织层面来完成。发挥着保障（Ensurance）动力的作用
动力场景主导因素的"稳定"和"偶发"	场景动力	包括教师根据自身和周围的场景状态调整现行教学状态（Existing Archetype/Template），参与教学改革的稳定的和偶发的因素。这两类因素作为一种客体与文化浸染、价值与认知更改，使得教师赋予教学改革以意义，这种意义会促进教师开展教学改革。发挥着情境（Context）动力的作用

第一，使能（Enabling）动力是推动教师投入教学改革的主要动力，与实施教学改革具体行动的主体有关，是将教学变革活动付诸实践的基本动力源，主要来源于教师本人、教师周围的首要群体带来的动力，在本研究中，称之为主体动力。研究型大学教师教学改革的使能动力由来自"自我"和"他人"两方面系统整合生成的合力。基于前述对影响研究型大学教师参与教学改革行为的主体动力分析，并以相关文献的调研结果、对一线教师的访谈结果为印证，明确了教师本人所具有的能力素养、教学校标、教学兴趣、教学成长诉求等是教学改革的本体性动力因素。一些教学改革先行者、骨干教师、卓越教学者、同行、同事、家庭成员、自己学业期间的导师等人群对一线教师形成的"带头效应""朋辈效应""熏陶效应""支持效应"等"首要群体"是教师教学改革动力因素中的"他人"因素。

第二，触发（Precipitating）动力是促成教师摒弃以往的教学行为实施新的教学行为的动力因素，与教学改革执行的具体行动有关，是促成新的教学状态取代现行教学状态的动力。一方面，触发动力主要是与教学改革活动本身具有的特性以及教学改革过程有关，发挥着"点燃"教学改革热情的作用。另一方面，触发动力也包括学校为一线教师实施教学改革提供沟通交流、培训研讨的平台和载体，主要来自教师在所归属的组织的任务要求、发展需要、团队平台帮扶、项目孵化等情况下参与教学改革的外促动力。

第三，保障（Ensurance）动力主要是围绕对教师参与教学改革带来的物质名利需求及自身责任使命感的激发，从组织层面对教师实施教学改革行为的激励和保障的动力，是那些可以为研究型大学教师教学改革活动提供意义和稳定性的动力因素。物质功利因素主要出于一种工具理性，依靠组织来完成，责任初心因素主要出于一种价值理性，虽然较大程度上源自个人，但也需要组织层面来唤起、呵护、维系教师的这种责任初心意识。研究型大学教师投入教学改革的行为，如果只是一线教师自发的个体行为，难以稳定存在和持续进行。这个问题把本研究的分析引到了制度层面、物质层面、名利层面和管理层面，这些层面所发挥的作用在于为教师提供对于教师个人而言的教学改革的外在意义。比如，为教师教学改革的实施提供资金、资源配置、人力、制度支持等，为付出较之于他人更多精力的教学改革投入者提供适度的物质奖励和名利副产品等，从而促使教师对教学改革保持活力。当然，这些支持不能超过阈值，否则会引发教师采取"策略行为"，表现出符合工具理性但违反价值理性的行动选择，从而容易导致教学改革的异化。

第四，情境（Context）动力包括教师根据自身和周围的场景状态调整现行教学状态（Existing Archetype/Template），包括对研究型大学一线教师教学改革行为产生影响的环境、文化因素、教师对教学的选择、对教师身份、对教学标准的认识等因素，是影响教师教学改革行为发生和意义认识的现有情境机会和外部制约条件。分为参与教学改革的稳定的和偶发的因素。这两类因素作为一种客体与文化浸染、价值与认知更改，使得教师赋予教学改革以意义，这种意义会促进教师开展教学改革。

教师的教学改革动力是个体因素与其他诸因素综合影响的结果，不同的动力因素虽然发挥的具体作用以及作用的强弱存在差异，但对于有效推进研究型大学教师开始自己的教学改革行为,都有着重要的价值。以上四种动力类型和维度嵌套在开放的情境之中,是一个开放的、发展的框架。该系统不断地与情境和文化交换信息与意义,这是该动力系统的基本特征。在激发教师参与教学改革的动力系统中,由于开放的外界新因素的出现,四类动力从外部环境中获取新的影响因素,获取原先不具备的动力因素来适应新的环境,生发出新的动力机制。此动力框架会根据客观情境的变化,及时吸收最新的实践经验,采纳最新的相关研究成果,以开放的姿态接受本研究未能发现的动力因素和类别的拓展。因此,本研究将研究型大学教师教学改革的动力维度纳入到一种开放的框架之中(如图5-1所示)。

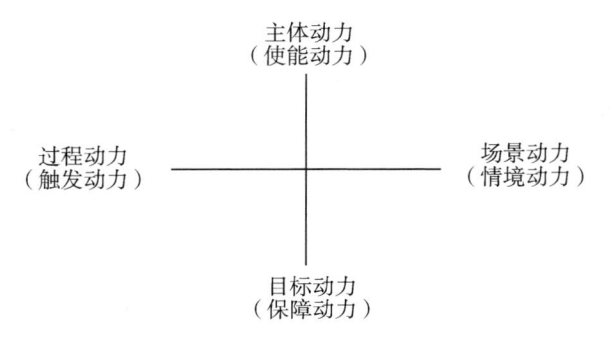

图5-1 研究型大学教师教学改革动力结构的开放框架图

二 互动的动力机制

在米德看来,人类行为的客体或对象没有其固有的和内在的意义,也不是独立于人类世界而存在的,而是人们将自己的观点强加于客体,赋予客体以意义。最重要的是,人们对对象的定义是在人与他人之间的社会交往过程中形成的。客体存在于社会互动过程中,所有的客体均是"社会产品"(Social products)。[①]

研究型大学教师教学改革动力机制是一种松散耦合的互动机制。研究型大学教师参与教学改革的各种动力主体存在内在的关联性,动力机制是诸方面因素互动的结果,任何一种因素的变化都会引起动力机制的改变。

---

① [美]乔治·H. 米德:《心灵、自我与社会》,赵月瑟译,上海译文出版社2018年版,第308—317页。

源自教师自身的素质能力、兴趣爱好、成长诉求等,受到来自周围首要群体的影响,结合教学过程中本身的吸引力,在外促动力的驱使下,在情境动力的维持下,在研究型大学场域产生多种动力的结合,从而实施教学改革,而组织提供的物质荣誉、制度支持等则是教师持久投入教学改革的保障性动力。本研究将其看作一个整体,如此,教学改革才能良性运转。首先,在本动力系统中,不存在主动力、次动力、助动力等区分;另外,当某种或某几种因素随环境的变化,其强弱可能会发生变化;再者,不同的教师,甚至同一教师在不同的职称、年龄和教龄、职业发展阶段、学科、归属组织和社会环境的情况下,发挥作用的动力主体组合形式、强度和力度也不尽相同。(如图 5-2 所示)

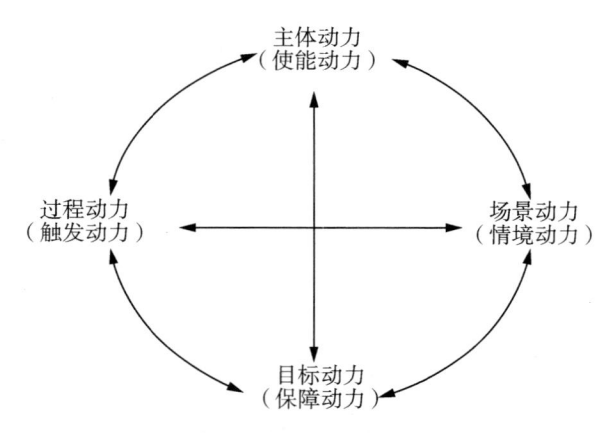

图 5-2　研究型大学教师教学改革动力机制图 1

上述教学改革动力四者之间相互影响、相互作用,相对而言,使能动力和触发动力对教师参与教学改革主要产生内在影响,情境动力和保障动力对教师参与教学改革主要产生引导、催化和促进作用。内外部各种动力因素共同参与、协调作用,构成了一种互动的教学改革动力机制。

三　共生的动力机制

研究型大学教师参与教学改革的动力机制是影响教师参与教学改革的多种动力因素共同作用的一种方式,是各部分通过互动过程形成的一种结构和运行体系。研究型大学教师参与教学改革的动力机制也遵循此逻辑，其中的每一种动力因素的变化都将引起其他动力的变化，每一种动力因素的改善和提升都将引发另一种因素的变化发展，体现出一种共生性。

研究型大学教师教学改革的各种动力因素并不处于同一水平面或同一横截面，而是构成了多层次动力结构形式。教师参与教学改革，并不是只有一种动力因素孤立存在，也不可能只存在一种动力因素。观察发现，在教学改革上达到教学改革目标、取得明显效果的教师，其成功的要诀就在于多种动力因素的结合，多种因素一起发挥作用形成一种交互效应，其中不仅蕴含着互补互动，还有多种教学改革动力维度间的共生效应，教学改革最终才取得成功（如图5-3所示）。如果这些动力因素不能实现良性互动，就可能会出现教学改革质量不高、效果不佳、持续性不强。虽然各种动力因素并非越多越好，但从本质上讲，如果仅仅只是某种孤立因素发挥作用，那教师们就难以持久地投入教学改革。

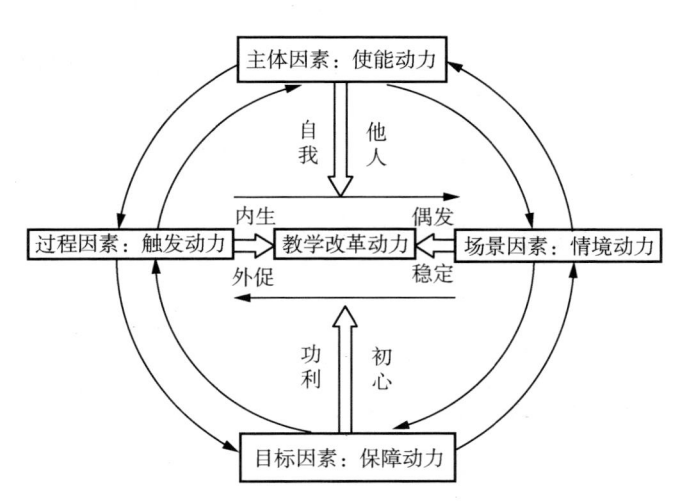

图5-3 研究型大学教师教学改革动力机制图2

研究型大学教师教学改革的多种维度的动力不是孤立的、割裂的和静止的。比如，促进教师开展教学改革的保障动力越强，教师在教学改革实践过程中的过程动力也会越强，教学改革就越顺利，如此循环，在教学改革过程中，主体动力维度又得到了进一步的强化、优化和凸显；如果参与教学改革的一线教师主体动力特别强烈,他们对教学有很强的专业知能,又有对教师职业的责任感,这就更加强化了首要群体的认可和赞许,也会带来组织对其的高度关注和支持,这会带给教师教学改革的幸福感和成就感,这种"高峰体验"也会促进教师与普遍化他者的良性循环,这就是一种交互共生关系。可见,研究型大学教师教学改革的多种维度的动力相互强化、相互提高,遵循一种多维共存、交互共生的关系。

本研究主要通过以下方式对研究型大学教师教学改革动力机制进行了核验与评价:一是所有概念均来源于收集到的原始资料,可以回溯到原始资料中找到资料内容作为论证的依据。二是概念的命名参考了与本研究相关的经典理论,概念代表的内涵意蕴比较丰富,分布在较为密集的理论情境中。三是概念间紧密交织,理论中的每一个概念与其他概念间都有着系统的联系,形成一个具有内在联系的有机整体。四是该动力机制针对研究型大学教师参与教学改革的动力问题具有较强的解释力,有较强的应用价值。

由于基于扎根理论的研究型大学教师教学改革动力的复杂多样,本研究可能未必从理论上达到了从多角度、多层面、全方位、精确地构建动力机制的完美标准。在以后的研究中,将进一步完善。

第三节 理论对话与讨论

一 动力机制的理论对话与逻辑遵循

(一)矛盾冲突逻辑

研究型大学教师参与教学改革的动力机制遵循一种矛盾冲突(contradiction and conflict)逻辑,这种矛盾逻辑在工具理性和价值理性理论中可以得到解释。本研究将扎根理论得出的多种动力因素用四种四对二元矛盾加以分类呈现,事实上也意味着教师教学改革行为体现出一种矛盾选择。这可以用马克思·韦伯提到的工具理性和价值理性的理论来理解。比如,研究型大学教师在"费力不讨好"的教学行为与"可以短时间带来现实利好"的科研行为之间也是一种工具理性与价值理性抉择的过程,其间不排斥价值理性的彰显,也不乏工具理性的影响,使得研究型大学一线教师开展本科教学改革陷入悖论的桎梏和矛盾的冲突。现实中的大学教师行动往往表现为工具与价值意义的两面性,或者就是二者结合的混合体。[①]

在高校场域内,一线教师往往认为自己位于这个场域的"底端",尤其是当教师处于人生和事业的起步阶段,经济资本薄弱、职业资本缺乏、社会资本更是匮乏,难以获得制度性认可;但同时研究型大学的大部分教师毕业于知名大学,掌握了较为高深的、前沿的知识与技术,头脑灵活、领悟力强,更善于"看透"当下的规则,从而不可避免地迎合当下的工具理性规则,即尽量将投入教学及教学改革这件事转化为虽"费力"但"讨好"的局面。比如前文提到的,教师将教学改革作为一种符号资本,通过教学改革获得来自政府、高校设置的各类本科教学改革工程、教学评估认证机构、各级教学委员会认可的声誉,这种声誉既可以带给教师外显的物质利益和声誉标签,伴随着教学改革与研究成果的累积,又可以积累成隐性的职业资本,这些资本可能会突破教师所归属组织机构的限制,会得到本组织之外的同行认可和资源支持。因此,由于教学改革动力的矛盾逻辑,将教学改革异化为一种工具主义的法则也就顺理成章了。

(二)文化互动逻辑

研究型大学教师参与教学改革的动力机制遵循一种文化互动(Cultural interaction)逻辑,这种互动逻辑可以在符号互动理论和场域理论中找到解释。教师处于研究型大学、不同学科领域情境、大学组织环境和更广阔的社会情境,与各种环境展开互动,他们参与教学改革的过程自然也离不开教师与教师、学生、教学管理人员、大学组织、制度、社会的互动过程。符号互动动理论中的"主体自我"与"客体自我"(即"主我"与"客我")的

---

① 阎光才:《大学教师行为背后的制度与文化归因——立足于偏好的研究视角》,《高等教育研究》2022年第1期。

概念，解释了个体自我的发展是个体产生将自身视为对象的自我意识，进而产生对组织的态度及被包含其中的情境作出反应。① 研究型大学教师教学改革动力涉及价值、信仰、观念、目标、使命、精神、象征等文化因素，这就意味着教师参与教学改革的动力机制遵循一种文化互动逻辑。

场域理论的代表人物布迪厄强调，行动者"进入"某种场域是行动者在认知层面通过内化场域的社会结构来达到。② 其过程是，行动者把所在场域的客观结构"置换"成行动者自己的"心理结构"，从而感受身处的场域、理解场域、调节场域和掌控场域，之后产生某种行为。从这个意义上讲，行动者在某种场域中采取什么样的行动，既体现着行动者自身的主体意志，也反映了行动者与社会结构的互构。由此推断，教师的教学改革动力与自己身处的研究型大学包括教学主流文化、教学管理制度等构建的场域结构与教师主体意志存在一种互动的逻辑。

总之，无论教师教学改革动力源于哪些因素，都脱不开自身对教学改革价值和使命的坚守，更离不开主流文化的引导。真正促进教师参与教学改革，主要还在于教师与主流教育教学文化的互动，一线教师作为教育教学文化的代言人，代言的具体行动通过教学改革的实施来实现。

（三）进化发展逻辑

研究型大学教师参与教学改革的动力机制还遵循一种进化发展（evolutionary development）逻辑，这种进化发展逻辑在理性行为理论和计划行动理论中可以找到答案。研究型大学教师在教学上的投入，首先表现为在制度下为了生存的行动理性，其次是获得生存前提后对制度的灵活应对与自我选择，进而获得愉悦的体验与成就感。③ 从某种意义上来说，教师参与、开展、实施、投入教学改革，是一种进化的结果。理性行为理论

---

① ［美］乔治·H. 米德：《心灵、自我与社会》，赵月瑟译，上海译文出版社2018年版，第164—186页。
② ［法］皮埃尔·布迪厄：《实践与反思——反思社会学导引》，李猛、李康译，中央编译出版社1998年版，第133—134页。
③ 阎光才：《高水平大学教师本科教学投入及其影响因素分析》，《中国高教研究》2018年第11期。

（TRA）认为，任何因素都只能通过态度和主观标准间接影响行为，人们对从事某种行为的理由有清晰的认识。① 该理论隐含的重要假设是：人有控制自身行为的能力②。计划行动理论（TPB）则强调，人的行为受到行为可能产生的后果、社会各方的压力以及行为的可行性等因素的影响。行为态度、主观规范以及对行为控制的感知产生行为动机。③ 教师参与教学改革的动力必然受制于个体性、情境性和历史性因素的影响。随着一线教师在研究型大学整个职业生涯历程中的逐步展开，他们参与教学改革的动力主要包含种情形：一种是外在强迫性的教学改革行为，一种是发自内心自主的教学改革行为。

教师教学改革动力来源于所处的外部情境变化所带来的机会和挑战，教师感受到来自于外部变化、社会需求、自己所处情境的变化做出在教学上的适应性行为。教师或是为了自己的"饭碗"，或是为了职业生涯发展，或是为了获得名利资源，或是为了社会和他人，引入和实施教学改革，以适应外部情境的变化。例如，信息和通信技术的进步促进了横向知识共享、信息化背景加剧推动知识获取途径的便利、社会进步伴随学生对从教师那里"get"到的知识技能的需求层次的提高等。但无论是哪种情况，教学行为变化经由教师思想观念转变不是瞬时即兴的，而是渐进生成的，教师会不断经过认识触动、思想冲突、观念抉择、行为转变的过程，只有当教师认同和接受了教学改革的理念和必要性后，尝试改革取得期待的效果后，教学行为才会发生整体转变，继而产生一系列重复的教学惯习，这才算是真正参与到教学改革中来，这是一种适应性行为，是一个动态生成和变化的过程，随着情境的变化，教师教学改革的动力机制也在变化。

---

① M. Fishbein, I. Ajzen, *Belief Attitude Intention and Behavior: an Introduction to theory and research*, Mass: Addison Wesley Publishing Co., 1975, pp. 1-56.

② M. Fishbein, I. Ajzen, *Belief Attitude Intention and Behavior: an Introduction to theory and research*, Mass: Addison Wesley Publishing Co., 1975, pp. 1-56.

③ I. Ajzen, "The theory of planned behavior", *Organzational behavior and human decision Processes*, Vol. 50, No. 2, 1991, pp. 179-211.

二 本土概念的理论对话与现实反思

（一）"良心活儿"与"费力不讨好"的矛盾共存探析

在实际工作中，正如一些教师提到的情况："在研究型大学，的确或多或少都有重科研轻教学的现象，如果真的考虑到科研的利好，许多一线教师显然不会过多投入教学，更不会弄什么教学改革，那些愿意参与教学改革的教师，其实还是比较看重教学改革的必要性和意义——既然身为大学教师，就应该如此，这就是良心，这是一种使命。良心与使命所折射的是教师对人才培养的自觉的道德责任和情感，它驱动教师超越外在的、现实的、工具的利益，基于教育教学和人才培养的需要投入教学。即便教师投入教学改革面临周围环境的挤压，教师基于责任感和使命感以及对教学价值的认可而认真教学、创造性地开展教学。

当教师在科研与教学中平衡时，他们会对教学改革赋予另一种意义，比如"费力不讨好"，即使有时候也会出现"渴望重拾天职"的想法，又在"迫于生存"的夹缝中陷入冲突。在本研究中，笔者也发现，一些教师能较好地将二者有机结合、同时存在。正如有的老师提到，"尽管有这样那样的抱怨，但是一站到这个讲台，我就忘记了（这些不满），教师的职责却不会忘记"。"良心活儿"一词，其实反映了这部分一线教师内心的职业操守。"费力不讨好"与"良心活儿"这种矛盾式的存在对推动教学改革有一定的正面效果。研究型大学教师在开展教学改革活动中，如果缺少工具理性的支撑和保障，也难以形成持久的价值理性，如果价值理性的引导缺位，教师对职业的初心也可能会瓦解和丧失，从而产生教学改革行为的完全异化或物化等问题，二者相结合从某种程度促进了教学改革行为。

（二）"高级感"的行为取向探析

"高级感"被使用较多的是对物品的感觉，通常指衣物、生活用品等。在人的潜意识中，价格高的物品往往意味着高级、质量好，而价格低的物品则被视为是低级、劣质的，使用稀有、珍贵的原材料会让人感到高级；

当然，真正的高级感还需要创意，是超越堆砌昂贵材料的一种状态。在本研究中，一些老师表露出其参与教学改革被认为是"追求一种高级感"的表现，这可以用 ERG 理论来解释。耶鲁大学组织行为学教授奥德弗（Alderfer）提出的 ERG 理论认为，人的行为动机主要来自三个核心需求：生存（existence）、关联（relatedness）和成长（growth）。①② 这些核心需要与研究型大学一线教师参与教学改革的需求特点相符合。在本研究中，对研究型大学的部分教师而言，投入教学改革不再仅仅意味着生存层面的需求，而是将个人价值与社会身份联系起来，是一种追求成就欲望的较高层次的需求。

通过与一线教师的深度接触，笔者发现，一些教师将教学改革作为打造和树立他人视自己的教学有"高级感"的契机。在一些教师看来，实施教学改革可以打破同事、同行、领导、教学管理者对自己惯有教学形象的看法，由于教学改革的质量和结果无法精确评价，一些教师会认为，只要参与了教学改革，就与"平淡无奇"的教学惯习划清了界限，迎合了制度规则、教学管理者、领导们的胃口，还有可能因此得到"仰视"，这是"我们和教学改革自带的 BG③ 之光衍生的'高级感'带来的效果"。

当教师的生存需要解决后，即开始思考发展的需求。对一些教师来说，简单的教学不是一种发展，简单的教学也得不到认同，认为教学改革行为是一种"高级感"体验的教师，往往也认为教学要有形式感。教师通过教学资源配置和教师考核评价机制的互动感知他人和组织对自身的反馈，从而形成自我意识，确定自身角色，这是对教学改革的一种具有符号意味的运用；通过教学改革，教师感知到这种行为带给自己一种"高级感"的反馈，通过教学改革来增加组织、他人、制度、社会对自己的认同

---

① C. P. Alderfer, "Organization Development", *Annual Review of Psychology*, Vol. 28, No. 7, 2003, pp. 197-223.

② C. A. Arnolds, "Christo Boshoff. Compensation, esteem valence and job performance: an empirical assessment of Alderfer's ERG theory", *The International Journal of Human Resource Management*, Vol. 13, No. 4, 2002, pp. 697-719.

③ BG 是"网络用语，来自于漫画，是"boy and girl"的简称，意思就是"异性 CP"，也可以理解为"正常向"，"男女向"。bg 之光指在男女爱情剧里与对手演员 CP 感很强，演员跟异性搭配 CP 毫无违和感。

感，同时对于融入优秀教师圈子和社会定位非常重要。具体地说，他人对教学改革当事人"高级"的认同会给从事教学改革的一线教师带来安全感和满足感，高级的教学定位会给教师带来利益。

值得一提的是，"追求高级感"并不等于形式上的表演作秀，这和用贵的材料堆积出来的"金碧辉煌"的物品也并非"高级感"。同理，教学改革的"高级感"需要打破固有的枷锁，重视个性化，需要更多的思索和创意，"高级感"不能人为制造"陌生感"和"疏离感"。

本章讨论与小结

本章主要回应了本研究提到的第三个问题：多种多样的教学改革动力如何发挥作用形成动力机制？

由于人的行为本身具有复杂性，这种复杂性除了"先天基因"的复杂性以外，还有人所处的"社会文化"的复杂性，研究教师教学改革的动力机制实质上是对人的行为机制的研究，教学改革行为是一个价值判断、利益取向及其落实的过程。在一个正处于转型期的社会和瞬息万变的时代，教师们采取何种教学行为也必须面对现实社会所带有的无穷复杂性，随着场域的转变、情境的转移，这种动力因素会发生改变，使得教学改革动力机制并非固定不变，而且很难发现其所谓"客观"的规律和一致观点。这为本研究动力机制的构建带来了挑战。基于前述对研究型大学教师教学改革研究文献综述，并以相关理论为支撑，通过多种方式收集到的资料进行规范分析，以扎根理论为方法取径，以得到的研究结果为基础，本研究将一线教师教学改革的动力归纳为四类。包括：主体因素，发挥着使能动力的作用；过程因素，发挥着触发动力的作用；目标因素，发挥着保障动力的作用；场景因素，发挥着情境动力的作用。

自我（self）形成于社会互动之中，且始终处于动态的变化过程中[1]。据此，本研究认为，研究型大学教师也存在于一定的社会关系之中，审视

---

[1] H. Blumer, *George Herbert Mead and Human Conduct*, New York: Altamira Press, 2004, p.75.

教师的教学改革动力，也需要从一种关系结构来考察，这种关系结构包括教师本体、教学主体、教师以外的他人、教师所在的组织、教师身处的社会等。本章基于这样一个原则：教师参与教学改革的行为方式以教师在教学改革实践中对遇到的各种关系如何处置为表征，外化为促进教师参与教学改革的各种动力因素样态。教师参与教学改革的动力机制也是呈开放的、互动的、共生的特点。同时，该机制遵循矛盾冲突逻辑、文化互动逻辑和进化发展逻辑。

第六章　结论与建议

本章的安排基于以下考虑：一是，作为扎根理论的研究方法，本研究将基于数据资料建构实质理论。二是，基于前述研究，本章试图就如何促进一线教师参与教学改革给出一些对策建议。三是，本书的结束并不意味着研究的结束，本章将试图对研究进行结论总结，回顾与反思本研究存在的局限与不足，并展望未来的延伸研究。

第一节　研究结论

本研究遵循质性研究的原则：通过研究去发现什么，而不一定去证实什么。本研究通过参与式观察、深度访谈（一对一访谈和焦点小组访谈）、实物收集等方式对收集到的资料进行分析、归纳、提炼、解释、建构，研究整个过程立足于原始数据。通过层层编码，以一线教师的视角，从多个层面归纳出研究型大学教师参与教学改革的动力因素，基于关系结构原则和其发挥的不同作用归纳出各种动力因素的主范畴。在此基础上，试着建构初步的动力机制（实质理论模型），总结研究结论，并与之前的研究进行对话。

一　教学改革意义的情境性、能动性和变化性

结论一：研究型大学一线教师结合所处的组织场域、社会情境以及自身对教学改革这一事物的认知，综合考量教学改革的多重意义，做出是否

第六章 结论与建议

参与教学改革的行为选择；在此过程中，教师可能会修正、改变、异化教学改革本来的意义，体现出教师作为教学行动者与场域、情境互动的能动意志。

在本书第三章，从一线教师的视角考察了与研究问题所关联的组织情境和组织所面临的社会情境，讨论了一线教师视野下的研究型大学教学改革实际样态和一线教师对于教学改革的真实认知。教师的行为受到他们所面临的环境所塑造，社会情境因素可能会左右教师作为教学改革行动者的行动取向。符号互动理论的创始人米德提到"自我在社会情境中的实现"问题，另一位先驱者托马斯（William Thomas）也提出"情景定义"这一重要概念，强调主体通过与情境、客体的结合才能理解人的行为。可见，解释情境对于理解研究型大学教师的教学改革行为十分重要。

意义是人们赋予自己采取什么样的行为的一个标识。符号互动理论提出人们的行为充满了解释和意义，只有将符号放在情境中去理解，才可以领会到真实的内涵。所有具有意义的符号只有放在特定的情境之中才能确切表达其意义。意义是一个总体性概念，也是一个情境性概念。教师对教学改革这件事情的理解，在不同的社会情境和组织场域下、不同的政策制度背景下，意义会有不同。不同的教师对教学改革的诉求不同，不同的教师个体在不同的情境下对教学及教学改革活动具有差异化的意义定义，即什么对自己是重要的、哪些是对自己而言值得谋取的标的物。这些情况导致教师教学改革的动力具有变化性和差异性特征，这种变化性和差异化的动力来源于变化性和差异化的意义定义和选择，也与每位教师个体对各种意义的可获得性程度相关。

在本研究中的研究型大学，大部分受访者提到的教学改革的意义，在内涵上既包含物质性的外在意义，也包括道德层面、精神层面的象征性意义。所谓外在意义，是指教师通过教学改革这种形式的实践可获得的职称评定、年终考核、某种称号评选资质的积累、高级感的象征或项目经费支持等，是以教师个人的外在利益作为表现形式。现实情况是，许多老师认为，当前投入教学、参与教学改革较大程度是凭借一线教师内在获得感和个人追求，所获取的主要是精神层面的意义，教学改革活动的物化因素在当前研究型大学的业绩考核与资源分配体系下处于相对弱化的境地。可见，研究型大学教师的教学改革意义取向受到研究型大学的制度环境对这种意义强调程度的差异影响，如果教师更强调一种内在象征意义，则会更多投入教学，探索教学改革；如果教师更强调外在意义，在当前的制度环境下，教师会选择疏离教学和教学改革活动。

内卷时代，一线教师所身处的大学必须应对有效大学的拷问、解决内外协调的冲突，在这个过程中容易造成声誉策略的误构，教学改革的意义逐渐异化为外在的名声、地位、绩效或经济收益，一部分教师很快意识到这些副产品的存在。对于研究型大学的教学改革，教师虽然对教学具有一定自主性，教学改革实践主要依照教师作为行动者自身的意图，但基于这样的场域，教师的教学改革行为也体现出教师与自己、学生、他人、组织、社会的多重关系互动中不同的教学改革意义。教师在研究型大学场域中，会基于外部组织建构的规则体系和特定的情境，结合自己的实际情况，综合考量教学改革的意义，且局限于自身对教学改革意义认知范围，教师为实现或个体，或学生，或组织，或社会发展的多重意义后，做出是否参与教学改革的选择。

二 教学改革动力因素的多元性、矛盾性和复杂性

结论二：研究型大学教师进行教学改革的动力具有多元性特征，其教学改革行为是多种动力因素综合作用的结果，甚至以矛盾的方式同时存在。这些矛盾类型可以归纳为：基于"自我"原因"主动"实施的教学改革行为和基于"他人"原因"带动"实施的教学改革行为；由教学改革实践活动本身"内生"的教学改革行为和由教师之外的"普遍化他者""外促"的教学改革行为；出于"功利"取向与出于"初心"取向的教学改革行为；"自然存在"的"稳定"因素产生的教学改革行为与"事件激发"的"偶发"因素引起的教学改革行为。这些矛盾的组合与交织，体现了教学改革动力的多样化、复杂性和教学改革行为选择的矛盾心理纠结。

在本书第四章，通过对 18 所研究型大学的 33 位一线教师的深度访谈、对 86 名教师和教学管理人员的焦点小组访谈，对获取的资料进行筛选，从与教学改革动力直接相关的原始语句中得到与研究型大学教学改革动力相

关的 66 个初始概念，再从中提取出 32 个主要类属，最后以结构关系以及它们的属性和维度，提取出 4 个主范畴。

研究型大学教师教学改革的动力因素具有多元性。一方面，由于研究型大学教学改革的价值意义涉及群体多，价值判断有多个面向，价值判断影响大，教学改革的标准、目标、质量、效果也有不同的价值判断，不同的群体甚至是同类群体在不同时期和情境也会出现不同的判断，必然引起不同教师个体产生教学改革的动力具有差异性；另一方面，不同教师投入教学改革，引发教学改革需求不尽相同，甚至可能差异很大，而且引发教学改革的动力因素可能不止一个，有来自教师自身的、教学改革本身的，也有来自他人的、组织的和社会的，有多个动力因素的影响。这些都使得引发教师实施教学改革的动力因素具有多元性。

研究型大学教师教学改革的动力因素还具有矛盾性。伯顿·克拉克（Burton R. Clark）通过广泛的研究指出，大多数大学教师职业生涯有四组决定性"二元选择"因素，包括科研与教学的区分、全职和兼职工作的区分、终身（或者可以成为终身的）个人职业与大学教师的基本信念的区分、纯理论和应用性的区分。[①] 尼格尔·塔布斯（Nigel Tubbs）教授在《教师的哲学》（*Philosophy of the Teacher*）一书中从哲学角度审视了教师经常遭遇矛盾经历的工作以及他们在这种工作中所承担的身份，即主人（the Master）、仆人（the Servant）或者精神之师（the Spiritual Teaeher）[②]。研究型大学教师教学改革的动力因素具有双重矛盾：一是教师通过教学改革这一符号，展现出"主我"与"客我"的矛盾与差异，但又是一体存在的，这种矛盾性的背后隐藏着教师教学改革行为的工具理性与价值理性的取舍，虽然经历着"主我"与"客我"的矛盾，却又是一体存在的游离和纠结的过程。二是教师思想与教学行动上的矛盾性，有研究者提到，"我国研究型大学教师自我职能定位与行为选择之间存在矛盾冲突，近 80%的教师从思想上认同自身作为研究型大学教师的教学——科研双重职能，甚

[①] Burton R. Clark, *Small worlds, different worlds*, NJ: Carnegie Foundation for the Advancement of Teaching, 1987, pp. 69–105.

[②] N. Tubbs, *Philosophy of the Teacher*, Oxford&Carlton: Blackwell Publishing, 2005, pp. 1–25.

至将教学作为首要职能，但从个体行为层面看，教师的时间投入存在明显的'重研轻教'倾向"。[①]

研究型大学教师教学改革的动力因素还具有复杂性。本研究发现，教师教学改革的动力可能来源于教师对教学的认知、对教学理念的理解、对卓越教学的追求，以及教师的实践智慧；可能来源于教师职业责任感和教学兴趣；可能来源于为学生成长和社会发展做贡献的职业理想和抱负，面对社会对人才培养的需求困境、就业学生在工作中遇到的问题、学生成长诉求，产生改变旧有不合时宜的教学、引入新教学理念和方法的想法；可能是出于名利动机，面对内卷化的社会做出"权宜"的教学改革，教师以教学改革为载体和形式，希望获得项目经费奖励、职称晋升的条件、专业评估的绩点、人才称号的入场券、教学声望等"政绩工程"；还可能是在上级重视和鼓励下，结合自身职业生涯发展和个人特点，实施教学改革行为，以获得一种存在感。人是复杂的个体，上面提到的动力因素可能出现在同一人身上，也可能在不同教师身上有不同的因素组合，但都不是彼此孤立的，动力因素之间存在着影响与联系，只是具体作用以及作用强度存在差异，对于促进教师投入教学、开展教学改革都发挥了作用。

三 教学改革动力机制的开放性、互动性和共生性

结论三：研究型大学一线教师作为教学改革的行动者，他们在与多重社会关系的互动中形成了不同的动力类型，主要包括主体因素、过程因素、目标因素和场景因素四种。不同动力类型发挥的作用可以概括为与之相对应的使能动力、触发动力、保障动力和情境动力。四种动力类型和维度嵌套在开放的情境之中，整合协调形成一种关系结构间互动的动力机制，遵循多维共存、交互共生、集聚耦合的关系。

在本书第五章，通过总结教学改革的动力类型，将教学改革动力放置于一种关系结构中探讨各自发挥的不同作用。任何个体都处于具体的时间和空间之中，由内而外地生成多重的社会关联，促进教师参与教学改革的

[①] 鲍威、杜嫱：《冲突、独立、互补：研究型大学教师教学行为与科研表现间关系的实证研究》，《北京大学教育评论》2017年第10期。

动力除了体现出教师作为行动者自身的意图，也反映了教师在与自己、学生、他人、组织、社会的多重关系互动中体现的不同的教学改革意义，因此呈现出一种开放的关系结构。

米德认为，"自我"是在社会活动过程中，在与其他个体或群体互动中产生并逐步发展的[1]。"主我"（I）和"客我"（me）是相互联系和相互作用的两个方面，"主我"属于个人主动的自我，"客我"是呈现于外部世界的社会自我，是自我意识在社会关系中的体现。"客我"因"主我"而有意义，"主我"因"客我"而被意识到。教师参与教学改革的过程，也是"主我"与"客我"交互作用的过程。按照米德的观点，具有自我意识的一线教师，接受或采取了他所从属的研究型大学场域的社会群体或者共同体对各种各样教学问题所持的有组织的态度。教学改革是教师与不同关系社会化的过程，在与不同的关系互动中，教师习得教学改革作为符号的意义。

不同教师个体对教学改革需要的动力因素有不同的理解和把握，促进教师投入教学改革的不同动力因素发挥着不同的作用。对于不同教师个体，引发其教学改革的动力因素不尽相同，也可能是不同的组合，甚至可能差异很大；不同动力因素所发挥作用的强度存在不同，有的发挥主要作用，有的可能仅有微小作用或是不发挥作用；多种动力因素并非是互相排斥的，而是遵循多维共存逻辑，呈现出维度多样性、多种排列组合、维度强弱不同、各个维度发挥作用不同等多种特征。研究型大学教师实施教学改革的各个动力因素之间存在着相互依存效应，这种依存关系表现在一种动力能够获得其他动力的有效支持，这是各个因素之间良性关系的证明。这些动力因素互动、互补和共生，形成一个相对稳固的动力机制，从而激发教师开展教学改革。

第二节　策略建议

教学及教学改革行动总是在具体的时空、条件和情境下展开，总是在

---

[1] ［美］乔治·H. 米德：《心灵、自我与社会》，赵月瑟译，上海译文出版社2018年版，第164—186页。

不同的教师教学实践中进行的，教师是教学改革的实践者，他们对教学改革提出的对策建议是最为真实、可靠的。本研究结合访谈提纲中对受访者提问"您认为推动研究型大学教师投入本科教学改革，最重要的激励机制有哪些？"和"为了更好地促进研究型大学教师参与本科教学改革，您还有哪些建议？"两个问题的回答，提出如下建议。

一 使能动力提升策略建议

（一）达成教学改革意义共识：提升"自我"对教学改革的参与意识

一方面，作为教学改革行动者的教师个体对教学改革的价值认同是教学改革提倡和教学改革执行之间的一个重要变量，教师教学行为的转变和付诸行动是以教师对教育教学观念的认识转变为前提。根据对当前一线教师开展教学改革的现实状况调查，教学改革的开展在深度和广度上还有很大的空间，需要通过多种途径提升教师作为本体性主体的参与意识。教学改革是一种"破旧立新"的活动，教师会感觉到自己已经习惯的教学行为面临被改动的危险。教学管理策略的主要着眼点应在于弘扬师德精神，培育职业素养，更好地引导教师投身教学改革的意识，号召教师学习新的教育理念和方法，改变教师们对教学改革的价值、态度，使不同学科、专业和团队均能理解教学改革，将教学改革的理念扩散至个体层面，逐步达成理念、意义、价值的共识，为教师参与教学改革奠定思想基础，走出"要我改"的教学改革效能迷局。

另一方面，应积极创设条件让广大一线教师广泛参与教学规范与制度的讨论、设计、出台与实施，扩大教师参与教学治理的深度和广度。"教学本位"的前提是"教师本位"。[①] 教学制度作为一种为大多数人制定出来的"共同契约"，需要教师群体普遍接受和认同才能有效。作为综合性大学，研究型大学的教学内容、教学模式、教学目标、教师风格、学生需求等呈多样化特点，要给教师成长提供空间和环境，要倾听一线教师对教

---

① 刘尧：《"教学本位"的前提是"教师本位"——从浙江大学设立"E 津贴"谈起》，《青岛科技大学学报（社会科学版）》2014 年第 1 期。

学改革的理解和认知的声音，从教师对教学制度制定的参与面来看，研究型大学在教学管理制度、教师业绩考核制度、教学奖励制度等与教学改革相关的制度制定过程中，都应当吸纳一线教师的参与，从而获得教师们对制度规则的理解，同时也让教师在承担教学任务中得到尊重，收获成就感，如此，教师才会更有动力投入教学改革中。

（二）提供资源需要支持：提升"自我"对教学改革的参与能力

一是提供多种形式和平台提升作为本体性主体的教师的教学改革参与能力。赵炬明通过对美国以学生为中心的教学改革的研究发现，为了弥补大学教师接受与教学改革相应的知识与能力训练的不足，需要"赋能老师"（empower teacher），对教师开展培训与咨询。[①] 一些受访者提到："有些教师实际上是将教学等同于授课，将授课等同于按照既有教学计划完成教学任务，事实上，学校给的培养方案仅仅是一种框架，教师完全可以发挥自身的教学能力进行优化和改进。"看来，教师的教学改革能力提升是使能动力提升的重要一环。访谈中，来自老师们的建议可概括为：大学教师专业发展的过程也是教师教学能力提高的过程，通过提升大学教师的专业素质来促进教师开展教学改革；学院和系所、教研室组织教学改革研讨交流、学校教学改革研究项目的过程推进指导、教师教学能力提升的平台提供、新兴信息技术的教学培训、教学改革经验的交流与分享、优秀课例的推广和研究、多样化教学资源的提供、教育教学前沿理论的传播等等，通过这些形式来"赋能老师"。

二是基于教师教学发展不同阶段的不同需要提供相应的外部条件支持。一线教师的教学能力随着教学经验的积累而持续提高，不同阶段的教师有不同的教学发展需求、面临不同的教学困难与问题。在教师刚刚入职初期，教师处于从学生到教师的角色身份建构与转换时期，应当着重解决教师参与能力欠缺等问题。总结教师们对这一阶段的建议如下：开展教育教学基本理论、心理学、大学生成长特点等普及性培训；开展教师身份角

---

① 赵炬明、高筱卉：《赋能教师：大学教学学术与教师发展——美国以学生为中心本科教学改革研究之七》，《高等工程教育研究》2020年第3期。

色转化、教学理念、教学新模式的原理、教学内容设计、教学方法案例等方面的培训，并提供教学领袖或学科、团队的帮扶机制。而当教师经过一段时间的教学工作后已经对高校教材、内容、方法以及大学生等有一定的了解，并加入了一定的同行教学圈。总结这一阶段教师们的建议如下：促进教师如何开展卓越教学，尝试教学改革的创新性探索，以及对教师教学倦怠的心理疏导，促进教师认识到自身职业发展空间的突破，及时组织教师"充电"，将教学学术理念贯穿于这一阶段教师教学全过程。

（三）做好教学参与引导：发挥"他者"对教学改革的带动力

第一，要充分用好学校的内部资源，发挥首要群体的示范和引领作用。通常，一线教师启动教学改革会采取以下两种路径或两个阶段：一种是对"他者"的学习模仿，即以"观摩教学"为主要形式来习得新的教学理念的运用、教学方式的改变、教学内容的安排、教学方式的设计等。这里的"他者"主要是指本书在第四章第一节提到的"首要群体"，一些教师领袖、同行朋辈等教学改革的先行者，具有将信息技术与学科教学整合运用的能力和校本课程开发的能力，他们在教师参与教学改革中发挥了牵引和带动作用。

第二，搭建教师对首要群体学习模仿的平台，建立体制机制。调动首要群体挖掘、支持、推广一线教师自由自主地践行教学改革的理念与举措，发挥首要群体的普遍带动效应。学校要建立起一线教师与首要群体之间分享、交流的平台，从体制机制上保障此类平台的有效运行。即发挥好首要群体在教师开始对教学改革的自主摸索与实践时的指导作用，动态把握和领会教师实施教学改革的行为要求，与同辈教师群体分享自身的教学改革经验与成果，为一线教师实施教学改革提供群体文化的认同感，当这种群体文化认同渗透到教师群体，并上升为教师职业发展所需条件这一认识时，教师群体参与教学改革会真正落实并持久不衰。

（四）做好双向认可激励：重视"他者"对教学改革的传播力

一是，发挥教学改革"先行者"与"优秀者"对教学改革的代言作用。根据调研情况来看，有教师建议，学校可以邀请对教学改革有深入研

第六章　结论与建议

究的专家学者、教学名师、资深教授等对教学管理者、一线教师和学生以恰当的方式进行教育教学改革理论启蒙。教学改革是一种教育理念的革新，新的教育教学思想往往不易被教师群体和学生群体所察觉和接受，更不易被教学管理者接受（因为任何一次教学改革均会给业已形成的惯常的教学管理方法和体系带来变动，从而给管理者带来新的"麻烦"），作为教学改革理论主体的专家学者，由于具有专业的认知方式、较为完整的知识结构和教学文化传播责任感、可以以更敏锐的眼光积极应对教学环境变化、理性地看待人才培养现实，并实现教育教学价值观念的转变，从而成为新的教育教学思想的公众代言人，他们通常通过发表与教学改革有关的学术研究论文、出版教育教学改革专著、举办教育教学专题研讨、深入研究型大学指导教学改革等方式发挥营造教学改革文化的作用。

二是，对教学改革引领者和参与者的参与认可，落实对参与教学改革的教师和首要群体的双向鼓励。正如一位受访者建议："对我进行传帮带的前辈指导教师，好多都是义务白干，学校如果能够也给予这些老师以工作量认可、精神鼓励（比如榜样塑造、声誉奖励等），这是一种对教学的参与认可，这给我们这些后来者打了一个样，这就是一种带动。"大学教师的教学工作有着较强的自主性、独立性和个体性，长期以来的个人主义和专业自主传统的影响阻碍了教师的教学发展。本研究中，一些受访者提到，他们在开展教学改革时，不可避免地会接受来自他人对自己实施教学改革的态度、评价、期望，教师们迫切希望得到同事、同行、所处的社群等的鼓励与认可，而不是不屑与打击；甚至希望通过与同事同行开展有效的合作，摆脱"单打独斗"的局面，在合作互动中更新理念、共享知识、智慧互惠、能力提升，向着政府、学校所期待的教学改革目标发展。期望与激励理论从心理层面揭示了教师开展教学改革的动力来源，来自首要群体对教师开展教学改革的激励与认可，这种激励力比学校组织管理层给予的认可和激励更加"接地气"，更能"因材引导"，也更易于让教师感受到这种认可的真实性，会直接唤起教师为实现培养人才、自身职业发展等目标而实施教学改革的动力。因此，在研究型大学，学校要充分发挥"他者"对教师实施教学改革的参与鼓励，实行参与认可的"双向鼓励"。

（五）树立"以学生为中心"理念：提升接受性主体对教学改革的正向反馈动力

一是树立"教学改革要以学生为中心"的理念。从学校层面树立全员"以学生为中心"（students-centered，SC）的教学理念，将学生纳入教学改革的主要参与者和主体角色。学校在着手推行教学改革时，回归"学生中心"的教育原点，围绕课程目标和毕业要求进行教学方案调整，围绕学生毕业应当具备的职业能力提供课程矩阵；将学生人格的培养、综合素质的提高、分析问题和解决问题能力及学生学习能力提升纳入到自身课堂教学价值的重点任务；教学改革评价以学生和用人单位的满意度作为参考依据；教学质量保障和措施要以满足学生将来从业的要求为准则。

二是及时了解参与课堂学习的学生发展需求。把握当代大学生成长特点和发展需求，适合大学生需求的教学改革是教学改革实施的另一种驱动力。一个不争的事实是，研究型大学招收的大学生，其生源质量相对较好，大学生的学习水平和能力普遍较高，他们对研究型大学教师的教学也有较高的期待；同时，伴随着网络技术的发展，许多学生可以通过互联网等途径获取到大量的知识。教师在着手实施教学改革时，要关注大学生的已有知识储备和学习的已知经验，发现学生学习的未知，关注于学生获取知识的方法，通过自己的课堂教学架起学生由"未知"到"已知"、由"此岸"到"彼岸"的桥梁。教师将教学发展、自身职业发展、组织的发展和学生的学习、情感、个性发展和择业需求有机融合，这样的教学改革必然受到学生欢迎，收获到来自学生的正向反馈，从而提升教师教学改革的动力。

三是注重学生学习价值观的塑造，建立良好的师生关系。新时代的教学改革，必须准确把握当代大学生成长背景、个性特点和发展需求，紧跟时代变化，创新教学方法，增强学生的主动性和获得感。前文提到的调查结果显示，由于受精于算计的市场文化的浸染，一些学生更愿意选择不需要太多努力就能获得高学分和高绩点的课程。一些老师提到，"学生们并不买账老师们付出心血实施的教学改革"。为此，要加强和学生的有效沟通，让学生充分理解当前教学改革的必要性。例如，有教师在课程教学中，首先让学生思考：当前学生为适应社会需求而需要面对的主要问题是什么？并向学生阐明：如何通过教学改革来解决相应的问题，让学生了解本课程的特点，在教学过程中需要学生怎么做等。以这样的方式调动学生的参与度，尝到教学改革的"甜头"。总之，要着眼于学生学习价值观的塑造，调动学生课堂互动的积极性，让学生在课堂教学中有较大的收获（如高深学问、批判思维、沟通交流能力等），使"伯乐"和"千里马"之间实现彼此成就。

二 触发动力赋能策略建议

（一）有温度：提供人性化的教学服务

由于教学所取得的效果具有隐藏性和滞后性，导致教育改革成就评价有较高的难度。教学改革对学生、对社会所产生的影响不是瞬时性的，需要经过很长时间、甚至在代际发挥作用才能显现。由于教学改革的成效不容易被发现和考量，还因为其具有多目标性和目标的模糊性，评估教学改革成果具有先天的困难，这就需要与之相匹配的科学的、有温度的教学管理。

> 很多的时候我们说管理要有温度，这种温度在哪呢？管理我们知道，看起来挺简单的，就是发一些规章制度，你违反了制度，我就打你一巴掌，你做得好了，我就给你2万块钱，这个就是普通的管理。但是我们要有温度的管理，那我得搞明白你为啥违反啊？你是有啥原因不好好教学啊？你是不是有困难了，对不对？那你奖励了，我们说，这个奖励你觉得够不够啊，你还有没有什么困难，要不给一个更大的奖励？老师你需不需要更多的支持？有没有人鼓励你，给你提一些想法。这就叫有温度的对吧？……你做了这个工作我就觉得很感动。很多时候，很多事情，有人就做一回，老师们就记住了。（10008D079）

教学管理不应遵循一种线性逻辑而忽略了教师教学改革的复杂性和多样性，要力戒教学管理的刚性。大学是一个和谐发展的生态系统，教师群体作为其子系统应是一种相互依存、合作共生的关系。教学管理制度应当包容不同职业阶段的教师根据自己的兴趣、爱好和特长各得其所，整个生态系统才能良性运行。柔性的教学管理应当基于院系学科特点、办学特色和发展目标来支持和鼓励不同教师群体的差异化教学，不是将精细化的标准强加给所有人，而不符合教师发展的需要，不能达到教师和组织共赢的目标。确实，一线教师所在的组织可以营造一种积极开展教学改革的氛围，既能为教师提供机会又能给予他们支持，对那些希望投入教学改革的一线教师，这是很好的资源。本研究发现，如果一线教师身处一个具有良好教学文化的校园环境中，教师对教学和教学改革的意志更加坚定，参与动力更强，甚至教师的职业流动率更低。

（二）有针对性：提供个性化的教学支持

教学管理应关注到教师在不同年龄段的发展特征和诉求，针对不同教龄教师的兴趣、水平制定个性化和人性化的教学发展计划和教学管理方式，建立良性的教学激励机制。对于职业初期的教师而言，需要对这些教师明确岗位职责、提供系统性的教学培训，提供教学理论学习、课程设计和教学方法观摩等，使其快速成长。帮助他们了解学校相关制度规则、尽快适应教学活动、熟悉教学环境、理顺人际关系等，因此要建立相应的沟通和对话机制，鼓励首要群体从不同维度解决新教师的困惑。由于初入教坛，学校应当适当减轻新教师的教学工作量，但事实上往往由于教师新入职，处于不了解和不愿意得罪人的新环境，所承担的教学任务相对较重。对于职业中期的教师应当提供不同于职业初期的管理服务。总之，只有站在教师教学发展的视角提供有针对性的多样化服务，在教师每个发展阶段有与之匹配的教学发展标准和教学发展支持策略，才能将教师引向真正有利于切实提高教学效果的教学改革中去。有受访者提到：

> 国家现在这个晋升晋级，还有考核的话呢，这个评价体系也在倾向于这个教学改革方面，但是我个人认为（其要求的）好多标志性的成果太高，使得有些刚刚入行，做教学改革的这些老师，他有些东西够不着，比如说你给他设置的这个东西，蹦一蹦就能够着了，那我肯定动力就很足，但是如果你要让他达到某个标志性的成果，教学这个

东西本来时间就周期长,他看到够不着了,所以他就索性不蹦了,也不朝那方面努力了。(10213 匿 005)

根据访谈情况,教学改革的影响力可以概括为:课程内改革—学科组层面改革—学院层面—学校层面—省部级层面—国家级层面的"校字头""省字号""国字号"等体系完善的层级连锁,当组织层面从外界为教师形成合适的节奏,当一线教师感受到来自组织和管理者的实施的不同层次的目标管理激励、尊重和信任、满足不同层次的需要,体会到适合自己的不同目标实现时的喜悦和成就感,会对教学工作和教学改革探索充满自信,勇于创新,这样才能持久、充分、有效地调动教师参与教学改革的积极性,使教师对教学的动力形成良性发展,即观望—参与—自主开展—积极投入—卓有成效地教学改革。

(三) 有信任感:发挥教学制度的正面效应

作为教师教学改革的支持系统的教学管理制度,要伴随着教师教学活动的改变而适时作出调整。如果支持系统不改变,教室里的教学改革就不可能持久。长期以来,高校实施的学生评教制度从管理的角度简单方便地管控教师的课堂教学行为和过程。因此,学生评教不仅受到教学管理部门的青睐,甚至成为教师是否能够续聘和晋升资格的核心依据。然而,经过调研访谈结果表明,学生评教是影响教师教学改革动力的主要阻碍。因此,要把类似于学生评教这样的管理制度用于正向引导和完善教师教学的手段,而不是把它功利化乃至作为一种危及教师职业安全的工具,这就放大了教学管理的负面效应,不仅阻抑了教师教学改革的动力,还会致使教师过分迎合学生的心态与行动策略。

一线教师们提到,当前大学的琐碎的行政管理和压力对教师教学改革的投入产生较大影响,当前的研究型大学整体环境不乏种种规范与管理手段,而是管理得过多过细过精,并由此引发教师持续精神紧张,"感觉教学管理者对教师有一种潜在的不信任"。强化教学的管理与规范固然重要,但教学质量提升的关键在于教师的内在激情与成就感。真正的教学管理是"理",而不是"管";落实宏观教育目标,将教师的教学职责与完整的目标体系相融合，使广大教师的教学工作直接或间接地同教育的总目标有机联系，使教师认识到个体教学目标和学科发展目标、本专业培养目标、学校组织目标的关系，进一步理解教学工作价值，调动教学的主动性、积极性和创造性，从而激发教学改革的动力。

三 保障动力可持续策略建议

（一）提供与教学改革相匹配的物质条件

一是加强教学改革的基础设施建设。为了促进教师投入教学改革，研究型大学应当着力为教师提供新型教学改革场所，激发教师可以在学校提供的改革场所实施教学改革，比如多功能教室、多媒体设备、网络技术条件、符合新型教学理念的课堂桌椅摆放模式等；加强教学基础设施和实验室建设、图书资料与线上数据库添置、仪器设备更新、校园信息化建设等给新的教学模式提供匹配的"物"的基础。[①] 使得教师遵循由物质建基到新型教学方法的尝试，再由教学模式到教学改革思想的构建到教学改革观念的固化和持续，最后上升为教学改革价值确立，最终形成教学改革文化，这种方式使得教学改革影响面广泛而深入。换句话说，在进行教学改革这种费力不讨好的活动时，教师需要大学组织为其提供与教学改革相匹配的物质基础。

二是增加教学改革的支撑性经济条件。根据社会交换理论，教师之所以投入教学改革，与他们可以从教学改革中得到了"自己需要的某些东西"有关。该理论将个人主义、功利主义纳入人类行为的分析范式中。如果把教师参与教学改革作为教师与大学组织的合作，那双方都需要效益产出。这种效益或近期，或远期，或显性，或隐性，只有提供有效益的保障，教师们才会有合作的预期，维持合作的长久性。教学改革如果需要教师持久性投入，就需要资源互惠，教师在教学改革中贡献自己的精力和智慧，同时汲取组织提供的资源，在互动中协商、整合自己的资源。在现实

---

① 钟秉林、方芳：《一流本科教育是"双一流"建设的重要内涵》，《中国大学教学》2016年第4期。

操作中，对于教师实施教学改革的经济条件支撑，学校主要通过教学改革项目的设立、各种实质性的教学奖励等等来实现，教学项目的设立为教师实施教学改革提供了经费资助。物化奖励，既强化了对教师教学改革行为的引导作用，又提升了教师参与教学改革实施的动力。

（二）构建与教学改革相对应的声誉机制

一是构建与职称晋升相符合的声誉体系。从理想化的角度讲，教学改革应该具有无功利性的特点，实施教学改革的主要目的是促进学生发展和社会进步。但从物质与名利的意义上来看，纯粹的教学改革的投入对一线教师经济收入的提高、职位职称的晋升等个人利益方面的影响较少，教师参与教学改革的动力不容易受到激发。访谈发现，作为兼具经济人与社会人的教师，也期待将教学改革这一活动物化为一定的教学成就、获得职称晋升条件的认可，即通过行政化的组织认可，对于教师而言也很重要。

二是构建与教师职业生涯发展路径相一致的声誉机制。根据心理学的动机强化理论，教师也具有理性人的特征，在他们的需求体系中，除了解决生存需要，教师还渴望通过教学改革给自己的职业生涯发展"锦上添花"，在此过程中，教师将作为一种"入场券"、一个"绩点"等看似功利化的活动也无可厚非。因此，建立符合教师生存和发展的利益基础和"名利"通道，如优秀教学评选、教学名师的评选、基层优秀教学组织的遴选、优秀教师的宣传等，更易激发教师投入教学改革的动力。这些合适的声誉机制与教师的内部的教学改革动力互相交织和融合，为教师标识出教学优秀的典范目标，有了与职业生涯发展一致的声誉引导，教师无需用形式上的教学改革来"作秀"，而是实实在在地开展教学改革。

（三）制定促进教师投入教学改革的"行动依据"

调研中，一些教师出于上级任务要求、组织制度的约束和基本的职业道德，完成了基本的教学任务，而对于需要更加"用心"的教学改革参与度不高，说明教师在保证基本的教学要求的前提下，对于主动参与教学改革并不买账。本研究中，大部分受访者表示了对教学改革的认同，教师们不是不愿意投入教学、参与本科教学改革，他们最明显的诉求是期待现行制度的完善，为教师投入教学改革提供"行动依据"。在不同的制度面前，研究型大学教师具有不同的行动策略，良好的教学政策与制度会同时考虑到教师的利益认同和价值认同，使教师参与教学改革等行动。总结来自教师的建议如下：

一是进一步优化现行政策制度，发挥政策制度的内化牵引和激励保障作用。制度可以发挥鼓励、劝导、说服等方式牵引、激励和保障教师实施教学改革行为。在当前研究型大学教学与科研"二元悖论"的困境中，为解决教师针对教学改革"知难行易"问题，有必要进一步优化现行政策制度，增加教学改革在职称评定中权重的可操作性，加大实质性的鼓励措施，在业绩考核方面给予认可，促进职称晋升条件更加合理化。将教师参与教学改革的内容、频次、层次、成果等纳入到考核实施细则中。比如，本研究通过对U大学的制度文本调查发现，该校2019年出台的《U大学建设一流本科教育行动计划》专门提到了"完善专业技术职务评聘办法，明确对教师教学业绩的考核要求，扩大教学成果认定范围"，[①] 学校在职称晋升细则中增加参与教学改革项目对晋升评定的占比[②]，加大了对教学改革的奖励力度。据教师反馈，这一政策较大程度上提升了教师参与教学改革的积极性。

二是完善现行政策制度，发挥政策制度的契约与规定作用。政策制度确定了组织内的成员们的行为规则和行动依据，对研究型大学教师参与教学改革的影响还可以通过制度规则由外至内去干预教师的价值选择，包括发挥谴责等方式约束教师的教学行为，这也是一种教学文化建构手段。但是，作为一种为参与教学改革的一线教师制定的"共同契约"，需要获得教师群体普遍接受和认同。制度规则应当注重教学改革对于学生学习和教师队伍建设的影响规律，充分考虑到教学改革成果显现慢、周期长的特点，建立健全长效机制。教学管理者需规避只注重政策制度的规约作用，却对制度的鼓励作用缺乏考虑，这必然会导致教师对相关制度的反感，从

[①] 资料来源：本研究收集到的某研究型大学文本文件《U大学建设一流本科教育行动计划》第六条，2019年。

[②] 资料来源：本研究收集到的某研究型大学文本文件《U大学2020年度教职工职称评定实施细则》，2020年。

而与制度的精神背道而驰。

四 情境动力优化策略建议

（一）营造适宜教学改革的客体与文化

一是营造有利于教师积极投入教学改革的情境与文化。克拉克·克尔曾在《大学的功用》中提到，教师可以发挥"创造力"的基础是，大学需要为教师营造一种适宜的环境，包括稳定感（不用害怕使工作分心的经常变化）、安全感（不必担心大门外对的攻击）、持续感（不必关切工作和生活结构会受到极大破坏）和平等感（不用怀疑别人会受到更好的待遇）。① 对于教学改革而言，由于情境动力在促进教师参与教学改革中发挥着重要作用，学校应着力营造一种宽容、宽松和宽裕的教学环境和氛围，使社会环境、组织声誉等压力转化为广大一线教师对教学的自我反思和自我调整，激发教师教学改革的内在激情。

二是达成教学改革工作重要性的理念与共识。任何教学改革的推行，均会有各种价值冲突以显性或隐性的方式渗透于教学改革实践中的各个领域和环节；与此同时，教学管理者和一线教师之间存在的价值差异也会使教学改革诸方面难以达成共识。因此，有必要通过理念宣传与教学改革思想的扩大以达成全员对教学改革的认知共识。比如有教师提到：

> "研究型大学的主要特征是"研究型"，在更加注重科研成果的研究型大学，本科教学改革往往容易被弱化，但是强大的科研需要扎实的教学作为支撑，科研反哺教学，教学激发科研，这两翼不可偏废。何况，研究型大学虽然重点在"研究型"，但他的根本落脚点是"大学"，大学的根本职能是培养人才，因此教学工作是"本"。"（资料来源：U 大学教学名师 Y 教授在教学研讨会上的发言）

---

① ［美］克拉克·克尔：《大学之用（第五版）》，高铦等译，北京大学出版社 2019 年版，第 55 页。

从教学改革的面而言，要尽可能推行全校性的教学改革，防止劣币驱赶良币现象。正如一位教育专家提到：

"如果同教一门课，A 老师用新方法，B 老师用老方法，学生肯定会说 A 老师不好，布置太多的作业、要做的事太多。结果是 A 老师得差评，B 老师得好评，这就是劣币驱赶良币。这种事在中美大学都出现过，应当引起中国大学注意。"①

（二）关注教学与研究各有所长者各有所获

一是要树立"教""研"平等的理念，平等对待教学与科研工作，秉持"教学学术"（scholarship of teaching）理念。无论是学校还是一线教师本人，应当从观念上扭转一个事实，即对于教与学活动本身的研究、探索与实践（直接结果是投入教学开展教学改革）与发现学问（直接结果是发表学术论文）的研究、探索与实践，这二者实际上均具有学术品质，尤其是教学也具有学术性，教学是"学术"概念的应有之义。② 对于研究型大学而言，现行的一系列的学校层面的行为将"教学"与"科研"分离开来，要改变这种局面，需要从教学文化构建与制度设计上真正将"教学"视为一种学术；从制度上需要"破五唯"，才会使得教师彻底更改"publish or perish"的固有观念，从而更多地投入教学，开展教学改革，提高人才培养质量。对于教师而言，教学与研究在教师的整体职业发展生涯中并非"非此即彼"的关系，而是一种"共生关系"（symbiotic relationship）。③ 二者在身份建构中都有自身的价值确证，其活动性质的差异会带来教师在自我价值认同中的多样性，事实上，现实中也有许多教师从事科学研究和开展教学活动都很出色。一位受访者提到的以下现象值得深思，

---

① 赵炬明、高筱卉：《关于实施"以学生为中心"的本科教学改革的思考》，《中国高教研究》2017 年第 8 期。
② Boyer E. L., *Scholarship reconsidered: priorities for the professoriate*, New Jersey: Carnegie Foundation for the Advancement of Teaching, 1990, p. 16.
③ R. Neumann, "Researching the Teaching-Research Nexus: A Critical Review", *Australian Journal of Education*, Vol. 40, No. 1, 1996, pp. 5–18.

但愿能尽快得到改善：

> 论文写得多的在系里地位高，而且还有物质鼓励，因此系里很多老师埋头写论文，根本不把心思放到教学上，而教学搞得好的人，没有人注意，甚至引来嘲笑。难怪《光明日报》上也曾经提到过一个现象，就是有些教师"争着抢科研项目，不愿将心思花在课堂教学上"，"科研超人"搞科研，"科研弱鸡"搞教学改革。看来"一流教授搞科研，三流教授搞教学"确实形象概括了当前研究型大学一线教师的现实镜像。（10008F007）

二是酌情分类发展、各取所长，让喜欢教学的教师投入教学，让擅长科研的教师专注于科研。现代教学理念认为，教学可以促进科研，科研则可以反哺教学，提倡"科教融合"是世界一流大学的趋势，也是新时代我国"双一流"建设的必然选择。但这属于宏观理念的推演，以下现实状况的确存在：对于一线教师个人而言，科研是一种"用心活"，教学更是一种"良心活"，都需要教师耗费精力认真付出，但教师的精力确实有限。学校应当提供这样一种制度，使得教师不必强迫教学科研都优秀，要为教师提供一种帮助教师根据自身特点选择最适合自己职业发展的制度。在尊重教师不同阶段能力发展特征、扬其所长的同时，不妨考虑把政策制度关注于让教学与研究各有所长者在一个集体环境中各有侧重和各有所获，这样才可能实现组织效益中的二者兼顾。正如一位受访者谈道：

> 老师都搞科研，合适吗？可不可以分分工？擅长搞科研的继续搞科研，喜欢上课、擅长教学的就让他们潜心教学，这样大家也能有动力不忘初心啊！但我同时也看到，今天的教学改革，由于教师身处周遭环境的复杂性，教学改革的初衷已经异化了，这种现象的出现，是制度的不健全，还是为人师的初心不在？我很迷茫。（10003W011）

（三）搭建多样化的教学改革交流载体与平台

一是搭建一线教师与校方、教学管理部门、同行、兄弟高校沟通交流的载体和平台。笔者在与一线教师进行一对一访谈和焦点小组访谈时，许多教师提到对学校为其提供多样化的教学改革载体与平台的需求，他们希望学校积极为教师构建乐于分享的教学改革文化。可见，教师们愿意展开交流对话，通过分享教学知识观念，进行自我反思，包括组织教学研讨会，积极支持教师参加教学改革会议，使一线教师能够不断开阔教学视野，相互交流教学改革经验，这是教师参与教学改革动力产生和强化的一个重要因素。沟通交流的主要作用还在于，可以增强一线教师和教学管理人员、大学组织之间对投入教学改革这一行为的理解、承诺和共同推进。

二是构建深度互动的教学改革共同体（Teaching Reform Community）。由具有相类似社会行为的个体所构成的群体就是共同体。教学改革共同体由具有共同愿景的教学改革管理者、教育教学专家、一线教师组成的团队，他们进行持续性的合作探究，教师在合作中提出教学改革目标任务，并最终促进教学改革的良性循环。构建学习共同体不仅可以消除高校教师的孤独感，也能支持其终身学习和发展，从而有效提高教学质量。[1] 个体（自我）与他人的互动是社会的本质，在这个共同体中，不同学科专业还可以进行批判性互动，尤其是教学改革过程中的各种问题冲突的涉入会促进差异性沟通与对话，这也是教学改革共同体良性运行的基本维度，既可营造教学改革环境，又可保障教学改革共同体的持续更新，解决教师参与教学改革的动力问题。同时，在这个共同体中，教学管理人员及时得到教学改革的反馈，及时对教学管理做出调整；教学专家第一时间得到教学改革研究的第一手数据，及时进行专业的研究和思考，从而指导教学改革；一线教师的教学改革能够及时接收到来自事务性教学管理的响应，接受到专家学者的指导，更可以促进教学改革收到实际效果。

---

[1] 詹泽慧、李晓华：《美国高校教师学生共同体的构建——对话美国迈阿密大学教学促进中心主任米尔顿·克教授》，《中国电化教育》2009年第10期。

第三节 研究展望

一 贡献与创新

大学教学改革是我国高等教育质量提升的主要路径。更快、更好地推进教学改革,亟须把握一线教师参与教学改革的动力因素和动力机制。本研究以"研究缘起—研究现状—研究设计—数据分析—结果讨论—策略建议"为主线,对研究型大学教师参与教学改革的动力因素、动力机制以及策略建议进行理论探讨与实证考察,主要研究成果概括为:对一线教师视野下的研究型大学教学改革现状及一线教师对教学改革的认知进行了考察和呈现。探究了教师参与教学改革的动力因素。基于二元矛盾框架,明确了存在四类动力。以理论指引、文献调研、访谈研究互相印证,明确了各种动力所发挥的作用。基于分析结果,提出了促进教师参与教学改革的策略建议。本研究的主要创新点如下:

(一) 视角创新——从微观层面映照真实

在质的研究方法的规范性指引下,本研究尽可能在微观层面对研究型大学教师参与教学改革的动力原因进行深入细致的观察与分析,并尽量保证本研究全过程的整体性,笔者与研究对象的进行深度互动,整个研究体现了笔者观照现实与关照人文精神的结合。

本研究将目光聚焦于研究型大学,试图从被研究者的视角理解现实问题,走进教师群体,关注"一线教师"对参与本科教学改革的真实认知,从一线教师的角度比较详尽而深刻地揭开现行研究型大学教师参与教学改革的各种动力因素。从某种意义上来讲,教学,以及教学改革,是一种相对个人化的工作,每位教师对自己所承担的课程有不同态度和理解,在教学风格上也各有特点。因此,尽管有学生评教、学校和学院督导评教,似乎都未能完全影响到教师的教学行为;从另一个角度看,教学工作也是让一线教师进行自我发挥、展示自身教学理念、进行自我肯定的最后一片天地。抛开组织层面、领导层面对学科、专业层面教学改革的引领，一线教师对教学改革的关注非常个人化、且因人而异。本研究在执行过程中遇到的各种表达和观点都无法预设，需要研究者去探究其中的"微观性"和"微妙性"。

这种微观与微妙可能有"不确定性"和"隐秘性"。不确定性体现在教师实施教学改革的动力的各个因素之间、教学改革与情境之间的联系不是一成不变的，因而，研究结论也具有不确定性。如同印象派画家如何将隐秘的、看不见的空气和氛围"入画"，教师教学改革行为取向也是在动态中充满各种看不见的"因素"，在教学改革事件化的过程中，"蛰伏"的各种动力因素被频繁激活，在各种互动关系中进行社会建构，其中的各种动力因素都有可能被释放。而某些隐秘机制具有"不可见性"，甚至在深度访谈过程中，教师也未必能够明确地"吐露"某些本来的想法和真实的声音，需要笔者在"悬置"的过程中，用心"体味"和"掘出"，需要笔者反复探索从现象到情境，完成从性质到联系，从因果到事件的视角转换。

因此，从研究的角度来看，作为本研究的"使命"，尽可能不去从一些普遍的前提来推断研究型大学教师教学改革的驱动力，而是从个体微观的感觉综合和移情机制出发，来映照真实的教师开展教学改革的动力。

（二）方法创新——以实证方法深描现象

本研究采用扎根理论的方法，研究通过进入研究型大学真实而具体的情境中广泛收集资料、深入分析资料，从下至上不断提炼、浓缩资料，剖析研究型大学教师参与教学改革的行为取向，诠释他们进行教学改革的动力来源及构成要素相互作用机制。教师投入教学改革，作为大学组织里的一种社会性存在；因此本研究不局限于对存在状况的揭示，而是"在社会之中"去探寻"发生"，即从"问之所问"到"问之所及"去探寻"发生"。研究采用一种"思的开放"对一线教师教学改革活动的发生进行研究，尽力将一系列原因要素铺陈开来，将作为"当事者"的研究型大学一线教师放置于一种社会状况下。这是一种从研究对象个体中去挖掘具有社会关联的存在者"去存在"和寻找真实的过程。

在研究方法上,本研究试图打破现有文献所使用的思辨、推理、演绎等方法,通过质性研究,采用扎根理论的规范获取资料、深描现象、进行实证分析。通过"深描"方法,去捕捉到真正的、具体的教师教学改革动力要素,形成一种还原,呈现出多种构成性的脉络,试图打开通往教学改革动力的诸面向,将选择参与教学改革中的教师看作是身生处境中的人、同情共感中的人。通过"深描"去追踪其中的"事"与"人",力图使得教师实施教学改革的动力因素像地图那样层层铺开,然后找到"相互关联"、按图索骥,勾画出研究型大学教师实施教学改革的动力机制。

(三)理论创新——以符号互动理论为基础借鉴多学科理论全景解释

作为一项扎根理论研究,本研究在研究过程中始终注重保持理论的敏感性,试图通过"多维分析视角"开启探究与解释研究型大学一线教师教学改革动力的各种可能性。研究型大学教师参与教学改革的动力构成复杂,现有研究中针对研究型大学教师这一主体进行教学改革动力来源的研究成果尚不多见,采用质性数据的现有研究更是较少。

如果把研究型大学一线教师实施教学改革作为一种现象来研究,那么本研究就需要解释现象;如果把研究型大学一线教师实施教学改革作为一种行为来研究,那么本研究就需要解释行为取向和行为逻辑。解释现象和行为并非易事。在一个由人形成的多重主观意义和价值判断的世界中,本研究不能迷恋于假设研究策略的想象。基于此,在研究结论的解释上,本研究综合借鉴社会学、教育学、管理学、心理学等学科的理论资源,同时从高等教育教学改革的政策理解回归到权宜性的教师教学改革原因和动力机制分析,将教师教学改革动力与研究型大学教师职业生涯、教师所处的"流动的时代"、知识分子生活策略、教师群体民情和研究型大学教师的惯习体验层面,把握研究型大学教师在教学生涯及教学改革活动中与社会互构的总体性脉络,探析我国研究型大学教师开展教学改革的动力来源,并构建研究型大学教师教学改革的动力机制。

本研究更加注重教师与外部情境的互动、教师的人性需要及其职业特征对教师主观生涯发展的直接影响和社会环境对教师生存质量的潜在影响，试图看到纯粹的高等教育研究所难以观察到的图景。因此需要采用多维视角认识问题、解释问题，对教师教学改革动力尽量完整分析，尽量避免问题孤立。

二 局限与展望

（一）研究局限

第一，由于本研究采用深度访谈、焦点小组访谈和参与式观察等方法作为数据收集的主要方式，研究样本有待进一步扩大。

在研究过程中，由于研究者必须与被研究者进行接触访谈，需要花费很大的精力，加之在研究过程中遭逢新冠疫情蔓延，致使本研究未对较大的样本数据进行研究。本研究尽管综合运用了深度访谈、焦点小组访谈、参与式观察、与一线教师在多种场合的话题讨论、教学改革交流研讨会等多种资料收集方法，但主要还是局限于18所研究型大学的33名深度访谈者和86名小组访谈者，调查研究对象仅限于我国部分研究型大学的教师，对其他类型学校的教师未能涉及，研究结论的推广性受限。

事实上，不同的院校类型在发展定位、办学理念、办学目标、办学模式、制度举措、生源质量、师资力量等方面存在较大差异，这种差异必然会导致教师及组织对于教学改革的认知、态度、理解、价值、行为取向等的不同，教师教学改革动力机制也不同。本研究样本数据量不大，相关结论未必可以推及其他类型的高校。

第二，本研究为一项质性研究，缺乏对自然情景中有关研究型大学教师实施教学改革复杂变量的严格控制，研究解释有一定的主观性。

本研究通过受访者的录音、文字或图片去记录素材、描述研究成果，尽管本研究严格按照扎根理论的规范步骤进行研究，通过归纳推理得出研究结果。但总的来说时归纳推理的一个显著特点是一种材料可以支持一个研究结论而不保证这个结论的正确性；同时归纳推理只能从有限的样本里去推出结论。另外，本研究资料收集来自于研究者与教师访谈时教师的自我陈述和研究者本人的参与式观察，本研究描述这些所听所见视为行为事实,难免存在一定的主观性。费孝通先生在晚年曾说:人文世界中的整体不是一个个人加起来的数学集合。千人并非一面,如果全社会的真相都可以写在每个人的脸上,世界早已大同了。社会科学研究的"难"就难在"人"的身上。研究社会世界的人无法做一位彻底的旁观者。

由于笔者长期身处研究型大学,并长期从事学校教学改革事务性工作,基本建立了必要的研究型大学教师同行网络或人际关系,因此也算是半个"局内人",其优势在于对研究型大学场域内的教学改革制度、规则、文化、教师教学与生活较为熟悉,对于研究的顺利进行有基本的保证。但从另一角度来看,这种优势即是劣势,可能会因为对研究型大学的教学改革过于熟悉而将一些现象视为理所当然的常识,认为"一切正常",极有可能丧失对有价值的信息和许多关键问题的敏感性和判断力,这多少会妨碍对教师教学改革动力的实然状态的理解。科学研究要求我始终保持一种冷静的态度,对于本研究而言,研究者尽管尽量做到"悬置"和价值无涉,但也带有一种"投入感",面对眼前每位受访者逐渐展开自己的教学改革看法和经历,研究者不免假想,倘若自己就是一线教师,该如何去理解,加之研究者本人对研究型大学有长久栖居的情感倾注,容易有"将心比心"的情感色彩的投入,因此,研究结论有一定的主观性。

第三,本研究作为质性研究,受限于研究方法和研究者的理论功底,构建理论的深度和可推广度需进一步加强。

研究者的生活背景、理论水平、思想认识、价值理念和方法论等都会对研究有一定影响,受制于研究者的理论功底以及方法的局限,所构建的理论未免粗疏。扎根理论的研究方法既需要耐心、精力,又需要才学和智慧。通过"耐心的田野劳作"(福柯)从庞杂的"现场文本"(康奈利)中梳理出一个既能反馈复杂的实践情况、又足够条理清晰的文本。笔者深知自己吃苦和耐心尚可,而后者却差之甚远,质的研究对研究者个人素质具有较大的依赖性。就像我们面对人生经历的片段,即使穷尽办法去试图参透,把它放在漫长的历史和宽阔的社会场域中去领悟,也依然局限在自身的有限性中。本研究受制于研究者个人的文化因素,一些教师的言语和行为所表达的讯息中的深刻意蕴未能被笔者充分挖掘,加之本研究涉及多个学科领域,导致文中有理论"舶来"的痕迹,也使得笔者的研究的参考价值打了折扣。本研究采用扩展的方法来关照整个研究型大学的教师群体，但也难免存在感动自己的幻想。

（二）研究展望

按照克拉克·克尔（Clark Kerr）的说法，传统意义上的大学是一个僧侣居住的村庄，而现代大学却是多元化巨型大学，是一座城镇①。这座城里有各种各样的"群体"，这些群体呈现出不一致、多样化的特征。如何去发现多样化的教师群体以及他们作为一个真实的人的行为动力，如何从多元的动力因素中去理解研究型大学教师教学改革动力机制，这是本研究的一个难点。本书仅仅是个人学术生涯规划的一个起点，在今后的研究中将做进一步延伸，主要包括以下几个方面：

第一，量化研究方法作为补充。对于研究型大学教师参与教学改革的动力，还可以设计调查问卷，通过较大样本的数据获取，采用量化研究的方法做支撑和印证，以便得到更加可靠地研究结论。

第二，差异性对比研究。事实上，教师教学改革的动力由于大学类型的不同和教师的职称、年龄、教龄、学科、岗位性质等不同，必定呈现出不同的动力差异，需要通过更深入的证据研究来求证。本研究资料收集还不够全面，后续对相关变量进行控制处理，更容易发现教师教学改革动力的差异性特征。

第三，形式理论的建构。扎根理论的研究"结晶"是建构实质理论，这种实质理论适用于特定时空，是介于宏大理论和微观操作性假设之间的一种理论。在后续研究中，可以通过大量的资料来源，以实质理论为中介，经过一个不断从事实到将许多不同的概念和观点整合、浓缩，生成实质理论，然后再到形式理论演进的过程，关于教师参与教学改革的动力机制的研究，笔者认为，如果研究条件和取样等诸方面因素具备，不排除建构具有普适性的形式理论的可能。

---

① ［美］克拉克·克尔：《大学之用（第五版）》，高铦等译，北京大学出版社2019年版，第23页。

三 研究后记

在本书研究题目确定之初,笔者曾在自己的研究备忘录扉页上郑重写下:做一部有意思的研究专著,在本书基本定型之际,再回头看本书的整体研究,深知依然有诸多不足之处和研究遗憾。笔者为这些不足惶恐不安,恳请各位同行、专家、学者们用自己的智慧去弥补。

(一) 熟悉而陌生的命题

起初,笔者曾为选择了这么一个既熟悉、又便利、又不乏实践价值的题目而窃喜。然而,当笔者充满期待地进入这个研究领域时,却发现,尽管诸多教师在茶余饭后经常议论,但却有将之窄化的嫌疑,还充满讨伐之意,大都泛泛浮于表层,更少有学者关注、研究和反思。对于教师行为而言,无论是宏观层面的主题探讨,还是微观层面的现象深入,可资借鉴的研究成果相对较少。在深入走进教师群体开展调研的过程中,笔者发现,教师投入教学改革的动力纷繁复杂、褒贬不一,有自身的职业道德、教学理想、志趣爱好等动力使然,也有他者、制度、任务、组织等动力,还有名利、经费、指标、绩点等动力,甚至一些教师的教学改革被贴上"作秀"等贬义的标签。

本研究视野中的教师参与教学改革的动力,既有循着相关政策制度的惯常路径,也有教师教学改革行动所依据的自身情况和耳濡目染、习以为常的校俗院情所提供的情感模式;既有凝聚着各种社会因素甚至是偶然随机出现的刺激而形成的开展教学改革事件,也有由学科发展史或教学团队成长历史长期化育而成的共同体或个人身上的人格特质……所有这些,都是教学改革动力实在的重要组成。大量的资料、纷纭的说法,使笔者一度难以"拨云见日",对厘清研究逻辑游移不定,不知道该如何呈现,尤其是理论建构迟迟无法步入正轨。这个看起来熟悉的命题却又是如此陌生。

于是笔者转向在浩如烟海的研究文献和新近出现的学术研究成果中去"浸染"了一段时间,并伴随着思考:应该如何"站在前人的肩膀上"审视教师教学改革的动力?笔者反复整理思维,终于从"囚徒困境"中觅到

"洞穴"之外的一道光。在整个艰难的历程中所付出的努力，使笔者收获到真实的感动。几乎每位受访者都提到，笔者的访谈提问促使他们认真思考一些自己原本没有想过或没有重视的问题。尤其是资料搜集完成后和初稿写成后，笔者向他们征求意见，他们都认真地阅读并提出了自己的修改意见和建议。尽管本研究许多地方可能没有所谓的"代表性"，然而却是真实的，它给笔者带来的启示已远远超出"教学改革动力"这个研究范畴。

（二）未完待续的教学图景展望

任何图景终究达不到完整，都不是既"全"又"真"的图景，如同我们每个具体的人无法短时间去面对全部的生活那样，永远只是在路途中，只是在洞穴里。

如果本书揭示了教师教学活动中不为人关注、却又是研究型大学人才培养中最真实地起作用的某些成分；如果本书在被研究型大学教师阅读到的时候，能够自觉或不自觉地联想到自己的教学活动经历，并进行或系统、或零星地反思；如果本书能或多或少地为高等教育教学改革的政策反思提供了某种参照；如果本书能够为研究型大学教学改革动力的理论研究和高校教育教学实践提供某些有价值的素材……那笔者所经历的辛苦与惶恐会化作欣慰。备受鼓舞的是，本研究的很多观点在反馈给一线教师后能够得到很好的印证。

西班牙思想家加赛特认为，大学是为了把普通学生教育成为有文化修养、具备优秀专业技能的人。[①] 确实，如果把大学比作人类精神的"故园"，在各种社会价值观、功利主义盛行的今天，面对大学职能由"边缘"走向"轴心"的世界趋势和大学教学从"中心"走向"边缘"的现实窘境，本书中提到的一些现象似乎不是我们想要的，但是我们也要看到，即使在某些欧美知名高水平大学的教师，也存在倾向于选择风险较小、价值明确的常态行为领域。伴随着国家战略发展新形势、市场对新型人才的迫

---

① ［西班牙］奥尔特加·加塞特：《大学的使命》，徐小洲、陈军译，浙江教育出版社2001年版，第95页。

第六章 结论与建议

切需求以及全球高等教育新趋势的影响,政府层面始终没有停止对大学存在的根本价值的思考和对高校教学改革的顶层设计与措施推进①。特别是《教育部关于深化本科教育教学改革全面提高人才培养质量的意见》(教高〔2019〕6号)、《教育部等六部门关于加强新时代高校教师队伍建设改革的指导意见》(教师〔2020〕10号)和《人力资源社会保障部教育部关于深化高等学校教师职称制度改革的指导意见》(人社部发〔2020〕100号)等一系列制度文件的推出,在构建一个鼓励教师投入教学、开展教学改革的体制机制上取得了明显成效。学校层面始终没有停止对"小课堂大作为"的积极追求②,教师层面也并没有忽略大学教师的初心和目标,大部分一线教师对教学改革持辩证与融合的态度,对当前的教学进行不断反思和积极探索。

在本研究中,笔者在每一次的正式访谈、焦点小组访谈、参与式观察以及各种非正式场合与教师交流结束时,尽可能让每一位教师用简短的话语表达他们心中向往的教学愿景(vision)和教学改革使命(mission)。在此摘选一部分,展现如下,以不辜负受访者对笔者的期望(无先后顺序之分):

"教师对参与教学改革感兴趣";

"教学改革工作能让教师自身有成就感";

"教师善教、学生乐学,教师能从学生的正向反馈中获得成就感";

"学生评教得分客观真实,对教师的教学改革工作有激励";

"我的收入与投入教学改革工作的付出成正比";

"开展教学改革的成效与职称晋升有正相关";

"多一些参加教学培训和研讨的机会,以提高自身教学水平";

"教学改革工作得到领导的重视、同事的理解、教学团队的带动和配合";

"教学工作成为大学地位、声望的决定性因素";

---

① 文静、邓媛:《中国大学教学改革40年回顾与前瞻》,《中国大学教学》,2018年第11期。

② 谢和平:《以课堂教学改革为突破口的一流本科教育川大实践》,《中国大学教学》,2018年第12期。

"教学工作得到学校政策制度的保障和推动";

"给予肯钻研教学改革的教师专门的政策和经费支持";

"倡导有温度的管理,尊重教师的主体地位,让教师从教学中获得成就感、价值感和幸福感";

"形成研究教学问题、调动教学热情、支持教学改革的氛围和机制";

"有一个有助于大学教师沉醉于教学的职业和组织环境保障,使得大学的基本职能薪火相传";

……

参考文献

中文著作

陈向明：《质的研究方法与社会科学研究》，教育科学出版社 2000 年版。

费孝通：《乡土中国》，北京出版社 2004 年版。

高水红：《共用知识空间——新课程改革行动案例研究》，南京师范大学出版社 2008 年版。

郭华：《静悄悄的革命——日常教学生活的社会建构》，北京师范大学出版社 2003 年版。

贺晓星：《教育·文本·弱势群体——社会学的探索》，中国社会科学出版社 2012 年版。

侯光明：《中国研究型大学理论探索与发展创新》，清华大学出版社 2005 年版。

胡金平：《学术与政治之间的角色困顿——大学教师的社会学研究》，南京师范大学出版社 2005 年版。

康永久：《教育中的三个世界》，教育科学出版社 2017 年版。

李森：《教学动力论》，西南师范大学出版社 1998 年版。

厉以贤：《西方教育社会学文选》，五南图书出版公司 1992 年版。

刘云杉：《从启蒙者到专业人——中国现代化历程中教师角色演变》，北京师范大学出版社 2006 年版。

刘云杉：《学校生活社会学》，南京师范大学出版社 2001 年版。

马维娜：《局外生存——相遇在学校场域》，北京师范大学出版社 2003 年版。

乔锦忠：《学术生态治理——研究型大学教师激励机制探索》，教育科学出版社 2008 年版。

王晴锋：《欧文·戈夫曼：微观社会学的探索》，中央民族大学出版社 2018 年版。

王晴锋：《欧文·戈夫曼与情境互动论》，社会科学文献出版社 2019 年版。

王战军：《中国研究型大学建设与发展》，高等教育出版社 2003 年版。

吴康宁等：《课堂教学社会学》，南京师范大学出版社 1999 年版。

吴永军：《课程社会学》，南京师范大学出版社 1999 年版。

夏林清：《斗室星空——家的社会田野》，财团法人导航基金会 2011 年版。

肖索未：《欲望与尊严：转型期中国的阶层、性别与亲密关系》，社会科学文献出版社 2018 年版。

项飚：《把自己作为方法》，上海文艺出版社 2020 年版。

周润智：《力量就是知识——教师职业文化的生产与再生产》，北京师范大学出版社 2005 年版。

周宗伟：《高贵与卑贱的距离——学校文化社会学研究》，南京师范大学出版社 2006 年版。

中文论文

艾伟：《人及其时代意志》，《山花》2005 年第 3 期。

鲍威、杜嫱：《冲突、独立、互补：研究型大学教师教学行为与科研表现间关系的实证研究》，《北京大学教育评论》2017 年第 10 期。

常丽丽：《大学教师教学责任研究》，《中国农业教育》2012 年第 1 期。

昌成明等：《符号、控制与学术秩序：学者头衔的反思》，《大学教育科学》2020 年第 6 期。

陈刚：《如何增强教师参与教学改革的能力》，《青年教师》2006 年第 12 期。

陈向明、王富伟：《扎根理论研究需要如何读文献？——兼论扎根理论不同版本的界定之争》，《比较教育学报》2020 年第 2 期。

陆国栋、孙健等：《高校最基本的教师教学共同体：基层教学组织》，《高等工程教育研究》2014 年第 1 期。

陈遇春、李厚：《高校教学改革中教师组织问题的研究与探索》，《中国大学教学》2011 年第 11 期。

陈媛媛：《建立适应大学英语教学改革的教师激励机制》，《湖南经济管理干部学院学报》2006 年第 6 期。

杜利平：《教学：高校教师的首要学术责任》，《中国高教研究》2008 年第 1 期。

龚放、吕林海：《中美研究型大学本科生学习参与差异的研究——基于南京大学和加州大学伯克利分校的问卷调查》，《高等教育研究》2012 年第 9 期。

顾婧：《绩效考核视阈下大学教师教学动力机制研究——以 N 大学为例》，《师资建设》2016 年第 19 期。

郭淑芬、高功步：《高校教学模式改革：动力、挑战与路径——基于教师自主推进的视角》，《扬州大学学报（高教研究版）》2018 年第 4 期。

郭丽君：《高校教师教学行为选择的制度逻辑与作用机制》，《大学教育科学》2021 年第 2 期。

何少初：《提高大学教师素质，推动高校教学改革》，《高等教育学报》1986 年第 2 期。

洪早清：《敬畏教学——大学教师应有的情感态度》，《现代大学教育》2018 年第 2 期。

华健、吴伟蔚、张驰云：《教师是高校教学改革和创新的主体》，《上海工程技术大学教育研究》2005 年第 2 期。

黄玉梅，朱笑荣：《高校教师教学改革惰性现状调查与思考》，《教育教学论坛》2020 年第 2 期。

姜文英：《教学改革的关键在教师》，《山西教育学院学报》1999 年第

4 期。

蒋文昭：《建构基于全人教育观念的教师角色：高校教学改革的一个视角》，《中国大学教学》2010 年第 8 期。

李曼丽、李明：《英美两国一流大学教师资源的开发与留任机制探微——基于英美 10 所世界一流大学的案例分析》，《清华大学教育研究》2017 年第 12 期。

李勇、闵维方：《论研究型大学的特征》，《教育研究》2004 年第 1 期。

李学书、范国睿：《生命哲学视域中教师生存境遇研究》，《教师教育研究》2016 年第 1 期。

李奇等：《高校的教学改革：关键点的再认识》，《北京教育（高教）》2016 年第 1 期。

李梁：《教师责任感的传统意蕴与当代反思》，《大学教育科学》2017 年第 3 期。

梁传杰、罗勤：《我国研究型大学的内涵与特征》，《武汉理工大学学报：社会科学版》2007 年第 6 期。

林菁：《转变教师教育观念，深化高校教学改革》，《当代教育论坛（学科教育研究）》2008 年第 7 期。

林小英、宋鑫：《促进大学教师的"卓越教学"：从行为主义走向反思性认可》，《北京大学教育评论》2014 年第 2 期。

柳文华：《高校教育教学改革的动力机制探讨》，《教育现代化》2018 年第 3 期。

刘尧：《"教学本位"的前提是"教师本位"——从浙江大学设立"E 津贴"谈起》，《青岛科技大学学报（社会科学版）》2014 年第 1 期。

刘振天：《高校教师教学投入的理论、现况及其策略》，《中国高教研究》2013 年第 8 期。

马廷奇：《大学本科教学改革：目标、困境与动力》，《北京科技大学学报（社会科学版）》2016 年第 4 期。

马廷奇：《关于大学本科教学改革的理性思考》，《中国高教研究》2016 年第 1 期。

毛玥、卢旭：《教师主体性发展的困境及其突破》，《中国教育学刊》2016年第8期。

梅锦春：《回归教学：大学教育改革的必由之路》，《中国大学教学》2014年第7期。

渠敬东：《项目制：一种新的国家治理体制》，《中国社会科学》2012年第5期。

任可欣、余秀兰、王世岳：《"先生存后发展"：N大学文科青年教师行动逻辑分析》，《高教探索》2020年第7期。

任玥：《21世纪初美国公立大学的组织文化观——以印第安纳大学为例》，《高等教育研究》2015年第9期。

徐菁菁：《顶尖高校：绩点考核下的人生突围人的囚徒困境》，《三联生活周刊》2020年第37期。

沈红、谷志远、刘茜：《大学教师工作时间影响因素的实证研究》，《高等教育研究》2011年第9期。

沈红：《研究型大学的基本要素及其体制和组织满足》，《教育研究》2003年第1期。

沈红：《中国大学教师发展状况——基于"2014中国大学教师调查"的分析》，《高等教育研究》2016年第2期。

石世英、叶晓甦、胡鸣明：《TPB理论框架下高校教师教学改革行为意愿研究——以河南省高校为例》，《高等建筑教育》2020年第3期。

史万兵、娄成武：《研究型大学的指标体系构建》，《中国高教研究》2003年第6期。

嵩天：《大学教学改革中的科研方法与探索——基于青年教师的视角》，《中国大学教学》2015年第1期。

孙俊川：《提高教师素质是教学改革的根本保证》，《高教理论与实践》1999年第2期。

田静琳：《中世纪大学教学研究》，《科教文汇（上旬刊）》2010年第12期。

王永杰等：《从中国高校的教改现状看我国研究型大学的建设》，《西南交通大学学报》2001年第1期。

王本陆：《教学动力研究的现状、问题与思路》，《教育研究》1992年第2期。

王绯烨、洪成文、[美] 莎莉·扎帕达：《美国教师领导力的发展：内涵、价值及其应用前景》，《外国教育研究》2014第1期。

王晓升：《学术表演的形式和特征》，《江海学刊》2016年第2期。

王欣然：《回归大学之道：大学教师对教学的认知与行为选择》，《中国大学教学》2017年第12期。

吴金文：《高校体育教学改革应提高体育教师的信息素质》，《今日科苑》2009年第2期。

吴伟强：《教师参与教学改革的障碍分析》，《宁波教育学院学报》2003年第1期。

吴颖珊：《高校教育教学改革的动力机制探讨》，《重庆科技学院学报（社会科学版）》2012年第1期。

文静、邓媛：《中国大学教学改革40年回顾与前瞻》，《中国大学教学》，2018年第11期。

谢和平：《以课堂教学改革为突破口的一流本科教育川大实践》，《中国大学教学》，2018年第12期。

谢维和：《深化高校教学改革关键在教师——学习邓小平教育理论的一点体会》，《中国高等教育》1998年第11期。

熊易寒：《文献综述与学术谱系》，《读书》2007年第4期。

阎光才：《学术职业压力与教师行动取向的制度效应》，《高等教育研究》2018年第11期。

阎光才：《高水平大学教师本科教学投入及其影响因素分析》，《中国高教研究》2018年第11期。

阎光才：《讲授与板书为代表的传统教学已经过时?》，《教育发展研究》2019年第23期。

阎光才：《"人才强校"战略内涵与其实施的现实境遇》，《中国高教研究》2012年第11期。

阎光才：《大学教师行为背后的制度与文化归因——立足于偏好的研究视角》，《高等教育研究》2022年第1期。

余宏亮、靳玉乐：《教学自由的意义危机及其消解策略》，《教师教育研究》2013年第6期。

翟洪江：《高校教师本科教学投入的影响因素与对策研究》，《教育探索》2015年第5期。

詹泽慧、李晓华：《美国高校教师学生共同体的构建——对话美国迈阿密大学教学促进中心主任米尔顿·克教授》，《中国电化教育》2009年第10期。

展立新：《想象的异邦——试析利奥塔〈歧论〉中"崇高的大学"理念》，《北京大学教育评论》2011年第10期。

张继明：《我国高校本科教学改革的审视与现代化治理路径——基于20余年来改革历程与治理模式的分析》，《高校教育管理》2020年第4期。

张文：《教改立项课题成果转化的微观动力分析》，《东华理工大学学报（社会科学版）》2008年第4期。

张海生等：《高校教学改革的总体思路与政策措施》，《煤炭高等教育》2015年第5期。

赵炬明：《失衡的天平：大学教师评价中"重研究轻教学"问题的制度研究——美国以学生为中心本科教学改革研究之七》，《高等工程教育研究》2020年第6期。

赵炬明、高筱卉：《赋能教师：大学教学学术与教师发展——美国以学生为中心本科教学改革研究之七》，《高等工程教育研究》2020年第3期。

赵炬明、高筱卉：《关于实施"以学生为中心"的本科教学改革的思考》，《中国高教研究》2017年第8期。

钟勇为：《冲突与协调——大学教学改革的基本问题探讨》，博士学位论文，华中科技大学，2009年。

钟勇为、于萍：《我国大学教学改革的利益生态调查研究》，《国家教育行政学院学报》2013年第11期。

钟秉林、方芳：《一流本科教育是"双一流"建设的重要内涵》，《中国大学教学》2016年第4期。

周光礼、黄容霞：《教学改革如何制度化——"以学生为中心"的教育改革与创新人才培养特区在中国的兴起》，《高等工程教育》2013 年第 5 期。

周海涛：《激发大学教师投入本科教学的内生动力》，《江苏高教》2020 年第 4 期。

周作宇：《论高等教育中的经济主义倾向》，《北京师范大学学报（社会科学版）》2008 年第 2 期。

周雪光：《项目制：一个"控制权"理论视角》，《开放时代》2015 年第 3 期。

中译著作

［英］阿什比：《科技发达时代的大学教育》，滕大春等译，人民教育出版社 1983 年版。

［美］阿莉·拉塞尔·霍克希尔德：《心灵的整饰：人类情感的商业化》，成伯清、淡卫军、王佳鹏译，上海三联书店 2020 年版。

［美］阿尔伯特·班杜拉，《社会学习理论》，陈欣银、李伯黍译，中国人民大学出版社 2015 年版。

［英］埃里克·阿什比：《科技发达时代的大学教育》，滕大春等译，人民教育出版社 1983 年版。

［西班牙］奥尔特加-加塞特：《大学的使命》，徐小洲、陈军译，浙江教育出版社 2001 年版。

［法］安妮·艾诺：《位置》，邱瑞銮译，皇冠文化出版有限公司 2000 年版。

［英］安东尼·吉登斯、菲利普·萨顿：《社会学基本概念》，王修晓译，北京大学出版社 2019 年版。

［加］本杰明·莱文：《教育改革：从启动到成果》，项贤明、洪成文译，教育科学出版社 2004 年版。

［美］伯顿·克拉克：《我的学术生涯（下）》，赵炬明译，《现代大学教育》2003 年第 1 期。

［美］C. 赖特·米尔斯：《社会学的想象力》，陈强、张永强译，生

活·读书·新知三联书店 2001 年版。

［苏联］达尼洛夫、叶希波夫：《教学论》，北京师范大学 1955 级学生译，人民教育出版社 1961 年版。

［美］道格拉斯·C. 诺思：《制度、制度变迁与经济绩效》，杭行译，上海人民出版社 2008 年版。

［美］德里克·博克：《走出象牙塔——现代大学的社会责任》，徐小洲、陈军译，浙江教育出版社 2001 年版。

［美］德雷克·博克：《回归大学之道：对美国大学本科教育的反思与展望》，侯定凯等译，华东师范大学出版社 2012 年版。

［美］弗莱克斯纳：《现代大学论：英美德大学研究》，徐辉，陈晓菲译，浙江教育出版社 2001 年版。

［英］古德森：《环境教育的诞生——英国学校课程社会史的个案研究》，贺晓星、仲鑫译，华东师范大学出版社 2001 年版。

［美］哈瑞·刘易斯：《失去灵魂的卓越：哈佛是如何忘记教育宗旨的》，侯定凯译，华东师范大学出版社 2007 年版。

［美］杰弗里·亚利山大：《社会学二十讲：二战以来的理论发展》，贾春增，董天民等译，华夏出版社 2000 年版。

［美］卡尔·博格斯：《知识分子与现代性危机》，李俊等译，江苏人民出版社 2006 年版。

［美］克拉克·克尔：《大学的功用》，陈学飞译，江西教育出版社 1993 年版。

［美］克拉克·克尔：《大学之用（第五版）》，高铦、高戈、汐汐译，北京大学出版社 2019 年版。

［美］克雷格·兰伯特：《共享经济时代如何重新定义工作？》，孟波等译，广东人民出版社 2016 年版。

［美］肯尼思·J. 格根、玛丽·格根《社会建构：进入对话》，上海教育出版社 2019 年版。

［美］兰德尔·柯林斯、迈克尔·马科夫斯基：《发现社会之旅——西方社会学思想述评》，李霞译，中华书局 2006 年版。

［美］罗伯特·博伊斯：《给大学新教员的建议》，徐弢、李思凡译，

北京大学出版社 2007 年版。

［美］罗伯特·C. 波格丹等：《教育研究方法：定性研究的视角（第 4 版）》，钟周等译，中国人民大学出版社 2008 年版。

［德］马克斯·韦伯：《新教伦理与资本主义精神》，康乐、简惠美译，三联书店 2019 年版。

［美］马克·格兰诺维特：《镶嵌：社会网与经济行为》，罗家德等译，社会科学文献出版社 2015 年版。

［加］玛吉·伯格、芭芭拉·西伯：《慢教授》，田雷译，广西师范大学出版社 2021 年版。

［加］迈克·富兰：《变革的力量：透视教育改革》，中央教育科学研究所、加拿大多伦多国际学院译，教育科学出版社 2000 年版。

［法］米歇尔·福柯：《规训与惩罚》，刘北成等译，生活·读书·新知三联书店 2012 年版。

［美］欧文·戈夫曼：《日常生活中的自我呈现》，冯钢译，北京大学出版社 2008 年版。

［美］帕克·帕尔默：《教学勇气——漫步教师心灵》，方彤译，华东师范大学出版社 2020 年版。

［英］帕特里克·贝尔特、［葡］菲利佩·卡雷拉·达·席尔瓦：《二十世纪以来的社会理论》，瞿铁鹏译，商务印书馆 2014 年版。

［法］皮埃尔·布迪厄等：《实践与反思——反思社会学导引》，李猛、李康译，中央编译出版社 1998 年版。

［英］齐格蒙特·鲍曼：《流动的时代：生活充满不确定性的年代》，谷蕾、武媛媛译，江苏人民出版社 2012 年版。

［美］乔治·H. 米德：《心灵、自我与社会》，赵月瑟译，上海译文出版社 2018 年版。

［美］R.K. 默顿：《科学社会学》，鲁旭东等译，商务印书馆 2010 年版。

［美］斯蒂芬·P. 罗宾斯：《管理学》，李原、孙健敏、黄小勇译，中国人民大学出版社 1997 年版。

［美］威廉·富特·怀特：《街角社会——一个意大利贫民区的社会结

构》，黄育馥译，商务印书馆 2013 年版。

［美］休·戴维斯·格拉汉姆、南希·戴蒙德：《美国研究型大学的兴起——战后年代的精英大学及其挑战》，张斌贤等译，河北大学出版社 2008 年版。

［美］亚伯拉罕·弗莱克斯纳：《现代大学论：英美德大学研究》，徐辉、陈晓菲译，浙江教育出版社 2001 年版。

［英］约翰·亨利·纽曼：《大学的理念》，郭英剑译，中国人民大学出版社 2012 年版。

［英］约翰·亨利·纽曼：《大学的理想》，徐辉等译，浙江教育出版社 2001 年版。

［美］约翰·W·克里斯韦尔：《质的研究及其设计——方法与选择》，于东升译，中国海洋大学出版社 2009 年版。

［美］詹姆斯·杜德达斯：《二十一世纪的大学》，张斌贤译，北京大学出版社 2005 年版。

［美］詹姆斯·M. 汉斯林：《走进社会学：社会学与现代生活（第 11 版）》，林聚任、解玉喜译，电子工业出版社 2016 年版。

外文著作

Blumer H., *Symbolic Interactionism: Perspective and and Method*, Berkeley: California University Press, 1986.

Blumer H., *George Herbert Mead and Human Conduct*, New York: Altamira Press, 2004.

Bok D, *Our Underachieving Colleges: A Candid Look at How Much Students Learn and Why They Should Be Learning More*, Princeton: Princeton University Press, 2006.

Boyer E. L., *Scholarship reconsidered: priorities for the professoriate*, PrincetonNew Jersey: Carnegie Foundation for the Advancement of Teaching, 1990.

Carroll G. R., *Ecological Models of Organizations*, Massachusetts: Ballinger Publishing Company, 1988.

Charon J. M. , *Symbolic Interactionism*, London: Prentice Hall, 2010.

Clark B. R. , *The academic life: Small worlds, different worlds*, Princeton, New Jersey: Carnegie Foundation for the Advancement of Teaching, 1987.

Cooley C. H. , *Social Organization*, Illinois: The Free Press, 1956.

Fishbein M, Ajzen I, *Belief Attitude Intention and Behavior: an Introduction to theory and research*, Massachusetts: Addsion Vesley Publishing Company, 1975.

Frost P. J. and Taylor M. S. , "Rhythms of Academic Life, Personal Accounts of Careers in Academia", *Academy of Management Review*, Vol. 22, No. 4, October 1997.

Fuhrman S, O'Day J. , eds. *Rewards and reform: Creating educational incentives that work*, *Jossey – Bass Education Series*, San Francisco: Jossey – Bass, 1996.

Glaser B. G. , Strauss A. L. , *The Discovery of Grounded Theory: Strategies for Qualitative Research*, Chicago: Aldine Publishing Company, 1967.

Hativa N, *Teaching for Effective Learning in Higher Education*, Springer Science Business Media Dordrecht, 2000.

Hendrick I. G. , Cuban L. , *How Scholar Trumped Teachers: Change without Reform in University Curriculum, Teaching and Research, 1890 – 1990*, New York: Teacher College Press, 1999.

Jacobs G. , *Charles Horton Cooley: Imagining Social Reality*, Amherst&Boston: Massachusetts University Press, 2006.

Maggie B. , Seeber B. , *The Slow Professor*, Toronto: University of Toronto Press, 2016.

Mead G. H, *The Philosophy of the Act*, Chicago&Illinois: Chicago University Press, 1938.

Rosenholtz S. J. , *Teachers' Workplace: The Social Organization of Schools*, White Plains, New York: Longman, 1989.

Schutz P. A. , and Zembylas M. , eds. , *Advances in Teacher Emotion Research: The impact on teachers' lives*, Boston: Springer, 2009.

Strauss A. , Corbin J. M. , *Basics of Qualitative Research: Grounded Theory*

Procedures and Techniques, London: Sage Publications Inc, 1990.

Tubbs N., *Philosophy of the Teacher*, Oxford & Carlton: Blackwell Publishing, 2005.

Tagg J., *The Instruction Myth: Why Higher Education Is Hard to Change and How to Change It*, Beaverton: Rutgers University Press, 2019.

外文论文

Ajzen I, "The theory of planned behavior", *Organzational behavior and human decision Processes*, Vol. 50, No. 2, 1991.

Alderfer C. P., "Organization Development", *Annual Review of Psychology*, Vol. 28, No. 7, 2003.

Arnolds C. A., Christo Boshoff, "Compensation, esteem valence and job performance: an empirical assessment of Alderfer's ERG theory", *The International Journal of Human Resource Management*, Vol. 13, No. 4, 2002.

Bess J. L., "The Motivation to Teach", *The Journal of Higher Education*, Vol. 48, March 1977.

Bleiklie I., and Lange S., "Competition and Leadership as Drivers in German and Norwegian University Reforms", *Higher Education Policy*, Vol. 23, 2010.

Browenll S., Tanner K., "Barriers to Faculty Pedagogical Change: Lack of Training, Time, Incentives, and Tensions with Professional Identity?", *CBE-Life Sciences Education*, Vol. 11, No. 4, 2012.

Cheng S. K., "Why Teach? Motives for Teaching Revisited", *Asia Pacific Journal f Education*, Vol. 6, No. 1, June 1984.

Clark B. R., "The modern integration of research activities with teaching and learning", *The Journal of Higher Education*, Vol. 68, No. 3, May 1997.

Engel A., The Missing Narrativ, "Understanding the Difference Between Education 'Reform' and 'Innovation'", *The F. M. Duf-fy Reports*, Vol. 18, No. 3, 2013.

Fairweather J. S. and Rhoads R. A., "Teaching and the faculty role: Enhancing the commitment to instruction in American colleges and universities", *Educational Evaluation and Policy Analysis*, Vol. 17, No. 2, June 1995.

Graffigna G., "Situational Analysis: Grounded Theory after the Postmodern Turn", *Symbolitic interaction*, Vol. 26, No. 4, Nov. 2003.

Greenwood, R., Hinings, C. R.. Understanding Radical Organizational Change: Bringing Together the Old and the New Institutionalism. *Academy of Management Review*, Vol. 21, No. 4, 1996.

Hativa N., Barak R., and Simhi E., Exemplary University Teachers: "Knowledge and Beliefs Regarding Effective Teaching Dimensions and Strategies", *The Journal of Higher Education*, Vol. 6, No. 72, 2001.

Hoyle E, Wallace M, "Educational Reform: An Ironic Perspective", *Educational Management Administration & Leadership*, Vol. 35, No. 1, January 2007.

Kyriacou C., "Teacher Stress: Directions for Future Research", *Educational Review*, Vol. 1, No. 53, 2010.

Link A. N., Swann C. A., and Bozeman B. A., "time allocation study of university faculty", *Economics of Education Review*, Vol. 27, No. 4, June 2007

Liu S., "Higher Education Quality Assessment in China: An Impact Study", *Higher Education Policy*, Vol. 28, No. 2, 2015.

Massy W. F., Wilger A. K., and Colbeck C., "Departmental Cultures and Teaching Quality: Overcoming 'hollowed' collegiality", *Change The Magazine of Higher Learning*, Vol. 26, No. 4. July 1994.

Meizlish D., Kaplan M., "Valuing and Evaluating Teaching in Academic Hiring: A Multidisciplinary, Cross−Institutional Study", *The Journal of Higher Education*, Vol. 5, No. 79, 2008.

Mooney C. J., "Professors feel conflict between roles in teaching and research, say students are badly prepared", *Chronicle of Higher Education*, Vol. 37, No. 15, 1991.

Neumann R., "Researching the teaching − research nexus: A critical review", *Australian Journal of Education*, Vol. 40, No. 1, 1996.

Patton M. Q., "Qualitative Research&Evaluation Methods", *Nurse Education Today*, Vol. 23, No. 6, 2003.

Prosser M., Martin E., Trigwell K., Ramsden P. and Lueckenhausen G., "Academics' experiences of understanding of their subject matter and the relationship of this to their experiences of teaching and learning", *Instructional Science*, Vol. 33, No. 2, March 2005.

Serow R. C., "Research and Teaching at a Research University", *Higher Education*, Vol. 40, No. 4, December 2000.

Shadle, S. E., Marker A, and Earl B, "Faculty drivers and barriers: laying the groundwork for undergraduate STEM education reform in academic departments", *International Journal of STEM Education*, Vol. 4, No. 8, April 2017.

Shi X., Xue Z., and Zhang H., "A Study on the Research-Oriented Teaching Courses Reform in Chinese Colleges and Universities", *International Journal of Information and Education Technology*, Vol. 5, No. 4, April 2015.

Tatto M. T., "The Influence of Teacher Education on Teachers Beliefs and Purpose of education, Roles and Practical", *Journal of Teacher Education*. Vol. 49, No. 1, 1998.

Walker D., Myrick F., "Grounded theory: an exploration of process and procedure," *Qualitative Health Research*, Vol. 16, No. 4, 2006.

Westheimer J., "Communities and Consequences: An Inquiry into Ideology and Practice in Teachers' Professional Work", *Educational Administration Quarterly*, Vol. 35, No. 1, February 1999.

学位论文

陈睿：《教师本科教学工作投入及其影响因素研究——以湖北省属高校为例》，博士学位论文，华中师范大学，2020年。

陈伊然：《"双一流"背景下我国研究型大学本科人才培养模式探析》，硕士学位论文，山东师范大学，2020年。

阎光才：《识读大学：组织文化的视角》，博士学位论文，华东师范大学，2001年。

周海涛：《走向创新时代的大学课程发展——以综合性大学本科课程为例》，博士学位论文，华东师范大学，2002年。

Bosso D. R. : "*This Is What I Am*": *Teacher Motivation, Morale and Professional Identity in the Context of Educational Reform*, Ph. D. dissertation, American International College, 2014.

Jennifer L. G. , *Teachers' intrinsic motivation for teaching in the context of high-stakes education reform*, Ph. D. dissertation, Alfred University, 2015.

Webster L. E. , *Teacher motivation to implement an educational innovation Teacher efficacy, task value, and perception of administrative support*, Ph. D. Dissertation, University of Southern California, 2006.

网络文献

陈宝生：《坚持以本为本 推进四个回归 建设中国特色、世界水平的一流本科教育—在新时代全国高等学校本科教育工作会议上的讲话》，http://www.moe.gov.cn/jyb_xwfb/gzdt_gzdt/moe_1485/201806/t20180621_340586.html，2018年6月21日。

Lucas L. , I-Iealey M. and Jenkins A. , and Short, C. , "Academics' experiences and perceptions of 'research' and 'teaching': developing the relationship between these activities to enhance student learning within different disciplines and institutions. ", http://www.news.heacademv.ac.uk/assets/York/documents/resources/oubacat}ons/Lucas rural KenoR.oal, 2018-8-16.

时子鸣：《一名大学老师的自白：从教十一年，我为什么离学生越来越远了》，选自"学术志"公众号《学术志：大学老师生存镜像》系列征稿，2021年6月25日。

四川大学研学思教系列报道[EB/OL]，https://www.sohu.com/a/318375073_278520 2019-06-03 22:58.

［美］托马斯·弗里德曼：《（新冠）大流行后，迎接一场教育和工作

革命》，新华社北京 2020 年 10 月 24 日新媒体专电，转自美国《纽约时报》网站。

制度文件（近 5 年)

《教育部关于实施卓越教师培养计划 2.0 的意见》（教师〔2018〕13 号）

《中共中央国务院关于全面深化新时代教师队伍建设改革的意见》(2018 年 1 月 20 日)

中共中央、国务院《中国教育现代化 2035》（2019 年 2 月）

《教育部关于深化本科教育教学改革全面提高人才培养质量的意见》（教高〔2019〕6 号）

《教育部关于一流本科课程建设的实施意见》（教高〔2019〕8 号）

中共中央、国务院《深化新时代教育评价改革总体方案》（2020 年 10 月）

《教育部等六部门关于加强新时代高校教师队伍建设改革的指导意见》（教师〔2020〕10 号）

教育部 财政部 国家发展改革委 关于印发《"双一流"建设成效评价办法（试行）》的通知（教研〔2020〕13 号）

《人力资源社会保障部 教育部关于深化高等学校教师职称制度改革的指导意见》（人社部发〔2020〕100 号）

《关于破除高校哲学社会科学研究评价中"唯论文"不良导向的若干意见的通知》（教社科〔2020〕3 号）

《普通高等学校本科教育教学审核评估实施方案（2021—2025 年）》的通知（教督〔2021〕1 号）

《教育部 财政部 国家发展改革委 关于深入推进世界一流大学和一流学科建设的若干意见》（教研〔2022〕1 号）

附　　录

附录1　本研究访谈提纲

导言	尊敬的老师： 　　您好！很荣幸您能接受我的访谈，这次访谈的主要内容与您参与本科教学改革的动力有关。作为当事人，您所提供的信息将更有利于本研究对一线教师开展本科教学改革的动力机制有更深的了解。本次访谈所得资料仅供个人研究所用，采用无记名访谈方式，并和您签订《保密承诺书》，请您放心回答。感谢您在百忙之中抽出时间接受我的访谈！
基本信息采集	年龄：　　教龄：　　职称：　　学科：　　专业：　　教学改革项目（项数）：
如您有教学改革的经历，请回答：	1. 您如何看待研究型大学的本科教学改革工作？
	2. 请谈谈您参与本科教学改革的经历？
	3. 作为一所研究型大学的教师，您开展（投入）本科教学改革的动力是什么？动力源自于哪些方面？
	4. 如果受访者对第3个问题认知不清晰，可追问：哪些因素促进您进行教学改革？比如，哪些重要的事件、人物、组织（团队）、政策、利益和自我认知等促使您参与或投入本科教学改革中？
	5. 您在实施本科教学改革中遇到过哪些问题或者阻力？
	6. 您认为推动研究型大学教师参与教学改革，最重要的激励机制有哪些？
	7. 为了更好地促进研究型大学教师参与本科教学改革，您还有哪些建议？

续表

如您是一线教师，但没有（或已停止）教学改革，请回答：	1. 您如何看待研究型大学的本科教学改革工作？
	2. 有哪些因素使您不愿意参与、开展或投入本科教学改革？（或以前有，但现在终止了）
	3. 如果受访者对第 2 个问题认知不清晰，可追问：有哪些因素阻碍了您没有（停止、不再）投入本科教学改革？
	4. 如果您考虑参与（开展、投入）本科教学改革，您希望得到哪些方面的支持？
	5. 为了更好地促进研究型大学教师投入本科教学改革，您还有哪些建议？

附录2　研究保密承诺书

尊敬的_____老师：

  您好！

  非常感谢您专门抽出时间接受我的访谈！本次访谈的主要内容与您参与教学改革的动力有关。作为当事人，您开展本科教学改革动力因素及其相关体验、感受、意见、建议都是本研究所需求的资料。您的真实的分享不仅对我的研究提供支持，也对当前高校人才培养质量提升有重要的实践意义。本次访谈所得的全部资料仅用于个人研究，采用无记名访谈和呈现方式，不会对您造成任何影响。同时，我还做出以下声明：

  1. 接受笔者访谈完全出于您的自愿，您也可以随时退出我的访谈。

  2. 作为一项规范研究，笔者将对访谈内容进行录音，以便于资料的整理。如您觉得有任何不便或不妥，您可以随时要求关闭录音设备或拒绝录音，我会充分尊重您的意见。

  3. 访谈内容、转录文本及参与式观察的资料等只用于学术研究，我会把访谈录音文件提供给您备份，待研究成稿，我会请您再次审阅。

  4. 我承诺一定恪守学术道德，不将访谈的任何信息和资料泄露给第三方或用于除本课题研究外的其他用途。

  5. 在本课题的最终成果中不会出现任何有关受访者的个人信息或能够使人误会、猜想受访者的任何暗示，请您放心！

  我以研究者的身份，认真而郑重承诺，如有违反，我愿承担法律责任！

  再次感谢您对我研究的支持和帮助，祝您身体健康！工作愉快！

访问者：（笔者本人签名）：

联系电话：136

E—mail：　　　　　　edu.cn

后　　记

　　尼采认为，人时不时会消极、颓废、悲观甚至绝望，但人需要重新发掘自己内在的意志力，重新去肯定"价值"本身，然后"成其所是"。尼采的名言："成为你自己""人如何成其所是"，似乎已经沦为消费主义的口号，许多人都在有口无心地、陈词滥调地、泛化地告诫："成为你自己！"

　　但，这句话对我的意义却并非心灵鸡汤那么简单。从中等师范学校毕业至今，二十六载流年似水，我经历了从"关心我自己"到"认识我自己"的转向。尤其是硕士毕业进入高校工作这些年里，我常常追问自己：生命如此短暂，我应该如何抉择才能使生命更有意义？将来又该往哪里走？要做怎样的自己？

　　在我看来，人生的意义绝不仅是存在于某一个地方，或是某一件事情上，而是一个人决定去做某件事，在这个过程中产生自我肯定的力量，让自己的内在精神得到淬炼。我希望做中国高等教育的理论探究者和实践探索者。常想起韦伯的《以学术为志业》，梦想像韦伯孜孜以求走那样地学术道路，我坚信，那样的我一定是学有所乐的我。

　　我的研究对象告诉我，江湖那么大，哪里都有关于大学教师的传说。与其说是传说，不如说是在他人眼里的大学老师是什么样子的。只是，别人眼里的大学老师就是真实的大学老师吗？研究启动，我开始带着问题一次次和研究型大学一线教师接触、预约、访谈、促膝谈心。经过深入观察和调研，事实不尽如江湖传言。过程中，我和受访者一开始很正式、严肃，但很快就转变为轻松的氛围。在访谈中，我暗暗吃惊，并因为老师们"吐露"的"心声"感到肩上的责任，一线老师们如此信任我，我们做教育研究的,还有什么理由不好好做呢,我应当好好挖掘与深描教师们内心的想法。

如今,这项研究基本成稿,一种复杂的心绪却涌上心头,在与教师的深入交流中,我看到了投入教学、参与教学改革的一线教师同声同气的诉求,在"祛魅的时代"里,这一群人一直在寻得自己的信仰与行动,但又被周遭的情境所裹挟,话语之间,老师们每时每刻都有一种现身的带入感,如今,我的受访者们的一句句话语犹在耳畔。当我把我写的论文初稿发给一位受访者时,得到她不假思索地回复:"我现在依然认为这样做是有意义的。"高等教育教学改革是紧迫的,大学生的成长与发展摆在眼前,而这一切,也是激活教师用心教学、探索教学改革的"本体动力",教师们从行动及其意义出发,与社会环境联系起来。相信教师开展教学改革的理性与自觉必然会成为"新常态"下的时代强音,并且会化为教师源于灵魂深处的责任担当和精神追求。

值得关注的是,如何激发、激活源于教师内在精神世界的教学自觉和自主性,为教师营造热爱教学的制度环境,激发教师自发从事教学改革的人文情怀,依然值得探讨。理论本身不过是认识或考察现实世界的一种工具,其效用仅仅取决于使用理论者的目的。经验告诉我们,任何理论都是对现实的拙劣回应,任何理论相对于现实都那么苍白和简化,而本书的出版,也并未企图建立一个统一的理论,而是只想做某种共识的努力。本研究也难以完成对现实的"普查",书中一定有很多欠妥的言辞、不适的表达、甚至错误的观点,愿寻求来自任何人的质疑、批评和指正。

感谢党和国家给了我们一个安宁、祥和的时代,为我们提供了一个安身立命之所,让我们可以放得下平静的书桌,开始自己的研究。感谢教育部和各级政府、高校对教育和未来的担当,保证了教育研究者和实践者们梦想的起航。当前,我国高等教育正在经历重大转折,海德格尔曾说,"当我们注意诗意时,我们也许只能期待我们的行为和意愿能够参与这一转折"。我很幸运,参与其中。

感谢我的导师钟秉林教授,感谢先生接纳我成为他的弟子,闻先生授业、感先生人格、念先生对我的殷切关爱和鼎力帮助。先生的为学与为人,是我一生的榜样。先生是对中国教育具有强烈责任感和使命感的学

后 记

者。在这样一个充满变化的世界里，年逾古稀的先生始终怀着对中国教育的真诚，始终保有惜时勤奋的工作精神和遵循事实、寻求开放、追求创新的心态，责无旁贷地担当起为中国教育问诊把脉的责任，穿梭于理论与实践之间，为撑起中国教育的蓝天贡献着自己的力量。这项研究得以开展，先生给予了我全方位的信任、鼓励、指导。本研究从选题到框架再到文字，先生并没有因为"教学改革动力"问题过于常见、普通、甚至"土得掉渣"，而否掉这个题目。在写作期间，先生耳提面命、循循善诱，师生之间无数次稿件往来、批复、再完善、再批阅……使得论文逐渐完善。没有先生的心血与汗水，我根本不可能完成本书的写作。

感谢周作宇老师自硕士以来多年的教诲，尤其是在我为论文的理论基础苦苦不得其解的时候，周老师为我拨云见日；感谢周海涛老师，他以丰厚的学养在我的论文选题、开题、修改等诸多环节对论文提出宝贵意见，让我在构思和撰写时获益良多；感谢姚云老师多年来未间断的对我的指导，姚老师是我初入学术之门的领路人，他以精益求精的治学态度一直激励着我；感谢洪成文老师为我提供无私的帮助，每一次我发短信给洪老师，洪老师总是第一时间回复我；感谢乔锦忠老师不厌其烦地解答我的各种问题和疑惑，并且毫无保留地分享自己撰写博士论文的经验和体会，为我的论文提供了全方位的指导。感谢张莉莉老师，在我迷茫、彷徨、甚至险些行路至偏的时候，她给了我许多成长和生活态度的分享与指引。感谢林杰老师，他的学识、他的文字、他的轻逸与沉重的思维给了我诸多启示。感谢毛亚庆老师、楚江亭老师、薛二勇老师、余凯老师、李芒老师、谷贤林老师、胡咏梅老师、朱志勇老师、苏君阳老师、杜瑞军老师、赵树贤老师、刘水云老师、赵娜老师对我的学业和论文的帮助。

特别感谢师门的赵应生老师给予我的无私帮助和指导，他用行动与智慧为我理清本书撰写中和人生成长中时而陷于迷惑的思路。深深感谢方芳老师，方老师为人的温暖和敞亮、处事的豁达与开阔使我在过去的几年和将来的人生中受益匪浅。感谢樊哲老师对我的大力帮助与指导，樊老师的诚恳与率真以及行稳致远的能力和素养是我学习的榜样。感谢王新凤老师对我学业的指导和对我生活的帮助，她如姐姐般融化我心中的焦虑与迷茫。感谢李志河、艾昕、姜朝晖、洪煜、姚文建、夏欢欢、刘丽、陈霄、谢莹莹等师兄师姐，没有他们的支持和帮助，就不会有我的成长进步！感谢黄凌梅、王馥君、腾丽美、于国欢、南晓鹏、段戒备等一批志同道合的战友；一些师弟师妹年纪虽小，甚至有一些虽然和我从未谋面，但始终关注我的成长，这份美好的情愫永驻心间。

感谢我所在单位北京科技大学的各位领导、老师和同事，一路走来，所有的鼓励，让我更加坚定、更加成熟，大学之大，可容我诗意地栖居。感谢中国社会科学出版社编辑张湉博士对本书的修改提出宝贵的意见建议，让本书能够更好地呈现在读者面前。

感谢所有受访者对我的信任。在访谈中，他们有吐槽、有吐露、有倾诉、有共鸣、有发自肺腑对教学深沉的爱。在参与式观察中，老师们或欢笑，或无奈，或感叹，但最多的是信任，以及他们给予本研究巨大的期望。许多老师在访谈结束时提到："感谢您的这项研究，这也是对教学的付出。"我问心无愧的使命感和学力不逮的窘迫感一直交织着……

感谢本书所参考和引用的所有文献的作者。一代又一代的理论学者和教育实践家所提供的学术成就赋予了本研究的智慧与灵魂，我从他们那里获益颇多，正是因为站在了他们的肩膀上，才成就了本研究。

感谢我的家人。深深感谢我的父母，他们是我的第一位、也是最好的老师；感谢我的哥哥嫂子，在我离开故乡的这些年里，离家较近的他们承担了照顾父母的责任；感谢我的儿子，他教给我的，远比我教给他的多；最后，我要一次又一次地感谢过去20多年来与我日日夜夜白手起家摸索前行的我的丈夫，他向我展示了一位好丈夫所能达到的最佳境界，同时，他也是我心中"一生一世最具影响力的教师"！

感谢自己！

李虹

写于2023年初夏的北京